D1867892

Gertrud Benker

Altes bäuerliches Holzgerät

Verlag Georg D.W. Callwey München

Zu Seite 2:
1 Apfelquetsche (s. auch Abb. 215)

ISBN 3 7667 0370 6

Herstellung Heide Hohendahl, München
Schutzumschlagentwurf Baur + Belli Design, München
Satz, Montage und Druck Kastner & Callwey, München
Bindung Concella, Urban Meister, München
Lithos Brend'amour, Simhart & Co., München
Printed in Germany

Inhalt

Einführung: Vom Holz zum Gerät

Torsten Gebhard

Von jeher hat der Holzhandwerker Wert darauf gelegt, sich die Stämme im Wald selbst auszusuchen. Dort, wo etwa der Bauer bei einem Spankorbmacher Schwingen oder Buckelkörbe bestellte, ging er mit dem Handwerker zunächst einmal in seinen Wald und ließ sich die Stämme angeben, die er liefern sollte. Bei dem Bauholz war es einst nicht anders. Noch sind die Begriffe wie Schindelbaum oder Rinnenbaum bekannt. Man kann sogar feststellen, daß jahrelange Beobachtung des Wuchses einzelner Bäume schon die Überlegungen für künftige Verwendung ausgelöst haben. Die hölzernen Gerätschaften in den alten bäuerlichen Anwesen kamen also nicht von irgendwoher – auch wenn sie dem Hausierer abgekauft waren. Am Anfang steht immer die überlegte Wahl, der »Gang in den Wald«, wenn man so will.

Zum Wesen der Hausindustrie im volkswirtschaftlichen Sinn gehört eine Herstellung von wirtschaftlichen Gütern im großen, und zwar von Gütern, die durch das Zusammenwirken einer mehr oder weniger regelmäßigen Arbeitstätigkeit in der Familie und in den häuslichen Wohnstätten zustande kommen und die bestimmt sind, nicht nur durch den Produzenten selbst an örtliche Kunden, sondern durch Vermittler an einen auswärtigen Abnehmerkreis veräußert zu werden. Der Vermittler wird in der Regel als Verleger bezeichnet. Er bedient sich zum Vertrieb der Hausierer.

Schon Ende des vorigen Jahrhunderts stellte man fest, daß die stetig zunehmende Einführung der Maschinen in das Gebiet der Produktion, der Einfluß des großen, gesammelten Kapitals, die gründlichen Umwälzungen, welche infolge der neuen Verkehrsmöglichkeiten in altgewohnte Absatzgebiete eingetreten sind, daß all diese Erscheinungen den Bestand der alten Hausindustrien aufs Ärgste erschüttern mußten. Bei der Holzindustrie unterschied man für gewöhnlich

1. Hersteller landwirtschaftlicher Geräte (Besenstiele, Heugabeln, Rechen, Kluppen usw.)
2. Löffelmacher (Koch- und Eßlöffel)
3. Spaltwarenarbeiter (Binder, Schäffler, Schachtelmacher usw.)
4. Dreher und Drechsler (Büchsendreher, Hersteller von Salzgefäßen usw.)
5. Spielwarenschnitzer.

Im Berchtesgadener Land kamen dazu noch die Pfeifendreher (Schwegelpfeifen, Flöten). Solche Hausindustrie war in den Gebirgsländern vielfach aus der Notwendigkeit entstanden, sich durch derartige häusliche Arbeiten während der langen Bergwinter einen zusätzlichen Verdienst zu verschaffen, da die Erträgnisse aus der Landwirtschaft in der Regel mehr als bescheiden waren. Sehr bald stellte sich dabei das Verlangen nach Mechanisierung ein.

Überblickt man die Hausindustrie der Alpenländer, so erkennt man, daß sie, im großen gesehen, eine Episode darstellt, deren Anfänge zum Teil im Spätmittelalter, zum Teil sogar erst im 16. und 17. Jh. liegen, um in der Mitte des 19. Jh. bereits auf breiter Front zurückzugehen. Die Überhöhung der Hausindustrie vom reinen Nutz- und Gebrauchsgerät zur Volkskunst setzt durchwegs erst in der 2. Hälfte des 16. Jh. ein und damit in einer Zeit, in der auch im Rahmen des Handwerks, wie auch der rein häuslichen Tätigkeit, für den Eigenbedarf ganz neue Möglichkeiten zur Verwirklichung künstlerischer, oder sagen wir ganz schlicht, das Auge erfreuender Formen und Motive zur Verfügung standen. Besonders bedeutsam ist dabei der wachsende Anteil der von der Hochschicht stammenden Ornamentwelt. Nicht zur Hausindustrie gehören – obwohl man das immer wieder lesen kann – die Schöpfungen der Tölzer Kistlerwerkstätten. Hier fehlt das wichtige Bindeglied des Verlegers vollständig. Der Staat, der in den älteren Hausindustrien einen bedeutsamen Wirtschaftsfaktor sah, versuchte vielerorts durch Einrichtung von Schnitzschulen, also sogenannten Fachschulen, die um ihre Existenz kämpfende Hausindustrie neu zu beleben. Damit kam aber ein akademisches Element in die Hausproduktion herein, bei der einst Wissen und Können vom Vater auf den Sohn weitergegeben wurden. Im günstigsten Fall ist aus all den neuen Bestrebungen das eine oder andere sog. Heimatwerk entstanden, das sich meist vorteilhaft von der sog. Reiseandenkenindustrie abhebt.

Mit solchen Fragen einer Massenproduktion haben wir uns weit von den Ursprüngen entfernt, die wir durch das Bild vom schnitzenden Hirtenknaben umschreiben könnten. Dem Holz ist etwas Universales eigen. Vom Holz her können wir in die verschiedensten Bereiche aufbrechen, Bereiche menschlichen Wissens, Wollens und Könnens und immer wieder in das Reich der Kunst.

Allgemeine Voraussetzungen

Abgrenzung des Themas

Von *alten* Geräten spricht der Titel des Buches: Es soll hier versucht werden, diese alten Dinge – ihr Aussehen, ihre Funktion, ihr Eingebundensein in die menschlichen Lebenszusammenhänge – zu beschreiben; denn nicht nur sie selbst sind im Schwinden, sondern auch das Wissen um sie. Meistens wird von »Liebhabern« nur das verzierte, ästhetisch wirksame Gerät beachtet, und auch Museen haben lange Zeit vorwiegend das Prunkgerät einer kleinen Oberschicht gesammelt. Ein umfassendes Bild vergangenen Lebens kann aber nur dann gewonnen werden, wenn sowohl die prächtige Ausformung wie das schlichte Gebrauchsgerät des Alltags zur Kenntnis genommen wird.

Ideal wäre es, große Reihen der einzelnen Gerätegruppen nebeneinanderstellen zu können, um so die Entwicklung und Verbreitung der Formen, ihre Vielfalt und Abhängigkeiten zu demonstrieren. Dies ist, schon aus finanziellen Gründen, nur in beschränktem Maße möglich; wir sind gezwungen, uns an typische Erscheinungen zu halten, sollten aber keineswegs der Illusion erliegen, im Einzelfall die Regel zu sehen. Jedes Stück ist Glied einer Kette, kennt Vorläufer und Nachfahren, urtümliche und dekorative Formen, steht neben vielen ähnlichen, aber regional abweichenden Erscheinungen.

Etwa 150 verschiedenartige Holzgeräte werden hier vorgestellt. Es ist einleuchtend, daß nicht jedes in gleicher Intensität gekannt und besprochen wird; schon die Ungleichmäßigkeit der Detailforschung und der zu Gebote stehenden Literatur schließt dies aus. Obwohl also selbst im engeren deutschsprachigen Kerngebiet der Untersuchungen nicht alle Varianten erfaßbar sind, soll doch nicht darauf verzichtet werden, bei Gelegenheit Vergleichsmaterial aus dem gesamten europäischen Raum heranzuziehen.

Der Begriff *bäuerliches* Gerät sollte nicht allzu eng aufgefaßt werden: Gemeint sind die im volkstümlichen Bereich durch die ländliche, mit Einschränkung auch städtische Bevölkerung benützten Gegenstände, die nicht der Hochkunst und nicht einem bestimmten Berufszweig eignen. Es kommen also nicht die Werkzeuge spezieller Arbeitszweige (der Handwerker, Weinbauern, Holzfäller u. a.) zur Sprache, wenn sie nicht auch in der bäuerlichen Werkstatt zu finden oder herzustellen waren. Ausgenommen werden auch Gegenstände volkskünstlerischen Gestaltens, die zu sehr vom heute üblichen Begriff des Gerätes, der früher ja viel weiter gefaßt wurde, abgehen, wie Figürliches, Spielzeug, Masken, Brunnen und dgl. Ausgeklammert soll ferner jenes Arbeitsgerät werden, das wegen seines Umfangs aus dem Rahmen dieser Betrachtung des »Kleinholzes« fällt: Webstühle, Mostpressen, größere Apparate, Transportgeräte.

2 Der Drechsler, Holzschnitt, 1568

Material und Bearbeitungstechnik

Von *Holz*gerät soll also gehandelt werden, d. h. von Gerät, dessen Material überwiegend aus Holz besteht oder bei dem dieses in besonderer Weise formgebend beteiligt ist. Holz ist jedoch ein sehr vergängliches Material. Wo immer es als Gerät zum Wohnen und Wirtschaften Verwendung fand, war es großem Verschleiß unterworfen und ist, da es obendrein »wohlfeil« bzw. leicht zu beschaffen war, oftmals ersetzt worden. Unser Wissen um das Holzgerät darf sich nicht allein auf die zufällig erhaltenen Objekte aus alter Zeit stützen, sondern muß Bildquellen, auf denen Geräte im Gebrauch dargestellt sind, Beschreibungen, sprachliche Zusammenhänge berücksichtigen. Bis zum Beginn der Neuzeit — in waldreichen, nicht sehr wohlhabenden Ländern bis in die jüngste Vergangenheit — war Holz das meistverwendete Material nicht nur für Geschirr und Hausrat, sondern auch für das Arbeitsgerät.

Den Rohstoff für die Gestaltung der Geräte bot der Wald in reichem Maße und in großer Vielfalt. In Zeiten, da sich der Mensch noch mit seinem ganzen Wesen in das natürliche Geschehen eingebunden fühlte, war ihm der Wald wie ein Freund oder Partner vertraut. Er besaß eine genaue, von Geschlecht zu Geschlecht weitergegebene und vermehrte Kenntnis der heimischen Holzarten und ihrer Verwendungsmöglichkeiten. Bei der Betrachtung der einzelnen Geräte werden wir sehen, mit welchem Bedacht er ganz bestimmte Eigenschaften der Hölzer einzusetzen verstand, wenn er zum Beispiel für den Stiel eines Rechens Fichte, für den Querbalken Laubholz und für die Zähne Berberitze oder Haselstrauch wählte. Über die Zweckmäßigkeit hinaus war er dem Holz in mancherlei magischen und religiösen Bezügen erlebnisstark verbunden, begriff oder ahnte er in dem besonderen Wuchs eines Baumes und in der Wirksamkeit seiner Teile eine das Materielle überhöhende Bedeutsamkeit.

Der Grundstoff Holz verlangte, wenn er nach dem Willen und der Vorstellung des Menschen geformt werden sollte, nach Werkzeug und einer kräftigen Hand, es zu führen. Holzbearbeitung war ursprünglich Sache des Mannes. Zur Beherrschung des Grundstoffes erfand er die Techniken des Schnitzens, Drechselns und Böttcherns. Über die Anwendung dieser Holzbearbeitungstechniken unterrichtet eine ausgedehnte Fachliteratur. Hier seien nur die für das Verständnis des volkstümlichen Gerätes nötigen Grundtatsachen vermerkt:

Die ursprüngliche Art, Holz in den Dienst des Menschen zu stellen, war wohl die Arbeit aus dem vollen Block: Mit Axt, Messer, Bohrer, Stech- und Hohleisen versuchte der Mensch, dem Massivholz die gewünschte Form zu geben, wobei er die natürliche Struktur des Holzes weitgehend nutzte. Diese Arbeitsweise bestand weiter fort, als die Technik der Rundformung an der Drehbank schon erfunden war. Das Drechseln brachte nicht nur eine Erleichterung in der Methode, sondern auch eine andere Oberflächenbehandlung, vor allem durch die differenzierte Profilierungsmöglichkeit.

Neben diese Techniken, die beide bereits in prähistorischer Zeit bestanden, trat im nördlichen Kulturkreis (Kelten — Germanen) schon früh die Böttcherei, die sich in erster Linie zur Herstellung von Gefäßen anbietet: Man versteht darunter das Zusammenfügen von Brettern (Holzdauben) durch Bindestreifen aus Spanholz, Flechtwerk oder Metall. Gegenüber der Arbeit des Aushöhlens von Holzblöcken war diese Bearbeitungsart sehr materialsparend.

Jede dieser Techniken hatte eine ihr eigene Formensprache, Gestaltungs- und Schmuckmöglichkeit, wobei wechselseitige Beeinflussung und Verbindung nicht ausgeschlossen blieben.

Ziertechniken und Ziermotive

Ehe der Mensch an den Gegenständen bewußt schmückende Elemente anbrachte, schuf er schon Dinge, deren Schmuck allein ihre schöne Form, die Ausgewogenheit ihrer Proportionen, die materialgerechte Behandlung des Grundstoffes war. Dieses zieratlose Gestalten vermag den Geschmack und das Schönheitsempfinden eines Herstellers oder einer Gemeinschaft ebenso zu bekunden, wie das bewußte Anbringen von Ziermotiven.

Von den holzspezifischen Dekorationstechniken kommen für unser Gebiet in Frage: Biegen und Flechten, Schälen, Gravieren (Ritzen), Kerb- und Flachschnitzen, halb- und vollplastisches Schnitzen, Durchbruchsarbeit, Brennen, Färben und Bemalen. Es zeigt sich, daß nicht nur der Form und der Formungsweise eine durch Jahrhunderte — oft Jahrtausende — bewährte Gleichartigkeit innewohnt, sondern daß auch die vom Volkskünstler verwendeten Ziermotive von ungemeiner Zählebigkeit sind.

Techniken und Motive der Auszier haben in der Literatur ausführliche Behandlung erfahren. Es sei hier besonders auf das im vergangenen Jahr im gleichen Verlag erschienene Werk von Gislind Ritz »Alte geschnitzte Bauernmöbel« hingewiesen. Wir beschränken uns deshalb hier auf eine knappe Aufzählung der am Holzgerät auftretenden Ziertechniken:

1. *Gravieren (Ritzen):* Linienförmiges Ausgründen, wobei der ausgehobene Grund gestaltet wird. Werkzeug: spitzes Gerät (Nagel, Messer, Hohlbohrer, Geißfuß d. i. ein V-förmiges Stechwerkzeug).
Anwendung: Rillen, Umrißzeichnungen, Schraffuren. Der graphische Charakter wird oft durch Schwärzen der Rillen betont.

2. *Kerbschnitt:* Gerade oder bogenförmig schräg gesetzte Schnitte; die senkrecht in die Tiefe arbeitenden Kerbungen werden oft durch den sog. Aushubschnitt ergänzt (Dreischnitt). Werkzeug: Schnitzmesser, evtl. Stechmesser oder Flacheisen.
Anwendung: Bandornamente, Sechsstern, Rosetten u. a. Zirkelschlagornamente, Zahlen, Schriften. Weltweit und überzeitlich von Laienkünstlern verwendet.

3. Flachschnitzerei: Arbeiten auf zwei Ebenen, wobei die tieferliegende ausgehoben wird und der Dekor erhaben stehen bleibt. Werkzeug: Stemm- und Stecheisen, Messer, Hohlbohrer, Hohleisen.
4. Reliefschnitzerei: Schnitzen in verschiedenen Höhenstufen, wobei die plastischen Teile flach gehalten oder völlig freigesetzt sein können.
Anwendung (von 3. und 4.): positiv-plastische Schnitzarbeiten an Stielen, Griffen, Öffnungen, Rahmen usw.
5. Einbrennen (Punzen): Einprägen verschiedener Muster mit glühenden Eisenstempeln.
Anwendung: Kennzeichnung von Eigentum; Bandornamente und figürlicher Dekor, besonders auf geböttchertem Gerät.
6. Einlegen: Einfügen kontrastierenden Materials (Holzstückchen, Zinn u. a.) in eine Holzfläche, die zusammen eine einheitliche Oberfläche bilden. Werkzeug: Messer, Säge, Hobel.
Anwendung: Selten im Bereich des Gebrauchsgerätes, wenn es sich nicht um Minnegaben handelt.
7. Hobeln: Beschneiden bzw. Abheben von Spänen durch ein an einem Holzkasten befestigtes und aus ihm herausragendes, schräggestelltes Eisen.
Anwendung: Glatte Holzteile, Profilieren von Rahmen, Leisten und ähnlichen Teilen.
8. Durchbruchsarbeit: Teils geschnitzt, teils mit Sägen ausgeführtes Herausnehmen von Holzstücken, wobei die Holzwand durchbrochen wird.
Anwendung: Besonders bei Griffen, Einfassungen, auch in Verbindung mit Reliefschnitzerei.
9. Farbige Behandlung: Grundieren zur Konservierung des Holzes oder um den farbig bzw. geschnitzt aufgesetzten Dekor hervorzuheben. Fassen des Dekors oder freie malerische Gestaltung.
Anwendung: Hauptsächlich bei Weichholzgeräten.

Die am Holzgerät angebrachten Schmuckelemente sind häufig von zeichenhafter Bedeutung, sei es, daß sie einer »heidnisch« – indogermanischen Frühzeit oder der christlichen Symbolwelt entstammen. Bei der Interpretation ist größte Vorsicht angebracht, nicht nur, weil sich die Herkunft einer Figur (etwa des Sechssterns) häufig nicht nachweisen läßt, sondern weil sich im Lauf der Zeit auch Wandlungen der Vorstellungen, z. B. der Schutzerwartung, vollzogen haben. Es darf ferner nicht übersehen werden, daß sich die schmückende Hand des Laienkünstlers durch Tradition überkommener zierhafter Formen und Motive bediente, ohne sich jedesmal über ihren Bedeutungsgehalt Rechenschaft abzulegen. Manche Motive wurden allein oder auch deshalb bevorzugt verwendet, weil sie sich als dekorative Erscheinung für eine bestimmte Fläche oder Stelle besonders eigneten (etwa das Kreismotiv) bzw. weil sie sich leicht stilisieren (die Tulpe z. B.) und ornamental umbilden ließen. Diese verschiedenen Erlebniskategorien müssen im Auge behalten werden, wenn der Bedeutungsgehalt der wichtigsten Ziermotive angesprochen wird:
1. Kreisornamente, die mit Nagel und Schnur, später mit dem Zirkel von einem Mittelpunkt her entwickelt werden: Sechsstern, Wirbel, Rosette, Hakenkreuz. Als Symbol der Sonne bzw. der kosmischen Ordnung gedeutet, als Heilszeichen gewertet.
2. Pflanzensproß, Strauß, Baum: Sinnbild des aufkeimenden Lebens, der Hochzeit und Fruchtbarkeit. Als Strauß in der Vase von der Hochkunst der Renaissance in die Volkskunst übernommen.
3. Knoten, Schlung, Schlange: Nach volkstümlichen Vorstellungen wohnen sich kreuzenden, sich verschlingenden Figuren geheimnisvolle, zauberische Kräfte inne, denen Unheil wehrende Bedeutung zukommt. Die Schlange als gefürchtetes, abschreckendes und zugleich glückbringendes Wesen.
4. Paarige Gestalten: Menschen, Tiere, Ringe usw. Vorstellungswelt des Urelternpaares, der Liebe, Ehe; vorwiegend auf Minnegaben.
5. Löwe, Adler, Doppeladler u. a. heraldische Zeichen: Symbole der Macht, auch im volksreligiösen Bereich.
Von mancherlei anderen Symbolbezügen wird die Rede sein bei der Besprechung der einzelnen Geräte und ihrer Auszier. Wenn auch die Qualität des Schmuckes hin und wieder künstlerisches

3 Paar-Motiv, Detail aus einem Tellerbord (s. Abb. 26)

Niveau erreicht, so bleibt bei der Gestaltung doch der Gebrauchszweck im Mittelpunkt des Interesses: es besteht eine enge organische Beziehung zwischen der ästhetischen und der funktionellen Bestimmung.

Selbstversorgung, Hausfleiß, Heimindustrie

Ein größerer Bauernhof konnte ehedem als eine Einheit der Selbstversorgung betrachtet werden. Alles, was zum täglichen Leben notwendig war, wurde — mit ganz geringen Ausnahmen — im eigenen Betrieb erzeugt und verarbeitet: Nahrung, Kleidung, Werkzeug, Einrichtung. Dieser Zustand ging bei stadtnahen Standorten früh in den der Arbeitsteilung über. Ein Zeitpunkt läßt sich nicht generell festlegen: In marktfernen, abgeschiedenen Gegenden bewahrte man die autarke Wirtschaftsform länger; auch Finanzschwäche wirkte positiv im Sinne der Beharrung.
Vor allem im Winter, wenn die bäuerliche Tätigkeit in Hof und Feld abgeschlossen war, hatte man genügend Zeit, sich in der Stube oder in einem geeigneten Raum des Hofes Ausbesserungsarbeiten, Verschönerungen und Neuanfertigungen zu widmen. Diese Betätigung in der Freizeit bzw. in selbstauferlegten, unbezahlten Arbeitsstunden faßt man in der Volkskunde unter dem Begriff »Hausfleiß« zusammen. Der eigene Bedarf war für diese Arbeiten maßgebend. Dazu kam jene Mühe, die der Einzelne freiwillig übernahm, um einem geschätzten Menschen Freude zu bereiten. Die meisten selbstgefertigten Geschenke fallen unter den Begriff »Minnegaben«, nach dem im Mittelalter für eine bestimmte Art liebevoller Hinwendung gebräuchlichen Wort »minne«. Diese Gruppe von Gegenständen zeichnet sich durch eine besonders sorgfältige Gestaltung, durch Reichhaltigkeit des Zierats und Motivwahl (Herzen, Lebensbaum, Segenszeichen und -sprüche) aus. In gewissem Sinne kann man auch bei der Arbeit an Geschenken von Selbstversorgung sprechen.
Ganz anders steht es um die als »Heim- bzw. Hausindustrie« bezeichnete Tätigkeit: Sie hat nichts zu tun mit der Idee der Autarkie, sondern entspringt der Notwendigkeit bedürftiger Bevölkerungsgruppen, eine Quelle des Nebenverdienstes aufzutun. In den meisten später als Zentren der Holzverarbeitung bekannten Landstrichen wie in den deutschen Mittelgebirgen, mußten sich die kleinen Landwirte um zusätzliche Arbeit bemühen, damit sie ihre Familien ernähren konnten. Sie wurden Leineweber, Puppenmacher, Korbflechter, Besenbinder usw. und eben auch Holzschnitzer und Dreher.
Mit der Zeit erlangten sie in dem Zweitberuf Übung, ja Routine, und konnten ihre Produktionsmengen steigern. Oft erwies sich die handwerkliche Tätigkeit als ertragreicher, die Landwirtschaft wurde immer mehr eingeschränkt oder ganz aufgegeben. Es entwickelte sich ein regelrechtes Hausgewerbe, wie wir es aus der Rhön, dem Erzgebirge, dem Böhmerwald, dem Berchtesgadener Land u. a. kennen. Der Erfolg, das Aufblühen einer Heimindustrie, war nicht nur Ergebnis des Fleißes, sondern auch der in einem bestimmten Menschenschlag herausgebildeten Eigenschaften: handwerkliche Geschicklichkeit, Rührigkeit, Anpassungsfähigkeit, Genügsamkeit und Freude am Gestalten.

Schwerpunkte, Vertrieb

Wenn eine Hausgemeinschaft sich zum winterlichen oder feierabendlichen Hand-Werken zusammenfand, zeigten sich bald Sonderbegabungen: dieser war für bestimmte Arbeiten mehr geeignet als jener; dem einen ging das Schnitzen aus dem Holzblock gut von der Hand, der andere hatte Geduld und Sinn für Schmückendes, ein Dritter saß am liebsten an der Hobelbank. Es erfolgte im kleinen bereits eine Art Spezialisierung, wie sie auf ähnliche Weise in der Dorfgemeinde oder in einer größeren landschaftlichen Einheit zustande kam. So sonderten sich z. B. in zahlreichen Dörfern Rumäniens die »Rudari« (= Holzwürmer) ab: diese seßhafte Gruppe von Zigeunern widmete sich jeweils einer bestimmten Art der Holzverarbeitung und brachte es dabei zu großer Meisterschaft, so daß ihre Produkte bis heute wegen ihres Dekorationswertes gesucht sind.
Das individuelle Gestaltungsvermögen gab der volkstümlichen Sachkultur entscheidende Impulse, wenn auch Form und Formung weitgehend dem durch Jahrhunderte bewährten Erfahrungswissen der Gemeinschaft verpflichtet waren. Das Ererbte bot den sicheren Grund, der immer aufs Neue belebt werden mußte. Mehr oder weniger enge Beziehungen bestanden auch zur zünftigen Handwerkertradition. Über Märkte, Handelswege und den ländlichen Handwerkernachwuchs fand ein Austausch stilistischer Erscheinungen der städtischen und der ländlich-volkstümlichen Sachkultur statt.
Damit in einer Gegend eine bedeutende Heimindustrie entstehen oder ein Zweig der Holzverarbeitung zur Blüte gebracht werden konnte, bedurfte es neben der angedeuteten immanenten Voraussetzungen immer auch eines gesellschaftlich-historischen Anlasses. Ein Beispiel soll dies verdeutlichen: Im östlichen Erzgebirge, dem sog. Seiffener Winkel, waren viele Bauern seit dem Mittelalter auch als Bergarbeiter tätig. Erst als der Bergbau aus verschiedenen Gründen (die Schätze der Oberfläche waren abgebaut usw.) verfiel, trat die Holzbearbeitung an seine Stelle. Einige Leute erlernten das Drechseln, andere übernahmen von ihnen die neue Fertigkeit: es vollzog sich ein völliger Strukturwandel innerhalb der Bevölkerung. So bildete sich allmählich das nachmalig weltbekannte Spielzeugzentrum heraus, das auch große Aufträge für alle möglichen gedrehten Einfachformen übernehmen konnte (Nadelbüchsen, Knöpfe, Spindeln u. a.).

Voraussetzung für die Bildung von Schwerpunkten war das standortgebundene Material: der Rohstoff mußte bequem erreichbar und billig zur Verfügung sein. Das Vorkommen von für die Herstellung bestimmter Geräte besonders geeigneten Holzarten — Nadelbäume, gewisse Laubholzsorten, Obstbäume, Weiden — ist abhängig von geographischen Gegebenheiten wie Regenhäufigkeit, Sumpfgelände, steiniger oder sandiger Boden usw. In engem Zusammenhang mit den natürlichen Bedingungen einer Landschaft steht wiederum die herkömmliche Wirtschaftsform und die durch sie geschaffenen Bedürfnisse: Gegenden mit bedeutender Milchwirtschaft (Alpenländer, Karpaten, Pyrenäen, Holland) fanden sich angeregt zur Herstellung entsprechender Gefäße; Holzknechte benötigten anderes Werkzeug als Küstenbewohner, Getreidebau führte zu anderem Gerät als Weidebetrieb usw.

Auch Speisegewohnheiten, die wiederum aus gleichbleibenden Wirtschaftsbedingungen resultieren, können in dieser Richtung wirken. So wurden beispielsweise in der Bretagne zur Bereitung des typischen Flachbrotes aus Buchweizen ganz bestimmte Formen von Teigkellen, Teigschabern, Fladenwendern entwickelt; zum Auskühlen dieser Kuchen benützte man Holzroste wie sie anderwärts nirgendwo anzutreffen sind.

Auch Traditionen der Kleidung und Haartracht können Anlaß zur Fertigung spezieller Geräte — Haubenständer, Schuhleisten, Haarnadeln, Stöcke u. a. — sein. In Savoyen z. B. war es noch Mitte des 19. Jh. Sitte, daß die Männer ihre Haare in Zöpfe faßten und aufsteckten, wozu sie einen flachen Holzpfeil mit scheibenförmigen Abschluß benützten. Auch regionale Gebundenheiten auf volksreligiösem Gebiet wie Wallfahrten, Kirchenfeste, fromme Bräuche, schlagen sich gelegentlich auf die Entstehung von Zentren der Geräteherstellung nieder. Spanschachteln mit Wallfahrtsandenken, Godendosen, Model für Weihebutter, Salzkirchen und dergleichen mehr sind aus religiösen Bedürfnissen erwachsen.

Das Gedeihen eines Gewerbezweiges hing immer auch davon ab, ob es den Produzierenden gelang, günstige Absatzmöglichkeiten zu finden. Ein Einzelner war es häufig, der den Anstoß gab, sich in die Fremde wagte, den Export in die Wege leitete. So unternahm z. B. ein Kunstdrechsler namens Christian Friedrich Hiemann zu Beginn des 18. Jh. die beschwerliche Reise vom hinteren Erzgebirge nach Leipzig: dort gelang es ihm, auf der Messe größere Aufträge für gedrechselte Ware zu erhalten, so daß er mehrere Heimatdörfer mit Arbeit versorgen konnte. Er brachte Anregungen von Nürnberger und Thüringer Handelsvertretern mit, sorgte für Verbesserung der heimischen Erzeugnisse, machte Bedarfslücken ausfindig.

Bis zum Ende des 19. Jh. übernahmen Wanderhändler den Vertrieb der heimindustriell hergestellten Holzwaren; mit Tragkörben oder Kraxen gingen sie hausieren oder suchten den Markt bzw. die nächstgelegene größere Stadt auf. Berühmtheit erlangte jener Berchtesgadener Wanderhändler Anton Adner, der auf seinem Rücken Berchtesgadener Ware landauf landab trug und noch mit 109 Jahren nach München zog. Der bayerische König Max II. unterstützte ihn im Alter und ehrte ihn nach seinem Tod (mit 117 Jahren) durch ein Grabmal auf dem Berchtesgadener Bergfriedhof.

Nicht alle Hausierer brachten ihre Ware selbst an den Mann; zwischen Hersteller und Käufer schalteten sich häufig noch Großhändler, sog. Verleger, ein, die sich durch Träger beliefern ließen. Sie übernahmen die Produktion zu einem vereinbarten Preis, wobei allerdings die Heimarbeiter häufig die Benachteiligten waren und an dem steigenden Absatz finanziell nicht beteiligt wurden. 1614 mußte beispielsweise die Beziehung Handwerker — Verleger im Berchtesgadener Land obrigkeitlich geregelt werden, da die Verleger mehr auf ihren Gewinn als auf das Gedeihen des Handwerks bedacht waren. Sie unterhielten nicht nur an großen Messeplätzen ihre Niederlagen, sondern auch an vielen Seehäfen, wo der Vertrieb nach Übersee organisiert wurde. Sonneberg in Thüringen war Umschlagplatz nach dem Osten sowohl für die mitteldeutsche, als auch für die süddeutsch-österreichische Produktion.

Um das Existenzminimum verdienen zu können, waren die Hersteller z. B. in der Rhön gezwungen, Massenware zum Export zu liefern, so daß das Niveau gedrückt und aus Volkskunst billiger Kitsch wurde. Auch die Erscheinung, daß sich manche Gegenstände der Volkskunst ähneln, obwohl sie in ganz verschiedenen Gegenden angefertigt worden waren, erklärt sich oft aus Manipulationen der Verleger: Geschäftsgewandte Nürnberger Kaufleute brachten nach Thüringen Berchtesgadener Ware und rieten den Einheimischen, sie nachzuahmen, da sie auf den Märkten besser abzusetzen waren. Die Einführung gedruckter Musterbücher bestärkte noch diesen Ausgleichsprozeß. Mechanisch produzierte Fabrikware trat mehr und mehr an die Stelle des von Hand gefertigten volkstümlichen Gerätes.

Wohnen

Essen und Trinken

Löffel

»Besteck« war zunächst der Behälter, in den man die Seitenwaffe, das Messer, später auch Löffel und Gabel steckte, um sie am Gürtel stets bei sich zu tragen. Von dem mit Gerät besteckten Futteral ist die Bezeichnung auf die darin zusammengesteckten Eßinstrumente übergesprungen. Jahrhundertelang gehörte das Besteck zur ganz persönlichen Habe, die man zur Mahlzeit am fremden Tisch selbst mitbrachte. In den letzten drei Jahrhunderten hat sich dieser enge Bezug des Speisenden zum Eßgerät mehr und mehr gelockert, in höfisch-städtischen Schichten eher als in ländlichen. Es kam das in beliebiger Wiederholbarkeit ausgeführte, unpersönliche Tischgerät in Gebrauch, das man für alle Teilnehmer des Mahles auflegt: die Besteckgarnitur.

Das Besteck, das man eher den Metall- als den Holzgeräten zuweisen möchte, wird deshalb hier betrachtet, weil – zumindest was die Ausformung des Griffes anlangt – Holz gerne als zweites Material mitverwendet wurde; der Löffel aber, das älteste Eßgerät, war über Jahrtausende fast ausschließlich aus Holz gefertigt und ist es zum Teil heute noch.

Wenn wir dem Ursprung des Wortes nachgehen, so kommen wir zurück auf eine Wurzel »lap« = trinken, lecken, die auch im lat. »labium« = Lippe enthalten ist. Ein enger etymologischer Zusammenhang besteht zwischen »Löffel« und »Laffe« (vorderer, meist gehöhlter Teil des Löffels)[1] und den Begriffen »Lippen, Lefzen«. Wer den Löffel auf bäuerische Weise verwendet, also schlürft und sappert, wird als »Laffe« bezeichnet, ein Schimpfwort, das schließlich auf alle törichten Menschen ausgedehnt wird.

Der Löffel ist lebensnotwendig und begleitet den Menschen in allen wichtigen Situationen. »Hat schon wieder einer seinen Löffel weggeworfen«, hieß es früher in München, wenn die Sterbeglocke läutete, und wenn einem der Löffel hinunterfiel, tuschelte man, er werde bald sterben. »Lefflen« heißt aber auch soviel wie »lieben, Liebhaber sein«, also das tun, was lebensnotwendig ist. Oder hat sich der ursprüngliche Bedeutungsinhalt des Einschlürfens d. i. mit den Lippen tätig sein, küssen, in den Begriff eingenistet? Jedenfalls erscheint der Löffel als Sinnbild der Lebensspeise, des Lebens selbst. Daher wird ihm auch reiche volkskünstlerische Ausschmückung zuteil, daher reicht man ihn gern als Hochzeitsgabe, versehen mit symbolischen Darstellungen der Liebe und Ehe[2]. Am Morgen des Hochzeitstages pflegt das junge Paar die Suppe gemeinsam zu löffeln, d. h. die beiden wollen im künftigen Leben alles gemeinsam bewältigen, sie sind auch bereit, »die Suppe, die sie sich eingebrockt haben, gemeinsam auszulöffeln«. Auch die Sitte, der Braut vor dem Aufbruch vom Elternhaus noch einen Löffel Suppe zu reichen, den Löffel dann zu zerbrechen und zum Fenster hinauszuwerfen, deutet auf einen starken Lebensbezug des Löffels hin: Die junge Frau soll sich der neuen Tischgemeinschaft verbunden fühlen und das Heimweh überwinden.

Der Holzlöffel hat eine ehrwürdige Tradition. Vollendet geformte Exemplare wurden bereits in der jüngeren Steinzeit verwendet. Die Laffe wechselte mehrmals zwischen runder und ovaler Gestalt. Bei den Römern war sie meist länglich, ebenso im frühen Frankenreich, während im Hochmittelalter wieder das Rund bevorzugt wurde. Ebenso wandelt sich die Länge des Stiels und der Winkel, in dem der Stiel zur Laffe steht. Im 13. und 14. Jh. ist der Stiel nicht länger als die Faust, die ihn umschließt, im 15. und 16. Jh. will ihn die Tafelsitte länger und kräftig geschwungen. Im 17. Jh. liegen Stiel und Laffe etwa in einer Ebene (wie beim Löffel von heute).

Die Renaissance versieht vor allem den Stiel der Prunklöffel mit einem schwelgerischen Ornament; er ist bekrönt von einem Zierknauf, der aus einem Kopf oder einer ganzen Figur – einem Heiligen, einer mythologischen Gestalt – bestehen kann. Diese Kleinplastiken sind häufig aus Buchsholz geschnitzt; vielfach wurden auch edles Metall, Elfenbein, Perlmutt und Edelsteine mitverwendet.

Im volkstümlichen Bereich ist ebenfalls der Stiel in besonderer Weise mit Ornamenten versehen, manchmal in solcher Breite und Anreicherung, daß der Löffel seine Funktion kaum mehr erfüllen kann und nur noch als Schaustück bei festlichen Gelegenheiten dient. Vom einfachen Monogramm oder Brandstempel bis zum Kerbschnittmuster, zum plastisch beschnitzten oder gitterartig durchbrochenen, mit Ringen und Klappern versehenen Stielenden reicht der Formenschatz. Minnegaben sind die sog. Paarlöffel, auf denen umschlungene Liebesleute dargestellt sind. Oft treten Liebessymbole und Sinnsprüche hinzu.

Ungemein dekorative Vielfalt entwickeln die Löffel der Hirtenvölker in ganz Europa, denken wir an die selten schönen Exemplare aus dem rumänischen Bereich, an die eleganten Formen, die aus dem Museum Maihaugen (Norwegen) bekannt sind, die reich konturierten Holzlöffel aus Savoyen und Wales. Die Walliser »Love-Spoons« (Liebeslöffel) weisen als gebräuchlichstes Ziermotiv das Doppelherz auf und sind mit Umschriften wie »We two are one« (Wir zwei sind eins) oder »My home is yours« (Mein Heim ist auch deines) beschnitzt. Im 19. Jh. erfreute sich das »soul-motive« großer Popularität: dargestellt sind in längsovaler Kommaform Nasenlöcher, durch welche die Seele beim Tod entfliehen soll. Wie dieses altägyptische Motiv in den Walliser Symbolismus geriet, ist noch ein Rätsel[3].

Eine Eigentümlichkeit des Salzkammergutes war die Herstellung vielfarbig bemalter Löffel nicht nur als Prunkstücke, sondern für den täglichen Gebrauch. Die in der Viechtau (s. S. 15) angefertigten Eßlöffel zeigen »rundmaulete« und längsovale Laffenform. Die den Farben Rot — Weiß — Grün oder auch durch flott aufgesetzte Goldverzierungen. Beliebt waren Rosen- und Zwiebelmuster sowie religiöse Motive. Diese Viechtauer Löffel eroberten sich die Gunst vieler Märkte; sie wurden im 19. Jh. bis nach Rußland gehandelt.

Messer, Gabel, Futteral

An Breitenwirkung kann es keines der mit Holz verarbeiteten Eßgeräte mit dem Löffel aufnehmen. Während dieser, der mit dem Mund unmittelbar in Berührung kam, aus weichem, sozusagen lippenfreundlichem Material gefertigt sein mußte, kam für die Messerschneiden nur scharfer Stein oder widerstandsfähiges Metall in Frage. Häufig war die Klinge mit einem bemerkenswerten Holzgriff versehen. In der Form des »Zaunkerls« oder »Taschenfeitels« Ausschmückung erfolgte auf schwarzem Grund durch Bemalung in kann man das Messer mit Holzgriff noch heute auf den Märkten der Balkanländer erwerben; es ist die uralte, bereits im Mittelalter verbreitete Gattung der kleinen Einschlagmesser. In Österreich gibt es sogenannte Feitelvereine, gesellige Männerbünde mit einer gewissen Ähnlichkeit zu Burschenschaften. Jedes Mitglied ist verpflichtet, seinen Taschenfeitel stets bei sich zu tragen, und über dem Stammtisch hängt als Clubzeichen ein großer Feitel. Die Zaunkerlschmiede der berühmten Eisenverarbeitungsstadt Steyr (OÖ) hatten ebenfalls ein mächtiges Klappmesser als Tischzeichen.

Das Messer ist mit einer Fülle von Rechtsbräuchen umgeben, die sich nicht auf den deutschsprachigen Raum beschränken. In England gab es beispielsweise die Tischsitte, während des Trinkens ein Messer hochzuhalten, um den (wehrlosen) Trinker zu schützen[4].

Die Gabel, die sich aus einem Vorlege- bzw. Tranchierspieß entwickelt hat, kennt wie das Messer den holzgearbeiteten Griff. Bei den einfacheren Exemplaren sind die Griffe oft mit gedrechselten, auch farbig abgesetzten Rillen versehen; die reicheren zeigen Gravuren und plastischen Schmuck (Abb. 39).

Besteck und Futteral wurden ja für jedermann sichtbar am Gurt oder in einer eigenen Tasche der Hose getragen und zeigten deshalb nicht selten repräsentativen Charakter. Gelegentlich versucht sich die spielerische Gestaltungsfreude an ganzen Figurengruppen oder an kleinen Szenenfolgen wie auf der Buchsbaumscheide aus Südosteuropa (1587), die im Bayerischen Nationalmuseum in München zu sehen ist.

Muskat- und Tabakreiber

Mit dem Aufkommen der ausländischen Gewürze wurde es üblich, dem mitgeführten Besteck einen Muskatreiber in eigenem Futteral beizufügen. Muskat war als Bier- und Weinwürze wie auch zur Verbesserung mancher Speisen beliebt. Daß das Importgewürz als besonders kostbar galt, äußert sich in der hervorragenden Ausstattung des Gerätes. Die Hülse, in die man das kleine Reibeisen steckte, war in der Regel aus Hartholz gefertigt (Länge 20—30 cm, Breite 5—7 cm) und nicht selten mit Kerb- oder Flachschnitzereien, Gravuren, Messingintarsien oder Perlmuttplättchen aufs reichlichste verziert (Abb. 51, 52).

Leicht verwechselt, vielleicht auch tatsächlich im Gebrauch ausgetauscht, wurde dieses Gerät mit dem Reiber für Tabak, »auf dem in früheren Jahren gesetztere Männer den mitgetragenen ›ganzen‹ Tabak je nach Bedürfnis rieben und dann das erzeugte Pulver, das in einem kleinen Behälter aufgefangen wurde, zur Nase führten. Dies taten zum Beispiel die geistlichen Herren selbst während des Gottesdienstes ...«[5]. Der Katalog der 1910 in Regensburg veranstalteten Volkskunstausstellung berichtet: »Herr Hildebrand in Winklern übersandte einen Tabakreiber für Brisiltabak; jede Prise wurde damals gerieben und sofort geschnupft. Dieses äußerlich mit oberpfälzischen Muscheln nett ausgelegte Instrument kann meines Erachtens ebensogut als Reiber für das in Bayern seit jeher so beliebte Küchengewürz, die Muskatnuß, gehört haben[5a].«

Verwahrgerät für Löffel

Für die in der Stube verbleibenden Löffel gab es Aufbewahrvorrichtungen vielfältiger Art. Sie konnten einfach in die Tischschublade gelegt oder in eine Lederschlaufe an der Tischkante bzw. am »Schragen« (Untergestell des Tisches) gesteckt werden. In der Bretagne gab es Eichenholztische mit Vertiefungen für Eßschalen, neben denen jeweils Schlitze zum Einstecken des Löffelstiels angebracht waren[6].

Als Haltevorrichtungen an der Wand dienten einfache Leisten oder Bretter mit Löchern, in die man von oben die Löffel steckte, oder mit Kerben, in die man die Stiele von vorne einführte. Außer diesen länglichen Gestellen verwendete man auch kleine, durchlochte Brettchen, die Konsolen ähnelten. Abbildungen dieser Vorrichtungen sind ab 1800 bekannt; vorher benützte man auch gern mit Löchern versehene Brettchen, die an einer Öse hingen und nach unten schräg von der Wand abstanden.

Diese Holzgestelle – im süddeutschen und alpenländischen Raum »Rem« oder »Rehm« (verwandt mit »Rahmen«), im Norden »Löffelbört« (Abb. 28) genannt – erfuhren in manchen Gegenden prächtige Ausgestaltung. In den Alpenländern findet man schön geschnitzte und bemalte Objekte (Abb. 30). Berühmt sind die Löffelreme aus dem Salzkammergut, deren reiche Ornamentik neben abstrakten Kerbschnitt- und Durchbruchsarbeiten Jesus-Maria-Monogramme und andere religiöse Symbolik sowie jägerisch-almerische Szenen umfaßt. Häufig waren auch kleine Spiegel angebracht; man schrieb ihnen apotropäische Wirkung gegenüber Mundkrankheiten zu. Auch den Holzquasten (»Troddeln«) und Glöckchen, die am Schaubrett befestigt waren, sollte diese Abwehrkraft innewohnen. Die Viechtauer Löffelreme (mit den dazugehörigen Löffeln, s. S. 14) kommen ein- oder zweistöckig vor; sie besitzen durchbrochene Vorder-, Mittel- und Rückwände und sind in ihrer farbigen Bemalung Schmuckstücke der Wohnstube.

Auch in den Karpatenländern (Ritz- und Kerbschnittornamente) sowie in Sachsen, Schlesien und Litauen (Stroheinlagen) hat die Volkskunst diesen Geräten große Sorgfalt zugewendet.

Eine Eigenart der Bretagne sind die über dem Eßtisch angebrachten Löffelgehänge (»paraller«); die Höhe ist durch Schnurzug verstellbar. Ein gedrechselter, stark profilierter Stab trägt eine drehbare Scheibe, in die man die Löffelstiele steckt[7].

4 Schüsselkranz aus Niedersachsen, nach Bomann

Neben den festmontierten Geräten gab es gebietsweise auch bewegliche »Löffelkörbchen«, die aufgestellt oder an einen Wandhaken gehängt wurden. Der Name stammt aus einer Zeit, in der diese Behältnisse aus Spänen, Wurzeln oder Weidenruten geflochten waren. Manche der hessischen Löffelkörbchen erinnern noch an diesen Ursprung (Abb. 15). Allen ist die zweckbedingte Luftdurchlässigkeit gemein, die nötig war, weil man die Löffel meist feucht einsteckte. Sie wird erreicht durch lockere Reihung verzapfter Säulchen oder gitterartige Durchbruchsschnitzereien. Wahre Prunkobjekte sind aus der Schweiz, aus dem Elsaß und aus Hessen bekannt[8].

Schüsselkranz und Pfannholz

Nur in Adelskreisen hatte man für alle Speisen Geschirr und Bedienstete, die es servierten. Beim Bauern und auch in Kleinbürgerkreisen kamen bis ins 20. Jh. die meisten Gerichte vom offenen Herd unmittelbar auf den Eßtisch. Damit Tisch oder Tischtuch nicht rußig wurden, benutzte man einen Untersatz: dieser konnte ein einfaches Brett, ein Eisenrost oder ein aus Stroh, örtlich auch aus Wacholderrinde oder Stricken geflochtener Kranz sein. Im nördlichen Deutschland und in Skandinavien fehlte früher in keinem Haus der Schüsselkranz (»Schöttelkrans«) als Untersetzer für heiße Töpfe. Meist wurde er von Schäfern hergestellt aus kleinen Holzpflöcken mit der natürlichen Rundung eines Zweiges. In der Mitte jedes etwa 5 cm langen Klötzchens war ein Ausschnitt, in den das benachbarte Holz gesteckt wurde. Nach Fertigstellung wurde der Kranz kurz in heißes Wasser gelegt; dabei verquollen die einzelnen Holzstücke so fest miteinander, daß man nachher die Stelle, an der Anfang und Schluß vereinigt waren, nicht mehr erkennen konnte[9] (Abb. 50).

Jahrhundertelang war das meistgebrauchte Kochgerät die Stielpfanne. Damit sie nicht kippen konnte, mußte der Stiel gestützt werden: »Diener« oder »Knecht« der Pfanne war ein solches Gerät, wie auch der Name »pfannen schalk« besagt (mhd. schalc = Diener, Knecht). Unter diesem Namen tritt das Gerät durch den bayerischen Minnesänger Neidhard von Reuenthal (13. Jh.) »ins Licht« der Literatur.

Eiserner Pfannenknechte bediente man sich am Herd, um die Pfanne über dem Feuer zu halten. Sie wurden aber auch – meist in sorgfältigerer Ausführung – bei Tisch verwendet. Häufiger war dort jedoch das »Pfannholz« zu finden. Es besteht aus einem runden oder eckigen Untersatz, der in gleicher Ebene – schmaler werdend – verlängert ist. Am Ende dieser Verlängerung steckt ein Brett senkrecht zum Untersatz. Es trägt oben eine Gabel oder seitlich mehrere Haken zum Auflegen des Pfannenstieles und ist in der Höhe verstellbar (Abb. 48).

Bildbelege gibt es seit dem 15. Jh., vorwiegend aus dem Bereich des

einfachen Volkes. Der Petrarcameister z.B. zeigt einen Bauern, der seine Suppe aus einer Pfanne löffelt, die auf einem »Schalk« steht. Anfang des 16. Jh. wird das Gerät als notwendiges Hausratsstück bezeugt, z. B. bei Hans Sachs oder im Straßburger Hausratgedicht von 1514: »Ein Pfannholtz, da man die Pfannen vff leyt[10].«
In den Alpenländern, wo wegen des vielen Schmalzgebäcks und der Musgerichte die Pfanne in ständigem Gebrauch stand, wurde das Pfannholz zum Gegenstand volkskünstlerischer Auszier in Drechsel- und Steckarbeit, Kerb- und Flachschnitzerei. Im Salzburger Umkreis vor allem sind beschnitzte Geräte üblich: Die Untersatzscheibe ist mit einem IHS (Jesusmonogramm) versehen, das von einem Strahlenkranz oder einem Gitterwerk aus Sechssternen umgeben ist; häufig sieht man im Zentrum auch ein Herz, das Monogramm des Besitzers oder heraldische Zeichen (Abb. 49). An den Längsseiten des Pfannholzes finden sich nicht selten Inschriften, die wegen ihrer Fehlerhaftigkeit schwer zu entziffern sind; sie wurden von Leuten angefertigt, die im Schreiben kaum bewandert waren. So ist im Dürerhaus zu Nürnberg ein Pfannholz mit folgender Inschrift aufgestellt: »Got seh uns die Sbeizze auf den holz mir sin die in unendlicher Geduldsarbeit aus ineinandergesteckten Holzklötzchen oder verspreizten Brettchen gefertigt wurden (ähnliche In Tirol und der westlichen Schweiz waren Pfannhalter verbreitet, vergnit in gotes kult 1820 I.H.E.G.H.«
Technik wie beim norddeutschen Schüsselkranz, s. S. 15).

Teller und Schüssel

Nicht jede Speise konnte in der Pfanne oder im Kochtopf auf den Tisch gebracht werden. Neben Irdenware und »glockspeisenen« Töpfen sah man dort vor allem hölzernes Geschirr. Holz war bis ins 16. Jh. der wichtigste Werkstoff für Geschirr bei allen Ständen, in waldreichen ländlichen Bezirken noch wesentlich länger. Bei Wohlhabenden wurde es allmählich durch Ton, Glas oder Zinn verdrängt; doch wirkte der Formenschatz des Holzgerätes als Vorbild auch in den Gebrauchsformen aus anderen Materialien fort[11].
Wenn wir das Wortfeld der wichtigsten Geschirrformen abtasten, finden wir zunächst als Urbestimmung für Teller: kleine hölzerne Platten, auf die man Speisen legte[12]. Das lat. »scutella« = Trinkgefäß (frz. écuelle) wurde etwa im 6. Jh. von den germanischen Sprachen übernommen und erscheint im Althochdeutschen als scuzzila, mhd. schüzzel[13].
Diese Grundformen des Eßgeschirrs können wir auf allen bildlichen Darstellungen des Mittelalters, die Gastmähler oder Tischszenen zum Inhalt haben, erkennen. Nur bei Fürstlichkeiten waren sie aus edlem Metall, während der Allgemeinheit Holz als wohlfeiles Material zur Verfügung stand, wo nicht als »Teller« überhaupt nur eine Scheibe bzw. ein Fladenbrot diente. Selbst dort, wo man in bürgerlichen Kreisen Zinnteller aufzulegen pflegte, wollte

5 Pfanne auf einem Pfannholz, Petrarcameister, »Von schmaler Nahrung«, Holzschnitt, um 1520

man die leicht sauber zu haltenden Holzteller als »Einlagen« nicht missen. Der vielgereiste und scharf beobachtende Montaigne weiß zu berichten (1580), daß im Wirtshaus zum »Stern« in Schongau (Obb.) trotz der Masse von Zinngeschirr, das man dort besaß, sehr hübsche, blank gescheuerte Holzteller täglich in Benützung waren[14]. Von Anfang an kamen zwei Techniken zur Herstellung des hölzernen Eßgeschirrs in Frage: das Schnitzen und das Drechseln. Die Erfindung der Drehbank (s. S. 9) brachte zwar eine handwerkliche Erleichterung, beeinflußte jedoch die Formgebung nicht wesentlich. Bereits bei den vor- und frühgeschichtlichen Funden (z. B. vom Neuenburger See) sind beide Möglichkeiten vertreten. Unsere Vorstellung vom Aussehen des verlorengegangenen Holzgerätes aus früherer Zeit ist unwillkürlich beeinflußt von den noch erhaltenen Stücken aus dem 17.–20. Jh. Gegen eine solche Vorstellungsübertragung bestehen nach Walter Dexel gewisse Bedenken, da hierbei der Vergangenheit Unrecht geschehen kann. »In den großen Zeiten des Holzes, zu denen Frühzeit und Mittelalter noch gehören, sah das Holzgerät wahrscheinlich ganz anders und sehr viel edler und formschöner aus als das ländliche, derb bäuerliche Holzgerät des 18. und 19. Jh., einer Zeit, in der das Holz sich schon seit Jahrhunderten ›auf dem Rückzug‹ befand[15]...«
Während bei Holztellern die Formgebung wenig Varianten zuläßt – Verzierungen sind in der Regel nur am Rand angebracht –, sind bei Schüsseln vielerlei Ausprägungen möglich, je nach ihrer Gebrauchs-

bestimmung. Die Schüsseln mit dem in der Höhe variierenden Standfuß ist vielleicht auf antike Vorbilder zurückzuführen. Die exponierten Stellen, also Fuß, Rand und Griff, waren bei edleren Holzgefäßen häufig mit Metall gefaßt, wodurch der rasche Verschleiß vermieden wurde.

Eine Form, die sich in ihrer Schlichtheit als sehr dauerhaft erwiesen hat, ist die der gedrehten Flachschüssel, die man bereits in den Alemannengräbern von Oberflacht (Württ.) fand; sie wurden im 16. ebenso produziert wie im 19. Jh.

Die landschaftlich gebundene Ernährungsüberlieferung spielt bei der Ausformung des Geschirrs eine große Rolle. Wo viele einzelne Gebäckstücke für die Tischgemeinschaft zusammengefaßt werden mußten, benötigte man große, flache Schüsseln. In den inneren Alpenländern, vor allem in Salzburg und Tirol, sind solche für alle möglichen Arten von Krapfen, Nudeln und Nocken üblich. Ein lokales Herstellungszentrum für riesige Krapfenteller (aus Ton und Holz) ist das Pustertal, für die sehr haltbaren Zirbelholzteller das Tiroler Gsiesertal[16].

Eine Sonderform stellt die in ihrem Verbreitungsgebiet nicht genau abgrenzbare Doppelschüssel dar (Abb. 65). Sie tritt sowohl in Bayern und den Alpenländern als auch in Sachsen und Skandinavien auf. In der Mitte des großen Schüsselrundes weist dieser Typus noch einen napf- oder beckenförmigen Stumpf auf, wodurch ein Speisenbestandteil von dem anderen getrennt werden kann. Im Alpenländischen sind derartige »Nockenschüsseln« (Durchmesser rund 60 cm) sehr verbreitet: die abgekochten Nudeln oder Nocken liegen auf der größeren Schüsselfläche, während in den »Schmalzstumpf« die zerlassene Butter oder der Rahm zum Eintunken gegeben wird. In der Steiermark verwendet man solche Schüsseln zum sog. Läutrachtrunk: Am Sonnabend sitzt das gesamte Gesinde um den Tisch und taucht die Feiertagsnudeln in den Läutrach, d. i. der beim Butterauslassen verbleibende schaumige Rückstand. Die Passauer »Breinschusseln« trennen den dicken Hirsebrei vom flüssigen Schmalz. In Savoyen sollen Doppelschüsseln für Käsegerichte Verwendung finden. Im Fichtelgebirge dienen sie zum Sondern von Fleisch und Kren (Meerrettich) oder von Kraut und Brühe. Die Zittauer Schüsseln nehmen Fische und Butter bzw. Soße auf[17].

Kuchenbrett

Zu den jahrhundertealten Formen des Holzgeschirrs kamen im 18./19. Jh. Kuchenbretter von meist runder, seltener rechteckiger Form mit angeschnitztem Griff. Oft waren sie mit geometrischen Mustern oder Rankendekor farbig ausgeführt. Als »Plätzbretter« dienten sie zum Auftragen flacher Kuchen vor allem in Thüringen, Unterfranken, in der Pfalz und im Elsaß (Abb. 36).

Es ist überliefert, daß Wanderhändler aus Hessen geschnitzte und bemalte Kuchenteller in Westdeutschland verkauften (bis ins 20. Jh. herein). Man verwendete sie zum Auskühlen der beliebten Reibekuchen, Hefeplätzchen oder Buchweizenpfannkuchen. Sie wiesen rosetten- und blattförmige Durchbruchsmuster auf; am schmalen Randstreifen standen Jahreszahlen und Sprüche wie: »Wer gute Pannekuchen will haben, der darf speck und Eiger nicht sparen«, »Pannekuchen ist eine gute speiß, / man kann sie essen kalt und heiß«[18].

Gestelle für Teller und Schüsseln

Zur Aufbewahrung des Geschirrs dienten Vorrichtungen, die teilweise zum Mobilar zählen, wie Wand- und Eckschränkchen und den Aufbau der bäuerlichen Stube mitbestimmen. Das einfachste Gestell dürfte ein auf Holznägeln ruhendes Wandbrett sein; diese Form wurde zwei- und dreistöckig ausgebaut und durch Seitenbretter verbunden. Um den Schüsseln und Tellern Halt zu geben, brachte man in halber Höhe noch eine Querleiste an.

Diese in Süddeutschland und Österreich »Rem« oder »Kar« (»Schisslkar«) genannten Gestelle finden sich schon in früheren bäuerlichen Inventaren (17. Jh.). Sie gehen in der Gestaltung oft weit über das funktionelle Bedürfnis hinaus und bilden ein schmückendes Element des Raumes, sei es nun, daß sie mit Säge- und Schnitzarbeiten, mit plastischen Bekrönungen oder mit Malereien und Beschriftung versehen sind.

In Tirol und Österreich trifft man häufig Gestelle aus Latten und gedrechselten Stäben an, die nicht mit der Wand verbunden sind. Die senkrecht eingestellten Holzteller konnten darin luftig und an beliebigem Ort aufbewahrt werden.

Das Niedersachsenhaus kennt ein an der Wand hinter dem Eßtisch befestigtes Gestell von längsrechteckiger Form, in das man sowohl die flachen Holzteller als auch die Löffel einsteckt (»Schinkentellerbört«, »hölten Tellerbört«). In Nordfriesland und Schleswig-Holstein sind diese Borde aus Eichenholz gefertigt und überwiegend grün-rot gestrichen. Manche Stücke sind mit geschweift ausgesägten Rahmen, mit gedrechselten Balusterstäben und mit geschnitzten Aufsätzen versehen[19].

Trinkgefäße

Daß das Trinken die Phantasie beflügelt, geht schon aus der Vielfalt der Formen und Benennungen für Trinkgefäße hervor. Es sollen hier nur die wichtigsten vorgestellt werden.

Das Wort »Becher« kommt in allen germanischen Sprachen vor; es leitet sich vom vulgärlat. »bicarium« her und ist noch vor dem Christentum als Wort des Weinbaues übernommen worden[20]. Aus dem gleichen Kulturbereich ist »Kelch« (lat. calix, ahd. kelich) in die europäischen Sprachen gelangt[21], während das germ. »Kelle« nur entfernt verwandt ist mit lat. culleus = lederner Sack. Die Bezeich-

6 Trinkgelage in Nordeuropa, Holzschnitt, 15. Jh.

nung »Napf« scheint im Germanischen beheimatet zu sein, ebenso wie das Wort »Schale«, dessen Grundbedeutung das aus Schädeln (getöteter Feinde) hergestellte Trinkgefäß meint. In der Umgangssprache ist das Wort heute noch in Mitteleuropa anzutreffen, z. B. im Wienerischen »Schalerl Kaffee«[22]. Die Bezeichnung »Tasse« ist aus dem Persischen ins Arabische und von da in die romanischen Sprachen eingedrungen; die deutsche übernahm es im 16 Jh.[23].

Für die Herstellung der Trinkgefäße gab es die drei Möglichkeiten: Schnitzen, Drechseln, Böttchern (vgl. S. 9).

Aus der Jungsteinzeit haben sich napfförmige Holzgefäße erhalten, beispielsweise jene schöngeformten Stücke, die bei Egolzwil (2700 v. Chr.) gefunden wurden und im Schweizerischen Landesmuseum Zürich aufbewahrt werden. Wie diese aus einem Stück gearbeiteten Holzgefäße sind auch sämtliche Trinkschalen der germanischen Bronzezeit geschnitzt. Dieses Herausarbeiten aus dem Massivholz wurde auch dann noch weiterpraktiziert, als die Technik des Holzdrehens längst bekannt war. Bodenfunde in Stadtkernen alter Siedlungen liefern Belege über ihr Fortbestehen bis ins späte Mittelalter[24]. Im ländlichen Bereich wurde sie von Bauern und Hirten bis in die Gegenwart herein beibehalten, z. B. in der Slowakei. Die Erzeugnisse der verschiedenen Hirtenkulturen in Europa ähneln sich in hohem Maße. Das Schnitzmesser konnte auch während des Überwachens der Tiere im Freien betätigt werden.

Die Fertigung von Trinkgefäßen durch Hirten stand schon deshalb an erster Stelle ihrer Gestaltgebung, weil ein Großteil der Nahrung in flüssigem Zustand geboten wurde: Milch und Milchprodukte. Molkenwasser, in dem viele Käsestückchen schwammen, wurde z. B. nach den Bestimmungen der polnischen Almwirtschaft dreimal täglich den Hirtenjungen zugestanden; zu zwei Bechern Schafmolke bekamen sie ein Stück Frischkäse. Der Becher diente mithin auch als Maß[25].

Reichgeschnitzte Holztassen, mit und ohne Henkel, trugen in Kroatien die Hirten am Gürtel. In trockenen Gegenden benützte man schalenförmige Gefäße, damit man bei Wassermangel auch aus flachen Lachen oder Rinnsalen schöpfen konnte[26]. Unbegrenzte Phantasie beweisen auch die Trinkbecher der rumänischen Hirten. Griff und Gefäß sind meist aus einem Stück gearbeitet und mit geometrischen oder zoomorphen Ornamenten (Vogel- oder Pferdekopf, Schlangen) versehen. Neben flachen Schalen, zylindrischen, konischen und kugeligen Gestalten sind auch solche mit kahnförmigem Charakter vertreten. Diese Gefäßformen und ihre Verzierungen deuten auf ein sehr hohes Alter hin; sie gehören einer Formenreihe an, die von Skandinavien über Rußland und Ungarn bis zum Balkan reicht[27].

Gedrechselte Holzgefäße hat man bereits in den etruskischen Hügelgräbern (7./8. Jh. v. Chr.) gefunden. Die Germanen scheinen die Technik von den Kelten übernommen zu haben. Bei den frühmittelalterlichen Grabfunden überwiegt gedrechseltes Trinkgeschirr. Schalenbecher aus Wurzelholz ohne Standfuß hatten jahrhundertelang Bestand. Der Trinkende mußte sie in der Hand halten und nach dem Leeren umgestürzt auf den Tisch legen[28].

Neben diesen einfachen kalottenförmigen Bechern benützte man vom frühen Mittelalter an bauchige Kugelbecher (»Scheuern«), die nahezu doppelt so groß waren wie die Schalen. Ihrer Ähnlichkeit mit dem menschlichen Schädel wegen nannte man diese halbkugeligen Gefäße auch »Köpfe«. Sie wurden häufig aufeinandergesetzt zu »Doppelköpfen«. Als Werkstoff diente das Wurzelholz von Birken, Birn-, Ahorn- oder Buchsbaum.

Die Technik des Böttcherns schuf eine ihr gemäße Form des Trinkgefäßes, den konischen Becher. Er war das ganze Mittelalter hindurch in Deutschland und seinen Nachbarländern heimisch und wirkte auch für die Formung anderer Materialien als Vorbild und Anreger. Darstellungen aus den verschiedenen Jahrhunderten bestätigen seine Langlebigkeit; selbst das 18. Jh., in dem durch neue Trinksitten auch neue Formen von Trinkgefäßen aufkamen, konnte die volkstümliche Dauerform des konischen Bechers nicht verdrängen.

Kanne und Krug

In Erweiterung der genannten Formengruppen bildeten sich Trink-, Stand- und Gießgefäße von größerem Volumen heraus. Sie waren in der Regel mit Henkel, Schnauze und Deckel versehen. So könnte man den walzenförmigen Krug als eine Fortbildung des zylindrischen Bechers deuten (Abb. 55). Aus der konischen Becherform kann sowohl die nach oben verjüngte Kanne oder Bitsche abgeleitet werden (Abb. 54), als auch das »Röhrchen«, das in erster Linie in Nordeuropa anzutreffen ist: es zeichnet sich durch einen hohen, schmalen Körper und einen kräftigen Standfuß aus.

Gefäße, die zu festlichen Anlässen benötigt bzw. eigens dafür geschaffen wurden, weisen Brandmalereien, mehrfarbige Hölzer oder andere Schmuckelemente auf.

Nußknacker

In warmen Landstrichen, wo der Nußbaum ein gutes Fortkommen hat, spielt die Wal- oder Haselnuß eine nicht unerhebliche Rolle für die Ernährungsgewohnheiten der Bevölkerung. Dies drückt sich auch im Sprachlichen aus: »Wer den süßen Kern essen will, muß die harte Schale knacken«, besagt das Sprichwort, und die Redensart »eine harte Nuß knacken« bedeutet soviel wie »eine schwierige Aufgabe lösen«.

In ausgesprochenen »Nußländern« wie Rumänien, Frankreich, im Schwarzwald und in der Südschweiz entstanden Geräte zum Nußknacken, die von eigenartigem Reiz sind. Was die Mechanik betrifft, lassen sich zwei Hauptsysteme unterscheiden: Bei dem einen dienen zwei Hebelarme zum Zerquetschen der Schale, beim anderen wird die Frucht in eine Höhlung gelegt und durch eine seitlich angreifende Holzspirale gesprengt.

Der Hebeltypus kennt einfache, rein funktionell bestimmte Geräte: Zwei massive Holzteile von etwa 15 cm Länge werden an einem Ende durch ein kurzes Querteil verbunden; das Querstück und ein Arm können auch aus einem Stück gefertigt sein. Die Geräte fanden häufig in Spinnstuben Verwendung, was die hübsche Gestaltung und originelle Verzierung verständlich macht. Das »Maul«, in das die Nuß gesteckt wird, schuf man meist mit kräftigem, schier angsterregendem Gebiß; die Gesichtszüge sind fratzenhaft oder militärisch-grimmig (Abb. 68, 72). Auch bei der anderen Geräteart treten Schnitzereien auf, sowohl am gehöhlten »Kopf«, in den die Nuß gelegt wird, als auch am Stiel. Dieser ist mit gedrechselten Ornamenten versehen (Rillen, Wülste). Als Material dient das harte Holz von Birken, Rosen oder Eschen.

Licht, Wärme, Sauberkeit

Kienspanfackel, Klemmleuchte

Feuer und Licht waren von einschneidender Bedeutung für die Entwicklung menschlichen Lebens und der Kultur. Zwischen »Licht« und »Leben« bestehen enge sprachliche und brauchtümliche Verbindungen: Licht wird nicht nur als Voraussetzung für das Wachstum gesehen, sondern auch als schützendes und abschreckendes Element; es vertreibt das Dunkle, das Böse. Apotropäische Wertung und Lebenssymbolik erklären das sorgsame Bewahren und Ausgestalten der Lichtquelle.

Als älteste (künstliche) Beleuchtung kann man das in der Mitte eines Raumes lodernde Herdfeuer betrachten. In vor- und frühgeschichtlicher Zeit sind aber auch schon von diesem unabhängige Lichtquellen bekannt: Textilien, in Harz, Talg oder Wachs getaucht, Öl- oder Tranlampen aus Ton, Fackeln aus Holzspänen. In Mittel- und Nordeuropa waren Kienspanfackeln (aus harzreichem Kiefernholz) wohl die Urform der Beleuchtung. Zu gewissen Gelegenheiten wurden sie noch vor wenigen Jahrzehnten benützt. Im Salzkammergut waren sie bis um 1900 beim Gang zur Mette üblich. Vom Mondseegebiet wird berichtet, daß Leuchtspäne in der Art der keltischen Bergleute zwischen den Zähnen im Mund gehalten wurden, wenn man beim Kellergang die Hände freihaben mußte[1]. Im Bayerischen Wald wurden noch nach dem 1. Weltkrieg Birkenspäne mit Hilfe einer »Spangeiß« (vgl. S. 110) hergestellt; man verwendete sie nicht nur im Hause, sondern auch bei Gängen durch die Nacht, Kinder z. B. auch auf langen Schulwegen durch den Wald[2].

Bei längerem Verweilen im geschlossenen Raum mußte die Lichtquelle fest montiert werden; es entwickelten sich verschiedene Arten von Halterungen und Ständern. Am häufigsten trifft man Klemmleuchten an: verstellbare Stäbe oder Stangen, meist auf drei Füßen stehend, an deren oberem Ende Eisenzwingen zum Einklemmen der Späne angebracht sind (Abb. 79). Oft weisen diese Gestelle längs der Holzstangen bandartige Kerbschnittverzierungen auf. Seltener ist eine ornamentale Behandlung des eigentlichen Ständers etwa in Form eines geschnitzten Gesichtes oder einer eingekerbten Fratze. Auch zur Zeit, als die Öllampe schon allgemein eingeführt war, benützte man aus Sparsamkeitsgründen in manchen Gegenden noch Kienspäne und die entsprechenden Haltevorrichtungen, z. B. in der Lüneburger Heide. Ein recht altartiges, einfaches Gerät war noch 1901 im Kreis Bremervörde in Benützung: »Das Gerät stand neben dem Herde auf dem Flet und hieß lüchterpâl, war ein 1,20 m hoher Pfahl mit dreibeinigem groben Fußgestell, oben trug er eine runde oder viereckige Pfanne aus Eisenblech, 20 bis 25 cm Durchmesser, mit einer oder zwei gegabelten Haltestangen; in diese wurde der leuchtende und qualmende, stets frisch

7 Kienspan im Mund gehalten, Holzschnitt, 16. Jh.

zu ersetzende Kienspan hineingeklemmt. Der das Gerät bediente und das Abgebrannte abputzte (afnösselte), hieß der lüchtervogt[3].« Eine andere Art von Kienspanhaltern befestigte die Klemmen an hölzernen Ketten bzw. Stangen, die von der Decke hingen, oder an Schwenkarmen. Sie sorgten für Licht am Tisch oder am Arbeitsplatz.

Kerzenhalter

Sehr früh gab es im europäischen Raum auch schon gedrechselte Leuchter. Aus merowingischer Zeit sind allein bei den schon erwähnten Ausgrabungen alemannischer Gräberfelder in Oberflacht neun Stück geborgen worden. Sie sind aus Ahorn oder Rotbuche gedreht und von großer formaler Ähnlichkeit: Rillen und Wulstgruppen gliedern die etwa 30 cm hohen, schlanken Schäfte. Die Kerzen wurden auf einen Holzdorn gesteckt oder in kleinen Schalen festgetropft. Die Füße, in denen die Leuchterschäfte steckten, zeigen variable Gestalt: es sind – teilweise gerillte – Scheiben oder Kreuze aus Rundstäben mit recht langen Armen (fast 30 cm), die einen festen Stand gewährleisten. Die Beschreibung der frühgeschichtlichen Leuchter mag deshalb in dieser Breite hier stehen, weil sie als Formvorbilder sowohl für die liturgisch verwendeten Kandelaber, als auch für volkstümliche Ständer fast 2000 Jahre weiterbestanden[4] (Abb. 78, 85). Für die Allgemeinheit blieb der Luxus der Kerzenbeleuchtung besonderen Anlässen vorbehalten. In den Elbmarschen z. B. stellte man große, gedrechselte Leuchter, die schwarz gestrichen waren, mit brennender Kerze bei Trauerfeiern auf den Sarg[5].

Hänge- und Galgenleuchte

In Waldgegenden bemächtigte sich die volkskünstlerische Phantasie der Lichtständer. Prächtige Stücke entstanden in den deutschen Mittelgebirgen, wo sich zahlreiche arme Bauern und Bergleute nebenberuflich der Holzbearbeitung widmeten. Die bergmännische Tradition, in der die Freude am Licht eine besondere Rolle spielt, nahm sich seit der Mitte des 18. Jh. besonders im Erzgebirge liebevoll der Lichtträger an: Plastische Figuren dienten als Halter, vielerlei bunte Hängeleuchter (»Bergspinnen«) und Lichtgestelle in Pyramidenform wurden geschaffen. Ab 1800 ging eine große Anzahl solcher (weihnachtlicher) Lichtträger in alle Welt[6].
Die Bergleute im Mansfeldischen (Thüringen) fertigten die reichgeschnitzten »Galgenleuchten«: Ein Metallstäbchen, an dem eine kleine Ölwanne hing, wurde in einen Holzarm waagerecht eingesteckt; die Ständer waren häufig fein gedrechselt. Man kennt diese Art von Lichterknechten auch in Hessen und in Schleswig-Holstein[7] (Abb. 86). Aus dem Ostseeraum ist eine sehr alte Leuchterkonstruktion überliefert. Die Grundform ist einfach, wird aber vielfältig abgewandelt durch Drechslerzierart, Beschnitzen, Aussägen und Bemalen: Ein vierkantiger oder gerundeter Mittelstock mit mehreren Armen dient als Lichthalter. Seitlich sind Brettchen eingesetzt, deren unterer Teil als Fuß dient, während ihr oberer Teil meist einen stilisierten Pferdekopf darstellt. Diese Leuchter – man kennt sie vor allem in Pommern, vereinzelt auch in Schweden – wurden auf dem Hochzeitstisch vor die Braut gestellt[8].
Im westlichen Österreich sind eigenartige Beleuchtungskörper beheimatet, die man »Schwirle« nennt: Schwenkbare Holzarme sind an der Wand oder an der Stubendecke befestigt; an ihnen hängen die Lichtpfannen für Unschlitt (Talg, Eingeweidefett)[9]. Nach dem gleichen Prinzip versah der »Krüsel« im Niedersachsenhaus seine Dienste: Die Öl- oder Tranlämpchen waren an einer Stange oder Kette verstellbar befestigt. Unter diesen Krüselketten gibt es kunstvolle Gebilde, von Schäfern aus einem einzigen Holzstab geschnitzt. Manche weisen zwischen den Gliedern kleine Laternen mit einer beweglichen Kugel im Innern auf[10]. Neben diesen Geräten, auf denen die Flamme offen brannte, gab es geschlossene Geräte, wie man sie zum nächtlichen Gang im Freien benötigte, sog. Wind- oder Stallaternen. Der Laternenkörper konnte ganz aus Holz oder aus einem Holzrahmen bestehen, in den Glasscheiben eingesetzt waren; durch eine Klappe oder Tür wurde die Lichtquelle versorgt. (Solche Laternen wurden häufig auch aus Eisenblech hergestellt) (Abb. 81).

Wärmegerät

Herd oder Stubenofen waren in der Regel die einzigen Wärmequellen des Hauses. Manchmal gab es in der Stubendecke eine Luke, durch die man warme Luft in die darüberliegende Schlafkammer aufsteigen ließ. Wer es sich leisten konnte, beschaffte sich tragbare Wärmepfannen oder Öfchen, die man je nach Bedarf beim Zubettgehen oder Ankleiden aufstellte. Derlei Geräte waren meistens aus Messing, Kupfer oder Eisenblech gearbeitet und konnten mit Hilfe eines Stieles oder Bügels getragen werden. In manchen Gegenden bevorzugte man Holz als Werkstoff. Diese »Gluthunde«, wie sie in der Schweiz hießen – im Norden nannte man sie »Feuerkieke«, »Stövchen«, »Stöwken« oder »Huchtelpott« – waren mit einem Einsatz aus Eisen oder gebranntem Ton versehen, der die glühenden Holzkohlen bzw. den Torf aufnahm. Die Beschickung ermöglichte ein Türchen oder eine offene Rückseite. Der Feuersicherheit wegen schloß man das Gerät nach oben gern mit einer Steinplatte ab.

Wärmegeräte dieser Art sind uralt und schon um 1200 schriftlich belegt. Sie wurden nicht nur im Haus benützt; es wird berichtet, daß vor allem Frauen sich ihrer bedienten in kalten Kirchen, auf winterlicher Fahrt im Wagen oder Schlitten, auf dem Markt usw. »Alte Frauen setzten sich darüber, um sich die Füße zu wärmen«, wird aus der Braunschweiger Gegend berichtet[11]. Ältere Menschen in Friesland kennen einfache Holzstövchen noch aus ihrer Kindheit: Wenn man im Winter ausgefroren von der Schule kam, hielt die Mutter für jedes Kind ein Wärmeöfchen bereit.

Die äußere Umwandung mußte mit Öffnungen versehen sein, damit die Wärme abstrahlen konnte. Diese funktionelle Bedingung regte zu dekorativen Durchbruchsarbeiten und Schnitzereien an. Aus dem Nordseeraum sind einige reich reliefierte und bemalte Wärmekästchen erhalten; sie sehen wie kleine Traglaternen aus (Abb. 87, 88, 89).

Holztrockner

Zum Trocknen und Aufbewahren des Brennstoffes gibt es mancherorts eigene Behältnisse. Als Besonderheit einiger niederrheinischer Landstriche kann der gedrechselte Holztrockner betrachtet werden. Er ähnelt dem Typus der hessischen Löffelkörbchen (s. S. 15): Vier profilierte, gerillte Eckpfosten geben den Rahmen für das Gestell; die beiden rückseitigen sind hochgezogen und zu einem Griff oder Aufhänger geformt[12].

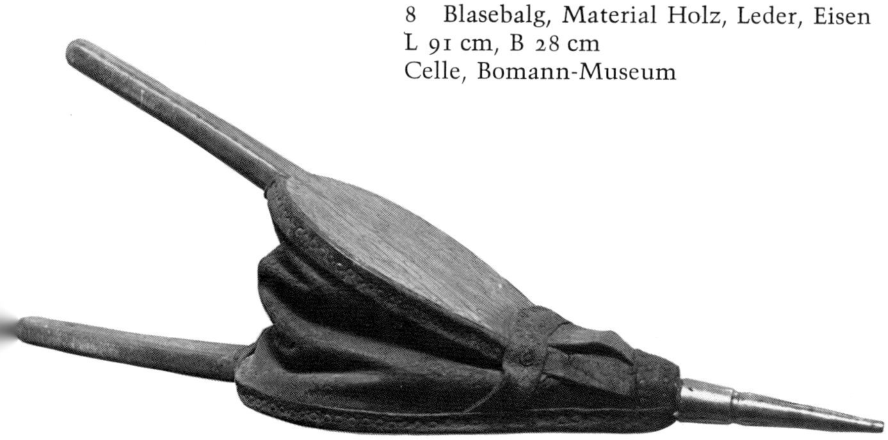

8 Blasebalg, Material Holz, Leder, Eisen
L 91 cm, B 28 cm
Celle, Bomann-Museum

Blasrohr und Blasebalg

Zum Anfachen des Feuers, das über Nacht abgedeckt war, verwendete man Geräte, die den Luftzug auf eine bestimmte Stelle konzentrierten. In Niedersachsen höhlte man z. B. einen Holunderzweig und gestaltete ihn zum »Fürpüster«. Außer verschiedenen Arten von Blasrohren, Trichtern und Fächern war in manchen Gebieten der Blasebalg volkstümlich: Zwischen zwei Brettchen mit Handgriffen und einer Spitze, in der die Klappen zusammengefaßt sind, ist ein Lederbalg angebracht. Griffe und Bretter bieten sich zur Auszier an[13].

Spanschneider

Nicht immer konnte die Glut über Nacht am Herd bewahrt werden; mußte man das Feuer neu entfachen, so brauchte man harzgetränkte Hölzer oder Späne. Diese herzustellen diente der Spanschneider: Ein starkes Messer war durch ein Scharnier mit dem hölzernen Untersatz verbunden; dieser hatte stufenartige Einschnitte, in die man die Holzscheite setzte, während man die Schneide nach unten drückte. Das Gerät ähnelt in der Konstruktion dem Brotschneider.

Bürste

In den Stuben größerer Höfe waren nicht selten Geräte zum Reinigen der Hände und der Kleider zu finden. An der Wand hing ein Spiegel, darunter befand sich ein Kästchen, in dem u. a. Kamm und Kleiderbürste untergebracht waren. Diese Gegenstände dienten einem gewissen Repräsentationsbedürfnis und waren daher meist sorgfältig verziert.

Die einfacheren Bürsten bestehen aus einem starken Brettchen, in das die Haare bzw. Borsten eingearbeitet sind. Oft ist das Brett geschwungen und zum Griff verlängert; es nimmt auch die Form eines Hufeisens, eines Ovals, eines Trapezes an oder endet in einem plastischen Tierkopf (Abb. 98, 99). Auf der Oberseite des Holzes sind hin und wieder Rosetten und Blumen eingeritzt, an den Seiten Inschriften. Die Inschrift einer im Oberösterreichischen Landesmuseum in Linz aufbewahrten Kleiderbürste bezieht sich möglicherweise auf den Zustand der Männerkleidung nach dem Wirtshausbesuch: »Und wenn die lustigen Brüder nicht währen, wer wollte den Wirthen die Fässer ausleeren. Schludura ia mira viva[14].«

Handtuchhalter

Zum Reinigen der Hände vor bzw. nach dem Essen wurden Schüsseln und Eimer mit Wasser aufgestellt oder – in besseren Häusern – ein Becken an der Wand angebracht, in das man aus einem geschlossenen Gefäß, einer »Wasserblase«, Wasser zulaufen lassen konnte. Zu diesem Reinigungsplatz gehörte auch ein Handtuch mit der entsprechenden Haltevorrichtung. Da gibt es ganz schlichte, in bäuerlicher Heimarbeit hergestellte Borde, die aus mehreren abgerundeten Stäben bzw. Ästen, die in ein Holzbrett eingelassen sind, bestehen. Zwischen dieser einfachen, rein zweckbestimmten Form und der mit künstlerischer Phantasie gestalteten Handwelle, wie sie z. B. das Tiroler Volkskunstmuseum in Innsbruck zeigt, bestehen zahlreiche Stufen der Bearbeitung und Ausstattung. Bei dem Tiroler Gerät wird die gedrechselte Rolle, über der das Handtuch hängt, von einer Frau mit beiden Händen gehalten. Die farbig gefaßte Halbfigur zeigt sich auf einer Seite als blühende Schönheit, auf der anderen als Totengerippe. Das mittelalterliche Motiv der »Frau Welt« wird hier aufgegriffen: Daß alles Irdische dem Verfall anheimgegeben ist, soll bei jedem Händewaschen in Erinnerung gerufen werden (Abb. 95). Man kennt ähnliche Handtuchhalter auf mittelalterlichen Bildern, bei denen u. a. Mönche, Mädchen Narren als Trägerfiguren auftreten. Die frühesten erhaltenen Objekte stammen aus dem 18. Jh.[15].

Ein Gestell, in einer Achse drehbar, war in Norddeutschland heimisch: diese »Ricke« hatten oft zierlich gedrechselte, mit Wulsten, Rillen, Kugeln oder Vögeln verzierte Stäbe[16] (Abb. 96). Eine etwas andere Art war vor allem in Niedersachsen verbreitet: »Der Halter besteht aus einem nach unten offenen Kasten, von dessen verlängertem Rückbrett zwei Konsolen unter die Seitenwände greifen. In den Kasten ist der Stab, z. T. auch eine stärkere Rolle eingehängt[17].« An dem herausnehmbaren Stab hing das selbstgefertigte Leintuch, der 4–7 m lange, zu einem Stück genähte »Dweel«; bei besonderen Gelegenheiten gab man darüber noch ein Prunktuch in Netzstickerei.

Spiegel

In der Nähe der Waschgelegenheit fand in der Stube oder Diele seit ungefähr 1800 meistens auch ein Spiegel Platz. Stileinflüsse der hohen Kunst zeigen sich bei der Rahmengestaltung. Ähnlich wie bei den Taschenuhrständern (s. S. 29), die gleichfalls relativ späte Erscheinungen sind, überwiegen die Elemente des Rokoko, des Empire und Biedermeier. »Der Spiegel wird gerahmt von verschiedenfarbigen Hölzern, wird flankiert von bunt bemalten Säulen und trägt als Aufsatz eine im Rokokogeist aufgefaßte Krone mit Rose und anderen Blumen[18].«

Von der Empire-Kunst stammen bestimmte Zierelemente wie Hängekränze und Dreiecksgiebel; auch der halbplastisch geformte Schwan über der Spiegelmitte stammt aus dieser Zeit des Napoleonischen Reiches und wurde von Frankreich übernommen. Hin und wieder umgab man den Spiegel mit einem schützenden Gehäuse: »Das Gehäuse mit einer geschnitzten Krone als Aufsatz ... grünbemalt, zeigt auf der Außenseite einen Blumenstrauß aus Tulpen, Nelken, Rosen, Sonnenblumen mit ihren Blättern, auf der Innenseite des Gehäuses auf grünem Grund mit roten Buchstaben unbeholfen den Spruch geschrieben: Wer redlich kämpft, soll Sieg erlangen / und in der Ehre Krone prangen / Christian Moritz Anno 1841«[18] (Abb. 91–94).

Nicht zum Aufhängen gedacht sind jene aus Bayern und Tirol bekannten Spiegelkästen, die aus einem Block geschnitzt sind. Das für den Spiegel vorgesehene Rechteck wird ausgesägt und durch einen Schiebedeckel verschlossen.

In der Schwalm (Hessen) entstanden ausgesägte, mit dem Schnitzmesser bearbeitete Rahmen für Bilder und Spiegel. In manchen Alpenländern, z. B. im Engadin, trifft man noch zahlreiche handgefertigte Rahmen an, die mit Rillen versehen, mit Zickzack- oder Wellenlinien verziert sind; häufig tragen sie Jahreszahl und Besitzerinitialen eingekerbt.

Neben diese rein volkstümlichen Stücke traten im 19. Jh. Spiegel mit braunpolierten Rahmen und eingelassenen schwarzen Eckquadraten, bekrönt mit einem Dreiecksgiebel. Diese dem städtischen Milieu entstammenden Biedermeier-Rahmen wurden gelegentlich auch in der bäuerlichen Brautausstattung mitgeführt[19].

Kehrichtschaufel und -besen

Selbst die alltäglichsten Haushaltsgegenstände wie z. B. eine Kehrichtschaufel waren früher liebevoll geformt und gefällig verziert, besonders, wenn sie als Geschenk bestimmt waren. Die Schaufeln sind in der Regel aus drei kleineren Seitenbrettern und einem größeren Bodenbrett, das zum Stiel verlängert ist, zusammengefügt.

In den alten Stuben gab es neben jenen Gegenständen, die der ganzen Wohngemeinschaft zur Verfügung standen wie Geschirr und Beleuchtung, auch Dinge, die dem ganz persönlichen Gebrauch vorbehalten blieben. Sie sind von privater Atmosphäre umgeben und sehr viel mehr dem subjektiven Bedürfnis und Geschmack verpflichtet als der Gemeinschaftsbesitz. Aber auch die eigenwilligsten Liebhabereien und Schönheitsvorstellungen sind von der Tradition geprägt und vom Empfinden der Gemeinschaft, von der Zeit und der Landschaft mitgestaltet. Als Zeugnis solcher Objektivierung sind sie wiederum von allgemeiner Bedeutung. Es gibt dabei eine Gruppe von Gegenständen, die für den männlichen oder weiblichen Stand geradezu charakteristisch und daher mit geschlechtsspezifischen Motiven verziert sind.

Pfeife

Auf zahlreichen volkstümlichen Darstellungen verschiedenster Materialien hält der Mann als eine Art Statussymbol die Pfeife im Mund oder in der Hand. Ab wann gab es diese »Nasenwärmer« für breitere Schichten? Bekanntlich stammt das Pfeifenrauchen von den nordamerikanischen Indianern und wurde von Sir Walter Raleigh, der Virginia der englischen Krone einbrachte, 1585 für den Europäer entdeckt. Über den englischen Königshof drang die Sitte des Rauchens zu den Adelshäusern des Kontinents vor und hatte sich zu Beginn des 17. Jh. auch schon in Bürgerkreisen eingenistet.
Zunächst war das Material der Pfeifen Stein oder Ton; die ersten von Drechslern hergestellten Pfeifen kamen um 1650 auf. Im volkstümlichen Bereich blühte die Kunst des Pfeifenschneidens etwa von 1750 bis ins letzte Drittel des 19. Jh. Zum Zentrum von großer Ausstrahlungspotenz entwickelte sich die freie Reichsstadt Ulm: Der »Ulmer Maserkopf« war aus Buchs- oder Nußbaum, vorwiegend auch aus dem Holz der Sumpferle gearbeitet. Er wurde in ganz Europa gehandelt. Viel länderspezifische Eigenart, Kurioses und Bizarres, entfaltete sich an der Idee des »Kopfes«. In allen Techniken des Schnitzens wurden die typischen Männermotive – Wirtshaus, Berufsleben, Jagd, Fischerei, Mann in Tracht usw. – abgehandelt (Abb. 104, 106). Besonders kunstvoll geschnitzte Pfeifen sind in der Steiermark hergestellt worden, auch in Thüringen, wo vor allem Tier- und Menschengesichter in die Köpfe hineingedacht wurden. Die glatten, unverzierten Pfeifen der Rhön (18. Jh.) wichen im 19. Jh. ebenfalls den Thüringer Mustern[1].
Eine ganz andere Richtung der Pfeifengestaltung scheint vom Mittelmeer nach Norden vorgedrungen zu sein: Aus den starken Wurzeln des Heidelbeerstrauches entstanden die »Bruyères«, denen man nachsagt, daß sie dem Feinschnitt ein besonderes Aroma verleihen. In Mitteleuropa wurden vor allem die Wurzeln des Rebstockes zu kuriosen Gebilden verarbeitet, denen das Fratzenhafte aus ihrer Natur zuwuchs. Im Böhmerwald nutzte man die Wachstumseigenart der Birke: »Die Birke zeigt an der Stelle, wo sich ihr Stamm in der Erde in die Wurzeln verzweigt, eine reich entwickelte Form. Gerade als hätte sie aus dem verkropften Stammende tausend Würzelchen treiben wollen, die aber alle zu kurzen Kegelchen gekrümmt sind. Der Schnitzer formt die Stöcke – wo es ihm nötig scheint, selbst mit Zuhilfenahme der Drehbank, was aber nachteilig wirkt ... zu Rauchpfeifen, eigentümlichen Abänderungen der Ulmer Holzpfeifen[2].«

Pfeifenhalter

Diesem von Männern fast zeichenhaft geschätzten, präsentierten und gesammelten Objekt »Pfeife« stand natürlich auch ein ausgezeichneter Platz der Aufbewahrung zu. Ein rechter Raucher besaß seine drei bis fünf und mehr Pfeifen verschiedener Länge und benötigte dafür den entsprechenden Pfeifenhalter (Pfeifenreck). Das untere Brett des Gestells hatte ausgesägte Löcher, in denen die Pfeifenköpfe standen, das obere Brett stützte die Hälse.
Wo Pfeifen mit langen, dünnen Hälsen benützt wurden, war nur eine Art Leiter zum Einhängen der Hälse vonnöten wie bei den Pfeifenrecken der Nordseeländer. Der Rahmen wies oft ähnliche Schmuckelemente auf wie die anderen Borde (s. S. 60, 61).

Dose

Außer den Verwahrgeräten für die Pfeifen verlangte der männliche Genuß – rauchende Frauen sind im volkstümlichen Bereich kaum bekannt – auch Behältnisse für den Tabak. Zahlreiche Dosen und Kästchen haben nachweislich diesem Zweck gedient.
Schnupftabaksdosen und -fläschchen sind zum bevorzugten Sammelobjekt geworden, vor allem jene bunten Stücke aus Glas, Porzellan oder edlem Metall. Winterlicher Hausfleiß oder Heimindustrie fertigte Dosen häufig aus Bein und Horn (Sterzinger Ware) oder auch aus Holz. Gelegentlich finden sich an einem Exemplar beide Materialien wie an der »Sterzinger Gamserldose« aus dem Jahre 1611 (Oberösterreichisches Landesmuseum)[3]. Die Form variiert: Längsoval, Rund oder abgerundetes Rechteck, plattgedrücktes Ei, Tasche, Herz. Der Deckel ist meist durch Scharniere befestigt, seltener sind Schiebe- oder Schraubverschluß. Die Oberfläche wurde mit den üblichen Ornamenten bedacht; häufig sind Umschriften, die auf den Charakter der Liebesgabe hindeuten, was den ursprünglichen Sinn des Wortes »Dose« ins Gedächtnis ruft, den man als »Gabe« (griech.-lat. dosis, in germanische Sprachen im 14. Jh. übernommen) deutet[4].

»Lieber Lieben und Leit tragen
als nicht lieben und kein Freid haben.«
»Nichts zu lieben außer dier
hab ich viergenommen mier.«
»Trey in Herz und Trey in sin
nim dis zu einem denckmal hin.«

Die Motive des Zierats bewegen sich bei diesen Dosen im Bereich der Liebes- und Ehesymbolik; ein Herz, aus dem ein Lebensbäumchen sprießt, ist beliebt, ebenso die Zahl »Drei« oder der Spruch »Ich bleib dir 3«. Auf die von den Mädchen bewunderte männliche Kraft spielen Gemse, Hirsch und Bock an. Szenen aus dem Leben der Jäger, Bauern, Senner und Fuhrleute usw. deuten auf den Beruf des Beschenkten, religiöse Zeichen wollen ihm Heil und göttlichen Segen übermitteln.

Auf eine lokal nicht genauer bestimmbare Besonderheit der Ornamentierung durch Bekleben mit Strohmosaik oder auch mit Birkenrinde sei hingewiesen. Diese Technik trifft man vor allem im Umkreis der Alpenländer an, vom Mühlviertel bis Savoyen.

Eine Gruppe von Dosen ist besonders mit dem Brauchtum um das Kleinkind verbunden: die Godendosen. Sie nahmen den Tauftaler, den der Pate (der »God«) als Geschenk in die Wiege legte, auf. Dieser Bestimmung entsprach die runde Form und die Größe (Durchmesser 8—10 cm, Höhe etwa 5 cm). Der Name »Krösenbüchse«, den das Angebinde auch führte, erinnert an das Salben des Täuflings mit »Krösen« (d. i. Chrysam = Tauföl) (Abb. 127).

Zum Schmuck der aus Ahorn oder Birke gedrechselten Dosen eigneten sich besonders konzentrische Rillen, die oft noch durch Zakken und Ranken oder farbige Fassung hervorgehoben sind. Zierliche Schnitzereien oder Malereien bedecken manchmal die kleine Deckelfläche, wobei dem religiösen Festgedanken Rechnung getragen ist. Das Bild des Namenspatrons als farbige Vignette oder Maria mit dem Kind und dem Jesusmonogramm sind beliebt.

Der Form nach eigneten sich als Krösenbüchsen auch die Berchtesgadener »Körbchen«: gedrechselte, mit orientalischen Schnitzmustern versehene, dünnwandige Gebilde. Früher hießen die Filigrandrechsler »Körbchendreher«. Verwendet wurde nur astreines Ahornholz, das zuerst außen abgedreht wurde. Nachdem die Verzierungen durch das Einschlageisen eingeprägt waren, mußte die Holzmasse innen herausgedreht werden, bis die Einschlaglinien erreicht waren. Nun wurden die Teilchen sehr vorsichtig herausgestochen. Heute arbeitet noch ein einziger betagter Filigranschnitzer in Berchtesgaden.

Kästchen

Während die Dose über eine eigenständige Machart und Entwicklung verfügt, sind die anderen Kleinstmöbel in Form und Dekor den Großmöbeln nachgebildet. Dies gilt vor allem von der äußerst vielfältigen Gruppe der Kästchen (»Trüherl«). Sie waren fast ausschließlich Hochzeitsgaben von Verwandten und Freunden oder Geschenk der Brautleute untereinander. Man sieht in ihnen volkstümliche Nachfahren der seit dem Mittelalter in Adels- später in Patrizierkreisen benützten »Minnekästchen«, die überwiegend in Elfenbein ausgeführt waren. Diese wiederum haben frühmittelalterliche Reliquienbehälter zum Vorbild, bei denen auf einen Holzkern Verkleidungen in Bein oder Blech genagelt waren. Die in Gräbern der Merowingerzeit gefundenen Kästchen stehen vermutlich in provinzialrömischer Tradition[5].

In diesen Behältnissen pflegten beide Geschlechter ihre persönlichen Gegenstände zu verwahren. Bei den Männern war dies Rasier- und Feuerzeug, eventuell Tabak. Der Hochzeitsbuschen wurde sorgsam aufgehoben, und beim Ableben kam der mit schwarzen Blumen und Schleifen versehene Trauerbuschen zusammen mit einem Haarbüschel des Verstorbenen in ein Kästchen. Mädchen und Frauen erhielten als Geschenk vor allem Schmuck- und Nähkästchen (Abb. 117). Allerlei Erinnerungsstücke wie Briefe, Haarlocken, getrocknete Blumen, Wallfahrtsandenken u. a. verschwanden in den kleinen Behältern und wurden heimlich oder mit Freundinnen betrachtet. In einer Kassette verwahrte man wichtige Schriftstücke, z. B. Schuldscheine oder das Testament. Ähnlichem Zweck dienten die Kästchen, welche die »Einlegtesseln« (s. Kerbholz S. 30), für den Bauern wichtige Rechtsdokumente, bargen.

Der Konstruktion nach unterscheidet man die

1. aus einem Block gearbeiteten Stücke, sog. Blocktrüherl,
2. Kästchen, die wie Truhen aus Brettern und Stollen zusammengefügt sind (Schatullen),
3. kofferförmige Kästchen mit gewölbtem Deckel (verschließbare Kassetten),
4. Behältnisse, die als Kabinettschränkchen mit Schubladen und Türen gearbeitet sind.

Die »Blocktrüherl« haben ihr Vorbild in den aus einem gespaltenen Baumstamm gehöhlten Behältnissen (Trog, Truhe)[6]. Die Arbeit »aus dem Vollen« erfolgte je nach Größe des Gegenstandes mit der Hacke oder dem Schnitzmesser; der Boden wurde auch mit einem Grundhobel, dessen Messer am Boden im rechten Winkel abgebogen ist und senkrecht aufsteigt, ausgehoben. Viele dieser Kleinbehälter sind mit flächenfüllenden Kerbschnittmustern bedeckt oder auch mehrfarbig bemalt (Dekor s. Spanschachteln).

Maultrommelbehälter

Zu den Kleinbehältnissen kann auch das Verwahrkästchen für ein früher weit verbreitetes volkstümliches Instrument, die Maultrommel (Mundharfe, Brummeisen, schweiz. »Trümpi«), gezählt werden. Das primitive Zupfinstrument wird zwischen die Zähne geklemmt;

eine Metallfeder wird von einer runden Lamelle in Form eines Schlüsselrings gehalten; sie wird mit dem Finger angerissen, während die Sprechorgane artikulieren. Die Mundhöhle dient als Resonanzkörper. Das Instrument stammt aus Asien und ist seit dem 14. Jh. in Deutschland bekannt. Behältnisse haben sich aus den letzten 400 Jahren erhalten. Sie sind häufig als Schuh geformt und reich beschnitzt. Man kennt sie vor allem im Süden des deutschen Sprachraums. Die Länge beträgt 7–9 cm, die Breite etwa 4 cm, die Höhe 6 cm[7] (Abb. 126, 128).

Spanschachtel

Wenngleich die Spanschachtel als Schatzbehälter in ihrer Funktion dem Kästchen oder der Dose nahesteht, so hat sie doch hinsichtlich der Herstellung und Konstruktion mit jenen nichts gemein.

Als Ausgangsmaterial dient das Holz astfreier, gerade und gleichmäßig gewachsener Bäume; sehr geeignet ist das biegsame Holz der Esche oder der Salweide, aber auch Fichte, Tanne, Ahorn und Lärche werden verwendet. Wenn im Frühjahr der Saft eingeschossen ist, geht es ans Fällen der Bäume. Zunächst werden dann Deckel und Boden ausgesägt und geglättet. Die langen Späne für die Seitenwände (Zargen) müssen durch Einweichen geschmeidig gemacht werden; erst jetzt können sie um einen Holzkern gebogen und befestigt werden. Nachdem der Austrocknungsprozeß abgeschlossen ist, »vernäht« man die Späne mit Deckel und Boden. Auf diese Weise, die große handwerkliche Erfahrung und Geschicklichkeit voraussetzt, wurden Spanschachteln schon in der Merowingerzeit gefertigt, wie Fragmente aus dem schon mehrfach erwähnten alemannischen Gräberfeld von Oberflacht (Württ.) beweisen[8]. Hier sind bereits die beiden Grundformen, das Rund und das Oval, gegeben, die während des Mittelalters und weiter bis ins 19. Jh. üblich waren. Später kamen noch rechteckige Formen mit abgerundeten Ecken hinzu. Von der Konstruktion her unterscheiden sich die Schachteln vor allem durch den Bau der Deckel: In den Alpenländern und in Mitteldeutschland fertigte man Überstülpdeckel, deren Flächen einige Millimeter größer als die des Bodens waren. Die Seitenwand war mit dem Deckel verleimt oder vernäht. Die langen Deckelspäne konnten entweder durch biegsames Holzmaterial oder durch Metallbänder zusammengehalten werden, die durch schmale Einschnitte an der Seitenwand gezogen wurden.

Im norddeutsch-skandinavischen Raum war die spezifische Form des Deckels ein einfaches Brett, das an den Schmalseiten von zwei hakenartig übergreifenden Holzstäben festgehalten wurde.

Im 16. Jh. erfuhr die Herstellung der Spanschachtel eine Intensivierung: lokale Hausindustrien bildeten sich und ermöglichten die Verwendung dieser billigen Kleinbehälter für den häuslichen Gebrauch. Sie nahmen Stickwolle und Garn, allerlei Trachtenutensilien (Brustlätze, Bänder, Schmuck), Brautkranz und Taufhäubchen auf, Liebesbriefe und Erinnerungsstücke in Form von Haarlocken oder gepreßten Blumen. »Auch in der Ehe sucht sich die Frau und Mutter die Glückskräfte ihrer Brautzeit und besonders des Hochzeitstages noch nutzbar zu machen. Sorgsam werden Brauthemd, Schürze, Band, Strümpfe, Schuhe, Kranz, Strauß u. a. aufbewahrt; die in diesen Dingen geborgenen Heilskräfte sollen die einstige Trägerin und Urheberin dieser Kräfte bis ins Grab begleiten[11].«

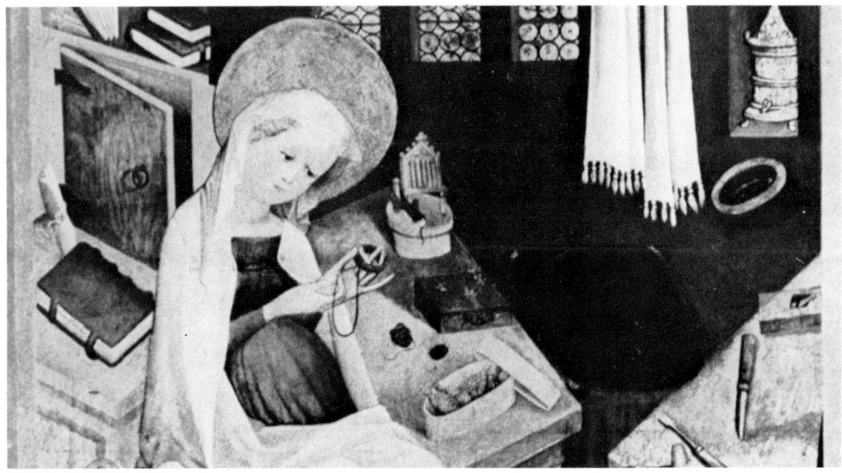

9 Früheste Darstellung einer Spanschachtel, Straßburger Meister, 1420/30

Die Großformen für Hauben können als Vorläufer der später kartonierten Hutschachteln betrachtet werden. Kleinere Formen dienten auch als Behälter für Arzneien, Schuhcreme, Konditorwaren, Proviant. Die niedersächsischen »Deckelkiepen« (»Tober«, »Klobb«) brachte man mit dem Erntemahl aufs Feld[12]. Von den kleinen, kräftigen Berchtesgadener »Gadeln« wird berichtet: »Dieser im ganzen süddeutschen Gebirge gebräuchlichen Gadeln bedienen sich vornehmlich die Holzarbeiter und Aelpler, welche bei ihren Beschäftigungen an abgelegenen Orten im Gebirge nicht selten Tage und Wochen lang von Hause abwesend sind, zum Transport und Aufbewahren der nöthigsten Lebensmittel, insbesondere der Butter und des Schmalzes[13].«

Eine besondere Bedeutung wuchs der Spanschachtel im Rahmen der Volksfrömmigkeit zu, einmal zur Verwahrung von Reliquien, die in kostbare Hüllen gefaßt wurden, zum andern als Behältnis plastischer Andachtsbilder, etwa einer kleinen Krippe oder einer Kreuzigungsgruppe in Wachs bzw. Holz (Abb. 131). Außer solchen Kleinfiguren setzte man auch religiöse Symbole, z. B. das Herz Jesu mit dem Jesusmonogramm (IHS), die Leidenswerkzeuge, Kreuzvögel usw. in Spanschachteln[14].

Zu einer der wichtigsten Verwendungsarten zählte der Versand von Waren. Sucht man z. B. die Zentren der Holzwarenherstellung auf, so findet man dort auch eine Häufung von Schachtelmachern, die für ihre Kollegen lieferten. Zur Auslieferung der Schachteln wurden diese platzsparend »ineinandergeschachtelt«, so daß bis zu

zwanzig immer kleiner werdende Behältnisse in einem großen untergebracht waren. Die Berchtesgadener Schachteln z. B. kamen in sog. Einsätzen von 6—10 ineinandergelegten Stücken in den Handel. (Der Name »Gadl« oder »Garei« entstand aus einem Vergleich des kleinen »Gemaches« mit dem Gaden, d. i. ein Einraumhaus[15].)
In den waldreichen deutschen Mittelgebirgen, vor allem in Thüringen und im sächsisch-böhmischen Erzgebirge, war die Bevölkerung mit der haupt- oder nebengewerblichen Erzeugung kleiner Holzwaren beschäftigt, die in Spanschachteln zum Export kamen. So eigneten sich z. B. die Olbernhauer Schachteln vorzüglich zum Versand der im benachbarten Seiffen und Grünhainichen (Erzgebirge) hergestellten Figuren (s. S. 11)[16].
Bei den vielfältigen lokalen Sonderbedingungen, den gegenseitigen Abhängigkeiten und Handelsbeziehungen ist eine Sonderung der Typen — etwa nach regionalen Kennzeichen des Dekors — sehr schwierig und von der Forschung noch nicht eingehend erfaßt. Die Frühformen, wie wir sie aus graphischen Darstellungen des 15. und 16. Jh. kennen, blieben anscheinend unverziert oder wurden gelegentlich mit Holzschnitten beklebt.
Im deutschen Sprachgebiet breitete sich im 16. Jh. die Wismutmalerei aus; dies steht in Zusammenhang mit dem 1470 erschlossenen Bergwerk Schneeberg im Erzgebirge, wo das silbrig glänzende Metall erstmals gefördert wurde. Die Malweise ist durch dreischichtiges Arbeiten gekennzeichnet: Der Kreidegrund wird mit einer dünnen Schicht Wismut — das Pulver mit einem leimartigen Bindemittel vermischt — überzogen und nach dem Trocknen mit Achat zu einer glatten, glänzenden Fläche poliert. Der metallische Silberschimmer konnte in einen goldähnlichen Glanz verwandelt werden, wenn man die Fläche mit gelb gefärbtem Lack überzog. Die weitere Behandlung erfolgte mit bunten Temperafarben.
Die Hauptwirkungsstätten der Wismutmalerei lagen in Mittel- und Süddeutschland sowie in Baden und der Nordwestschweiz. In den beiden Städten Nürnberg und Baden-Baden entstanden äußerst reizvolle, kostbar wirkende Gebilde. Als Motive der Auszier überwogen zunächst biblische und antike Inhalte, aufgetragen in kühlen Farbtönen (Grau, Violett, Grün). Von der Mitte des 16. Jh. an ist eine Gruppe von Wismutschachteln festzustellen, die beherrscht wird »von einem kräftig leuchtenden Zinnoberrot an den Rändern, das zu den eher dunkel wirkenden, goldglänzenden Feldern mit Wismutgrundierung und den häufigen Höhungen mit Weiß in lebhaftem Kontrast steht[17]«. Diese Art gehört mehr dem bayerischen, badischen und Bodenseegebiet zu. Während des 17. Jh. ging die Verwendung von Wismut zurück; es wurde fast nur noch mit Tempera und Leimfarbe gearbeitet, auch die Kreidegrundierung erfolgte weniger sorgfältig. Auf einen meist schwarzen Malgrund wurde in leuchtenden Farben ein flächig wirkendes Dekor aufgetragen. Heiligenfiguren, Liebessymbole sowie teppichartig ausgebreitete Blumen- und Früchtemuster bestimmen die Malinhalte.

10 Der Schachtelmacher, Kupferstich, 1698

Gegen Ende des 18. und im 19. Jh. ist eine degenerative Entwicklung mit Schematisierung der Malerei festzustellen. Als neue Farben treten Orange, Türkis und Hellgrau hinzu. Die Flächen werden durch Bänder in Felder geteilt, die meist durch Blumensträuße oder Früchte gefüllt werden.
Nur einige regionale Merkmale der Auszier können hier festgehalten werden: Im Raum Berchtesgaden und Österreich sind stilisierte Wallfahrtsbilder und religiöse Zeichen häufig vertreten, besonders auf Reliquienbehältern. In Berchtesgaden wurden die beliebten Blumen- und Rankenzierate zu den typischen Tupfenblumen vereinfacht (Abb. 129). Klare Kreis- und Spiralenornamente sind durch dichte Tropfen oder tannennadelartige Striche wiedergegeben. Die Viechtauer Ware ist der Berchtesgadener gegenüber farblich und ornamental noch vielfältiger; Zwiebelmuster stehen neben ansprechenden Tierdarstellungen, architektonischen und figuralen Motiven.
Die mitteldeutschen Schachteln erscheinen dunkler in der Grundtönung. Die floralen Elemente — nicht so stark abstrahiert wie etwa in Berchtesgaden — sind ineinander verflochten wie ein Bildteppich. In bürgerlichen Kreisen waren weltlich-figurale Themen beliebt: Brautpaare und Einzelfiguren in modischer Aufmachung, oft von recht redseligen Sprüchen umgeben. Die Inschriften können

moralisch, erotisch und humoristisch gefärbt sein. Über der Darstellung eines Hahns aus dem Oberbergischen Land z. B. steht zu lesen:

»Oo! ich armer Gockl Hahn
wie gern hät unser Magd ein Man[18].«

Diese Art der Auszier ist auch für Norddeutschland und Holland belegt, wo man seit dem 18. Jh. zum Aufbewahren von Trachtenutensilien mit Vorliebe Berchtesgadener Schachteln benützte: Man forderte »rohe« Behältnisse an und ließ sie von einheimischen Malern mit lokalen Motiven versehen, z. B. mit einem Hochzeitszug in der Tracht der Insel Marken[19].

Braut- und Almschaff

Dem Verwahren kleiner Habseligkeiten diente im Alpenraum neben Kästchen und Spanschachteln auch das »Brautschaff«. Es wurde als Minnegabe zur Hochzeit geschenkt. Die Nachbarn gaben nach altem Brauch Eier, Butter, Mehl, Fleisch und Würste hinein als Beisteuer zum Hochzeitsmahl bzw. zur Morgensuppe. Eine Weibsperson des Hochzeitshofes trug das Schaff beim Auszug der Braut auf dem Kopf. Oft kam es auch mit anderem Hausgerät auf den Kammerwagen. Der Inhalt war bei diesem »Umführen« fein säuberlich in ein besticktes oder mit Borten garniertes Leintuch geschlagen[20].

In einem »Almschaffl« führte die Sennerin ihre persönlichen Dinge mit, wenn sie zur Alm aufbrach oder im Herbst von dieser ins Tal zog (Almabtrieb). Es wurde auf einem gepolsterten Ringwulst, der der Kopfform angepaßt war, getragen.

Die aus Dauben gefügten Schaffe sind rund, seltener oval. Es gibt eine höhere Form (Höhe bis zu 32 cm, Durchmesser zwischen 25 bis 35 cm) (Abb. 139) und eine ganz breite, flache Form (Höhe 15 cm, Durchmesser 40–50 cm) (Abb. 137). Manche Schaffe besitzen zu Griffen verlängerte Dauben und einen Deckel.

Dem Schaubrauch gemäß war das Braut- bzw. Almschaffl besonders reich mit schmückenden Elementen verschiedenster Techniken ausgestattet. In der Steiermark, in Nieder- und teilweise in Oberösterreich überwiegt das Einbrennen geometrischer und floraler Muster und das Aufpunzen kleiner almerischer Szenen. Im unteren Inntal, in Oberbayern, Tirol und manchen Bezirken Oberösterreichs herrscht die gemalte Auszier vor, die sich weitgehend der herrschenden Möbelmalerei jeweils anpaßte. Besonders schmuck sind die braunroten Alpachtaler Schaffl, die häufig stilisierte Tierfiguren aufweisen. Im Zillertal wurden auf grüne und blaue Grundierungen Blumengehänge gemalt. Eine materialgerechte Belebung der Gefäßwände konnte auch durch einen Wechsel heller und dunkler Bretter erzielt werden. Einlegearbeiten oder Schnitzereien sind selten (Innerschweiz, Berngebiet).

Wie die anderen Aussteuergeräte waren die Schaffe in der Regel Tischlerwerk. In den alpenländischen Zentren der Holzbearbeitung (Grödner Tal, Viechtau, Berchtesgaden) wurden sie auch hausgewerblich erzeugt und zum Markt oder in den Wanderhandel gebracht[21].

Haubenständer, Haarpfeil und Kamm

Zum Aufbewahren von Trachtenhauben dienten in der Regel Spanschachteln, doch benützte man auch offene Ständer, die gerade bei leicht verdrückbaren Kopfbedeckungen angebracht waren. In den Standfuß, bestehend aus einem starken Brett oder gekreuzten Klötzen, war ein senkrechter Stab eingefügt. Er trug den eigentlichen Haubenhalter, der in Form eines Knaufes, eines Holzbügels oder zweier sich kreuzender, oben gerundeter Brettchen ausgeführt war. Die einzelnen Teile wiesen mehr oder weniger reichen Dekor auf: der Fuß konnte hübsch profiliert und mit zierlichen Schubladen (zur Verwahrung von Hutnadeln, Kämmen usw.) versehen sein, der Stab mit gedrechseltem Zierat; vor allem aber zogen die Wangen des Halters das Interesse auf sich; sie waren oft mit Jahreszahl, Namen, Gravuren und Schnitzwerke geschmückt.

Der aus einer geschnitzten, meist farbig gefaßten Büste bestehende Haubenstock scheint erst Mitte des 18. Jh. aufgekommen zu sein. Die Höhe der Ständer betrug 30–35 cm.

Haarpfeile und Steckkämme aus Holz haben eine Tradition, die bis in prähistorische Zeit zurückreicht. In manchen Gegenden bildeten sie einen wesentlichen Bestandteil der Haartracht. Als beliebte Minnegaben waren sie hübsch verziert, die Kämme oft mit dekorativen Durchbruchsarbeiten versehen.

Stock und Stab

Auf volkstümlichen Männerbildnissen tritt neben der Pfeife als charakteristischem Geschlechtsattribut häufig der Gehstock in Erscheinung. Er hat den Menschen seit der Frühzeit als Stütze in unwegsamen, gebirgigen Gegenden begleitet. Der mittelalterliche Pilgerstab diente Tausenden nicht nur als Wanderhilfe sondern als rechtskräftiges Standessymbol, das ihnen die Tore der Fremdenherberge öffnete. Gegen Beginn der Neuzeit wurde der Spazierstock zum Modebestandteil vornehmer Kreise und wirkte als solcher anregend auf den allgemeinen Gebrauch. Betrachtet man die mehr als Staffage auftretenden Menschen alter Ortsansichten, z. B. bei Matthäus Marian d. J. (um 1680), so fällt auf, daß jedem der männlichen Wanderer oder Spaziergänger ein Gehstock beigegeben ist.

Aus derlei Bildquellen sind die Grundformen zu erschließen: Einmal der etwa mannshohe, am Schaft gefaßte Stock, wie er als Pilger- und Hirtenstab üblich war; zum andern der durch einen Quergriff gekennzeichnete Krückstock in vielerlei Abarten.

Vor allem das Griffende vermochte die Einbildungskraft zu beflügeln. Seit dem 15. Jh. läßt sich eine figürliche Ausgestaltung des Knaufes nachweisen. Die Tier- und Menschenköpfe, mit denen das tote Material zu unerhörter Lebendigkeit erstand, sind jedoch zeitlich schwer bestimmbar. Oft gleichen sie noch im 19. Jh. romanischen Konsolfiguren oder Fratzen an Kirchenportalen. Diese Kopfschnitzereien überliefern auch altartige Kopfbedeckungen und Haartrachten (Abb. 142). Als Beispiele seien ein bretonischer, vollplastisch geschnitzter Hochzeitsstock[22] und der Stab eines magyarischen Schafhirten von Samogy angeführt[23]. Pilgerstäbe erhielten neben geometrischen Mustern mancherlei fromme Zeichen, ja ganze Szenen aus der Heilsgeschichte[24]. Als eindrucksvolle Erinnerung an mittelalterliches Stockbrauchtum stehen die in Süddeutschland teilweise bis zur Gegenwart erhaltenen Bruderschaftsprozessionen: Zum Zeichen der irdischen Pilgerschaft führen die Männer »Stecker« mit; der Festtag der marianischen Männerkongregation heißt in Landshut z. B. »Steckermannatag«.

Nicht nur das Stockende, auch der Schaft wurde gelegentlich in die Schnitzzier miteinbezogen. Eine natürliche Belebung boten die Astansätze, die man durch Einbrennen, Aufmalen, Nageln hervorzuheben oder gegebenenfalls zu ersetzen trachtete (Abb. 140). Sie vermitteln den Eindruck des Knorrigen, Keulenartigen, und sind dazu geeignet, die Kraft und Wehrhaftigkeit des Trägers zu unterstreichen. In einigen Bereichen diente der Stock tatsächlich als Waffe, wie etwa bei den Hirten, die ursprünglich mit ihm die wilden Tiere abwehrten. Mancher Mann trug im geheimen den verbotenen »Totschläger«, d. i. ein Stock mit Bleiknauf, bei sich; Stock-Degen und Stock-Gewehre waren bestimmten Ständen vorbehalten.

Rechtliche Funktion erhielt der Stock in der Hand des Richters als Würdezeichen bei Amtshandlungen. Die sog. Schulzenstäbe, oft mit dem apotropäischen Symbol der Schlange versehen, nähern sich in ihrer sorgfältigen Ausführung den Rechtsgeräten der Hochkunst (Marschall-, Herrscherstab). In manchen Gegenden wurden von den Bauern noch im 20. Jh. »Gemeindestäbe« hergestellt und einer alten Überlieferung zufolge als Botenhölzer benutzt. Es sind kurze, hakenförmige, oft schlangenverzierte Stöcke mit einer Kerbe zum Einstecken einer schriftlichen Botschaft[25]. In mehreren Dörfern Niedersachsens wird ein »Burknüppel« (etwa 60 cm lang, 3 cm dick, farbig gefaßt) beim Gemeindevorstand aufbewahrt. »Soll er benutzt werden, so wird in eine Bindfadenöse an dem einen Ende ein Papier geschlungen, auf dem die Ladung geschrieben ist. So wandert der Burknüppel in einer bestimmten Reihenfolge von Hof zu Hof, bis er zu dem Vorsteher schließlich zurückgelangt und diesem den Beweis des richtigen Rundganges erbringt[26].« Auf die vielerlei rechtlichen und brauchtümlichen Bezüge von Stock und Handwerk kann hier nicht eingegangen werden.

Auch der Hirtenstab wurde seit dem Spätmittelalter in manchen Landstrichen (z. B. Schwaben, Franken) als Amtszeichen förmlich verliehen; er bezeichnete das Recht eines Grundherrn oder einer Gemeinde, einen Hirten zu bestellen und Gerichtsbarkeit über Weide und Trift auszuüben[27].

Als Standesabzeichen diente der Stock auch jenem Mann, der die Aufgabe hatte, Verwandtschaft und Freundschaft zur Hochzeit zu bitten. Diese Hochzeitsladerstäbe sind als wichtige Brauchtumsträger reich ornamentiert, mit Bändern und Blumen geziert.

Auf eine Sonderfunktion der Stöcke im bäuerlichen Bereich sei noch hingewiesen: Ochsen, die zum Ziehen oder Pflügen eingespannt wurden, sollten gleich groß sein. Deshalb bewaffnete sich der Bauer mit einem »Handelsstecken«, wenn er zu einem Rind ein passendes hinzukaufen wollte. Die Rinde war so entfernt, daß am oberen Teil die Viehhöhe in »Faust« durch Rindenringe bezeichnet war. Um den anderen Stockteil wand sich eine aus Rinde ausgesparte Schlange. Es gab auch Stecken, die so wie Pirschstecken Rindenwülste aufwiesen. Diese Wülste entstehen, wenn am lebenden Holz schraubenförmige Einschnitte angebracht werden[28].

Damit ist schon die Frage nach der Herstellung der Stöcke und Stäbe angeschnitten. Bauern, Bauersknechte, Hirten und Waldleute stellten sie zunächst für den eigenen Gebrauch her. Zeigte sich bei einem Verfertiger oder einer ganzen Familie ein besonderes Geschick für diese Art der Holzbearbeitung, so entwickelte sich gelegentlich ein lokales Hausnebengewerbe. Eine Rolle spielte dabei die genaue Kenntnis der einzelnen Holzarten und ihres Wachstums. In Frage kamen Birke, Kirsche, Espe, Haselnuß und Wacholder. Es gehörte ein geschulter Blick und viel Einbildungskraft dazu, in den Formen der Wurzeln und Zweige den künftigen Gehstock zu sehen: »Ein schöner Gehstock aus Wacholder braucht mehrjährige Herrichtung und Hut auf dem Stande. Der Waldler schneidet einer hoffnungsvollen Kranwitstaude die unteren Seitenäste weg und läßt sie weiterwachsen; ebenso verfährt er im zweiten Jahr mit den unterdessen stärker gewordenen oberen Ästen. Im dritten Jahre sind die Wunden prächtig vernarbt. Der Stock wird nun abgeschnitten, geschält, mit Hilfe heißen Wassers gebogen, und ausgefertigt. Solche Stöcke sind ungemein zähe, federleicht und eigenartig hübsch; sie werden aber ihrem Pfleger, wenn er ihren Standort durch Strauchwerk nicht genügend verdeckte, sehr gerne vom Stamme weg gestohlen[29].«

Von den Stockschnitzern in der Schweiz wird berichtet: »Einem passenden Haselbäumchen wurde im Frühjahr mit dem Messer die Rinde bis in Mannshöhe hinauf in Spiralen durchschnitten. Auch die Anfangsbuchstaben des Namens, die Jahreszahl und andere einfache Zeichen ritzte er mit der Messerspitze etwa ein, dann ließ man das Bäumlein noch ein Jahr lang stehen. Wenn es wieder im Saft war, wurde es gefällt, in der passenden Länge abgeschnitten und der so gewonnene Stock über ein Feuer gehalten. Dabei löste sich die Rinde, und einzelne Stellen des Holzes erhielten eine dunkle, schöne Brauntönung. Vor allem aber zeigten sich als Folgen der vorjährigen Schnitte erhöhte Narben, welche dem

Stocke ein derbes Aussehen verleihen. Dieses ›Hicken‹ und ›Brönnen‹, wie wir es im Emmental und auch im Gebiet der Simme kennen gelernt haben, gehört wohl der ursprünglichsten Volkskunst unseres Landes an[30].«

Taschenuhrständer

Standuhren fanden Anfang des 18. Jh. Eingang in die bäuerliche Stube, in Niederdeutschland mehr als in Mittel- und Süddeutschland, wo die bemalte Wanduhr seit einem Jahrhundert bereits zu Hause war. Die Schildmalerei, vom Schwarzwald ausgehend und dort zur Blüte gediehen, sowie die Bearbeitung der Uhrgehäuse erfolgte aus der Tradition von Uhrmachern und Schreinern heraus, die den Uhrkasten nach Art der übrigen Einrichtungsgegenstände gestalteten: Man muß diese Uhren mehr dem volkstümlichen Möbel zurechnen. In der bürgerlichen Kultur kann man die Uhr von der Renaissance an zum Mobiliar zählen.
Auch die Taschenuhr blieb zunächst einer wohlhabenden Oberschicht vorbehalten, ehe ihr Besitz als Wertzuwachs, ja als Prestigegewinn von dem Mann des Volkes angestrebt wurde. Man trug sie zur Tracht am Sonntag und zu festlichen Anlässen und legte sie mit dieser ab. Sie kam dann in einen Ständer und verblieb mit ihm an einem repräsentativen Platz bis zur nächsten Benutzung. Verschiedentlich ersetzte sie dort auch die Wanduhr.
Rein funktionell hatten die Uhrenständer zu bewirken, daß das empfindliche Instrument sachgemäß, also ruhig und sicher, verwahrt wurde. Dafür war eine runde, nicht zu tiefe Höhlung vorgesehen, in die man die Taschenuhr einschob oder hängte. Um diesen eigentlichen Behälter herum entstand nun ein oft sehr üppiges Schnitzwerk. Zwei Zentren waren es vor allem, die sich mit der Ausgestaltung der Uhrenständer befaßten: das Grödner Tal (Südtirol) und Oberammergau (Oberbayern). Eine bescheidenere Rolle spielte dieser Artikel in der Holzverwertung des Salzkammergutes.
Als Motive finden sich aus der barocken Kunst übernommene allegorische Figuren wie z. B. die des zeitschaffenden Gottes Chronos, des galanten Jünglings oder der Schäferin; oft lehnen diese mit melancholischer Gebärde an einem als Konsole oder Kartusche gearbeiteten Uhrenbehälter oder sie kauern an dessen Fuß (Abb. 156, 157). Ab 1800 werden auch Türken und Empiredamen ausgeführt. Altarähnliche Aufbauten sind verschiedentlich mit barocken bzw. klassizistischen Schmuckelementen (Rocaille, Feston u. a.) ausgestattet (Abb. 158). Während die Grödner Schnitzereien in der Regel naturbelassenes Holz aufweisen, zeigen die Oberammergauer und Viechtauer Stücke meist große Farbenfreudigkeit. Volkskünstlerische Motive sind die verschiedenen Vogelformen, z. B. der Adler, der das Uhrgehäuse in seiner Brust trägt, oder auch Figuren in der Art eines Nußknackers, der sein Maul »uhrenweit« aufreißt[31].

Holzkalender, Kalenderrahmen

Die rhythmische Zeitfolge war ehedem von größter Wichtigkeit, einmal weil der Mensch durch seine Arbeit aufs engste mit dem Jahreslauf der Natur in Verbindung stand und von ihm abhing, zum andern, weil er in seinem persönlichen und sozialen Verhalten in starkem Maße an das Kirchenjahr und seine Feste gebunden war.
Bevor die gedruckten Kalenderblätter aufkamen (16. Jh.), hielt man den Jahresablauf entweder auf teurem Pergament (oberschichtlich) oder auf Holz fest. Die Grundlage bildete der Julianische Kalender mit der Angabe der feststehenden christlichen Feste, die als Zählmarken dienten. Alle Zeitmale bezogen sich also auf Heiligentermine. Außerdem wurden die Wochentage in eine regelmäßige Beziehung zu den einzelnen Jahren des 19jährigen Mondzyklus gesetzt, damit festgestellt werden konnte, wann in den verschiedenen Jahren die Neumonde, Vollmonde usw. fielen.
Besonders vermerkt waren oft natürlich Gegebenheiten, die für jahreszeitlich gebundene Beschäftigungen maßgebend waren, z. B. Kornreife oder Anfang und Ende des Alpsommers. »Das Arbeitsjahr und das Kirchenjahr werden miteinander in Einklang gebracht. Man muß etwa bei der Festlegung des Tages der Alpentladung nicht allein auf den wirtschaftlich günstigsten Zeitpunkt, sondern auch auf den Tag des Kirchenpatrons und Ortsheiligen achten oder man nimmt Rücksicht auf die Tage von solchen Heiligen, die als Viehpatrone gelten[32].«
Einen bemerkenswerten »ewigen« Kalender besitzt das Museum für Volkskunde in Berlin. Er besteht aus sieben rechteckigen Holztafeln (Länge 7,7 cm, Breite 19,7 cm), die mit Lederbändchen zu einem Buch zusammengebunden sind. Der hintere Deckel gibt den Besitzer (auch Hersteller?) an: »Georg Reyhart von Pfranten« (Pfronten im Allgäu) (Abb. 164). Zeichen und Figuren sind mit dem Schnitzmesser eingekerbt, durch rote Leimfarbe und schwarze Tinte hervorgehoben. Die Monate sind mit senkrechten Strichen, die Tage des Monats mit Dreiecken eingetragen. Symbole und figürliche Darstellungen stehen für kirchliche Feste, im Hornung z. B. »Mariä Lichtmeß«: eine Frau mit brennenden Kerzen, da an diesem Tag (2. Februar) morgens die Kerzenweihe vorgenommen wurde. Das Fest »Petri Stuhlfeier« (22. Februar) wird durch eine männliche Figur mit dem Schlüssel in der Hand wiedergegeben, der heilige Mathias (24. Februar) hält ein Beil in der Hand als Hinweis auf seinen Märtyrertod usw. Auf den häuslichen Jahresablauf weist St. Gertrud (17. März) mit Spindel und Rocken hin: An diesem Tag sollten die Bäuerinnen ihre Spinnarbeit beendet haben (Abb. 165). Im Bildarchiv des Berliner Museums ist ein anderer Holzkalender (aus Privatbesitz) abgebildet, der vom gleichen Verfertiger stammt und es ermöglicht, beide Stücke zeitlich einzuordnen; er trägt nämlich die Inschrift: »Georgius Reichardus von Pfranten der Pfleg: Fiessen mdlxxix 1579[33]«.

Das Engadin ist eine der wenigen Landschaften, in denen sich Holzkalender dieser Art erhalten haben; man trifft sie in Bauernhäusern und Gastwirtschaften noch an. Sie sind häufig mit Schnitzereien und Brandmalerei versehen. »Im Oberland und auch im Engadin wurden etwa die Werktage durch einen Strich, die Sonntage durch ein Kreuz bezeichnet, und dazu noch die Namen Jesus und Maria oder der des hl. Martin auf dem Stecken eingeschnitten; auch den eigenen Namen fügte der Hirt oft hinzu[34].« Hier ist also von Kalendern in Form eines Stabes die Rede, wie man sie in ähnlicher Ausführung auch im Norden kannte: In Skandinavien und in den Ostseeländern — in Deutschland nur als Einfuhrgut — wurden mit Runen versehene Kalenderstäbe zur Bestimmung von Monaten und Tagen benützt[35] (Abb. 166).

Altartige Kalenderornamente leben fort in den Rahmen, die man seit dem Aufkommen der populären Druckgraphik den volkstümlichen Kalenderblättern gab. Glücks- und Jahreslaufsymbolik in mehr oder weniger schlichter Ausdrucksweise zieren diese Rahmen, die oft beträchtliche Breite (bis 20 cm) erreichen.

Holzschuhe, Schuhleisten, Stiefelzieher

Noch unter dem Eindruck des eben beendeten Ersten Weltkrieges schrieb Josef Blau 1918: »Die Erzeugung von Holzschuhen erlangte nicht nur infolge Ledermangels, auch der gesundheitlichen Vorzüge und nicht zuletzt der Wohlfeilheit der Holzschuhe wegen für die Soldaten in den Schützengräben wie für die ärmere Bevölkerungsschicht große Bedeutung[36].« Die Hauptgründe für Herstellung und Benützung von Holzschuhen sind hier angeführt: Gesundheit und Billigkeit. Den orthopädischen Wert von Holzschuhen hat man in unserer Zeit wiedererkannt; derartige »Gesundheitssandalen« sind allerdings nicht so »wohlfeil« wie die einst von der Landbevölkerung hergestellten.

Schuhwerk aus Holz scheint früher in ganz Europa getragen worden zu sein. 1895 sind sie in seiner Schilderung des Berchtesgadener Bauernhauses erwähnt: »Unter der Ofenbank stehen große Holzschuhe — wie bei uns in Niederdeutschland, namentlich jetzt noch an der See gebräuchlich —, in denen man im Stall geht und vor dem Hause, wo das Vieh den Boden sehr zertritt — und auf den Almen auch in den Hütten[37].« In Moor- und Marschengegenden trugen Männer und Frauen Holzpantinen (»Holschen«, »Klumpen«, »Blottschen«). Im Winter und auf sumpfigem Gelände legte man gern hölzerne Stiefel, das waren Holzschuhe mit angesetztem Lederschaft, an. Besonders gern trugen die Kinder im Winter Holzschuhe, die den Fuß auf langen Schulwegen trocken und warm hielten. Ältere Leute in Ostfriesland wissen aus ihrer Kindheit zu berichten, daß die »Klumpen« oft mit einer Stroheinlage versehen waren und immer einen warmen Fuß machten; die Kinder waren so daran gewöhnt, daß sie sonntags, wenn sie zum Kirchgang Lederschuhe tragen mußten, elendig froren.

Als Zentren der Holzschuhfertigung sind die waldreichen Alpenländer, die europäischen Mittelgebirge sowie die norddeutschen und westeuropäischen Gebiete an der See zu nennen; dort mußte allerdings das benötigte Holz zum größten Teil eingeführt werden. Zu einer bedeutenden Hausindustrie und zu gewerblicher Nutzung entwickelte sich dieser Zweig der Holzverarbeitung bekanntlich in Holland (Abb. 169).

Die Holzschuhe entstanden an der Werkbank (Heinzel-, Schnitzel-, Zugbank, s. S. 9) aus einem rohen Klotz Erlen-, Pappel-, Linden- oder Birkenholz. Ein Hebel drückte das Holzstück auf die Bank nieder, auf der eine Aushöhlung in Gestalt eines Schuhes angebracht war, was ein Abrutschen verhinderte[38]. An der dicken Holzsohle, die anschließend mit Hobel und Schnitzmesser bearbeitet wurde, befestigte man mit Eisendraht eine Lederkappe. In den östlichen Teilen Österreichs trug man ein Oberteil aus Span- oder Binsengeflecht. Wahrscheinlich stammt diese Art der »Zockerl« aus den slowenischen und krainischen Nachbarländern, in denen die »coklje« (von ital. coccoli) üblich waren[39]. In manchen Gegenden war das Holz über Fersen und Vorderfuß hochgezogen, so daß kein zusätzliches Material benötigt wurde. Solche knöchelhohen Schuhe mit Absatz trug man im westlichen Europa von Holland bis Savoyen[40]. Im Böhmerwald und den angrenzenden Gebieten gab es aus dem ganzen Holz gefertigte Schuhe (»Böhmschuh«) und solche mit angesetztem Lederteil, zu denen auch die »Holzschuhstiefel« zu rechnen sind. Noch zu Beginn des Jahrhunderts trugen selbst angesehene Leute solche Schuhe. Von Adalbert Stifter ist überliefert, daß er bei seinen Schulvisitationen massive hohe Stiefel mit Holzsohlen trug und daß er immer eine Anzahl Holzschuhe aus dem Böhmerwald als Vorrat liegen hatte[41].

Hin und wieder wiesen die Holzschuhe einfache Kerbschnittverzierungen auf, wie z. B. in der Pfalz oder auch in Savoyen, wo sie mit breiten Blattornamenten beschnitzt wurden[41]. Am reichsten geschmückt sind die berühmten »Holländer«, die man weithin verhandelte. Sie waren in der Regel nicht von vorneherein als Arbeitsschuhe geschaffen, sondern wurden bei festlichen Anlässen präsentiert, etwa als Brautschuhe beim Gang zum Standesamt. Es gab in Holland lokale Größen unter den Schnitzern wie jene Inselberühmtheit Piet de Roos von Mekenref (Marken), der bereits mit zwölf Jahren die Schnitzkunst erlernte und später ein ganzes Heft mit Entwürfen von Kringel-, Rosen- usw. Motiven aufweisen konnte[42].

Abschließend sei vermerkt, daß in sumpfigen Gegenden auch Tiere mit Holzschuhen bedacht wurden, damit sie auf der Weide nicht einsanken. Aus einem Stück Holz sind die Pferdeschuhe, die man in den moorigen Ländereien um Gifhorn und an der Aller den Tieren über die Hufe zog. Sogar Gänse bekamen kleine Holzuntersätze angelegt (Abb. 176). Im Prinzip glichen diesen Tierholzschuhen jene aus Leisten gefertigten »Schneeschuhe«, die sich die

Leute für den Gang über harte Schneeflächen umschnallten, um nicht einzubrechen.
Nicht selten gehörten zur Tracht Schuhe aus Holz, doch waren regional auch Lederschuhe für festliche Anlässe in Gebrauch. Diese wurden als Kostbarkeit gepflegt. Eigene Holzleisten hielten sie in Form (Abb. 172). Zu langen Schuhen benötigte man »Stiefelknechte«, die beim An- bzw. Ausziehen Hilfe leisteten (Abb. 170). Sie waren mit Handgriffen oder Schlaufen und einer Kerbe für die Ferse ausgestattet. Die merkwürdigsten Ausformungen sind anzutreffen, z. B. Nachbildung eines Frauenbeines oder einer Pistole[43].
Gern wurden diese Hilfsgeräte für das Schuhwerk zum Geschenk gebracht und daher mit Zierat versehen. »In einem Badeort Schlesiens fand ich in einer Bauernstube einen geradezu künstlerisch ausgestatteten ›Stiefelhund‹ (Stiefelknecht), der neben formvollendeten Kerbschnittmustern auch das Sprüchlein ›Halt dich, oder ich tret dich‹ eingeschnitten hatte[44].«

Wiegenbogen

Das Leben des Kleinkindes spielte sich in der schützenden Wärme des Stubenofens ab, neben dem auch meist sein Bettchen oder die Wiege stand. Das Neugeborene war nach altem Volksglauben dem Anschlag dunkler Mächte, zauberischer, böser Dämonen, besonders ausgesetzt. Das zeigt sich an der Fülle magischer und religiöser Zeichen, die rings um das Kleinkind aufgebaut wurden. Sie bedekken die Seitenteile der Wiege, sie sind auch der Motivwelt der hölzernen Bögen eingeschrieben, die man über die Wiege steckte. Während die Wiege zum Mobiliar zu rechnen ist und sich mit ihm in Form und Ausgestaltung an den Stil der Zeit hält, kann man den Wiegenbogen als eigenes, nahezu zeitloses Gerät betrachten. Ihm kam die Funktion zu, einen Schleier, der die Fliegen vom Säugling fernhalten sollte, bzw. ein abdunkelndes Tuch zu tragen und obendrein die Bettstatt des Nachkömmlings in festlicher Weise auszuzeichnen.
Die Bögen scheinen im Laufe des 16. Jh. im Alpenländischen aufgekommen zu sein. Im Berchtesgadener Land nannte man sie »Frais-Späne« (»Fraisen« ist das konvulsivische Gesichtszucken beim Kleinkind)[45]. Auch Doppelbögen, von Querstegen zusammengehalten, sind anzutreffen. In der Regel waren sie aus glattem, unverziertem Holz wie jener auf dem ältesten Zeugnis eines Wiegenbogens (Ende 15. Jh.): Michael Pachers Ambrosiustafel aus Brixen-Neustift (heute: Alte Pinakothek, München). Untersuchungen haben ergeben, daß die geschnitzten Zierbogen sich am Südhang der Alpen während des 17. Jh. herausgebildet haben. Ein Kerngebiet war das ladinische Fleimstal[46].
Die frühen Stücke zeichnen sich durch klare, architektonische Gliederung aus und sind noch ganz vom mittelalterlichen Formensinn geprägt. Romanisch-gotische Bogenfenster und Zirkelschlagornamentik stehen im Vordergrund. Trichterförmige Vertiefungen finden sich als Mulden oder durchbrechen das Holz (Abb. 173). Vom Beginn des 18. Jh. an läßt sich eine mehr barocke Formensprache feststellen: Zu Rauten und Zickzackbändern treten Blumensprossen und Weinranken, Tiermotive (Doppeladler, Hirsch) und Figürliches (Abb. 174). »Aber nicht nur das Formenrepertoire wandelt sich, auch die Schnitztechnik ist teilweise neu. Der Künstler hat zahlreiche, vor allem die figürlichen Motive durch Unterschneidung im Flachrelief herausgearbeitet und die Umrißkanten rund verschliffen[47].« Es zeigen sich Spuren roter und grüner Fassung. Das 19. Jh., in dem nur noch wenige Wiegenbögen neu angefertigt wurden, malt figürliche und landschaftliche Szenen aus.
Das Material der Wiegenbögen ist Ahorn- oder Tannenholz. Die Bogenhöhe beträgt 30–40 cm, die Spannweite liegt um 40 cm, die Breite zwischen 8 und 12 cm. Die Bögen wurden in die Seitenbretter der Wiegen gesteckt oder mit Holzknöpfen beidseitig befestigt.

Präsenttablett

Die Bedeutung, die im südlichen deutschen Sprachraum der »Grösendosen« als Präsentier- bzw. Verwahrbehältnis zukam, hatte im Norden anscheinend das Tablett, auf dem der Pate die Erstlingswäsche überreichte. Der ebene Boden (ca. 23 auf 40 cm) ist von vier schräg nach oben gestellten Brettchen (Höhe ca. 7 cm) eingefaßt. Diese Umrandung kann mit griffartigen Durchbrüchen oder mit geschwungenen Profilen versehen sein. Schnitzornamente überziehen die aus Eichenholz gefertigten Stücke, während die aus Nadelholz hergestellten Präsentierbretter mit bunten Farben aufwarten. Blumenmotive überwiegen bei der Bemalung.

Laufgerät

Nach einem Jahr etwa, wenn das Kind in das »gefährliche Alter« kam und lebhaften Anteil an seiner Umwelt zu nehmen begann, mußten Vorrichtungen geschaffen werden, die seinen Aktionsradius verringerten und ihm zugleich Steh-, Geh- und Laufhilfe bedeuteten. Dazu dienten laufstallähnliche Holzgestelle (»Kinderstock«, »Laufstuhl«). Man findet sie bereits auf frühen Holzschnitten, etwa auf jenem köstlichen Blatt, das Hans Weiditz mit »Die reiche Wochenstube« bezeichnet (aus dem »Glücksbuch« des Petrarca).
Das Gestell besteht aus einem Holzstreifen, der den Kinderkörper in Brusthöhe locker umfaßt; nach unten ist er durch mehrere schräglaufende Stützen mit Bodenschragen verbunden, oder es sind an den gedrechselten Beinen kleine Räder angebracht (Abb. 179). Die Bewegungsmöglichkeit, die dem Kind dadurch gegeben ist, wird durch Bremsklötze gehemmt. Hin und wieder findet man auch Laufringe, die ihren Halt an einem senkrechten Balken haben, der

an Decke und Fußboden montiert ist und die Mittelachse des Umlaufes bildet.

Schulkasten, Griffelbüchse

Vorwiegend aus dem nördlichen Europa haben sich Schultaschen aus Holz erhalten. Ob solche auch anderwärts Verwendung fanden, ist nicht bekannt. Diese Bücherkästen sind rechteckige, flache Behältnisse mit Schiebedeckel. Die Rückwand ist nach oben verlängert und mit einer Öffnung zum Tragen versehen; vielleicht wurde auch ein Lederriemen durch dieses Loch gezogen, damit der Kasten über der Schulter getragen werden konnte. Die Grundierung ist dunkel; auf dem Deckel sind manchmal Blümchen gemalt, auch Darstellungen aus dem kindlichen Vorstellungskreis, z. B. Tiere, eine Windmühle, ein Schiff.
Im Kasten befanden sich die Schiefertafel und ein Griffelbehälter. Dieser konnte entweder die Form eines länglichen Kästchens mit Schiebe- oder Klappdeckel haben, oder die eines schmalen Etuis mit rundem oder ovalem Grundriß (Abb. 180). Alte Stücke tragen oft Kerbschnittverzierungen, spätere (19. Jh.) sind gern mit Bildchen aus der Kinderwelt oder mit lehrhaften Aufdrucken versehen.

Vogelhaus

Neben Holzgeräten, die vorwiegend dem Arbeitsablauf und dem Verwahrbedürfnis nachkommen, treten solche, die in besonderer Weise Behaglichkeit und Freude am Schönen ausstrahlen.
Selten fehlte in bäuerlichen und bürgerlichen Wohnstuben das Haus für den kleinen Freund der Familie, den Singvogel. Über 200 Gattungen von Sing- und Sprechvögeln — meist aus orientalischen Ländern — sollen um die Jahrtausendwende in Europa gehandelt worden sein. Hamburg war der wichtigste Versandmarkt. Den größten Prozentsatz stellten die Kanarienvögel, eine Kostbarkeit, die sich ehedem nur Wohlhabende leisten konnten. Eine Meise, einen Buchfink, einen Sperling oder einen anderen einheimischen Vogel aber konnte sich jeder »vom Ei auf« selbst herfüttern und im Käfig halten.
Da gab es ganz einfache, unverzierte Steigen von kubischer Form, die man aus einem Holzbrettchen und gitterförmig angeordneten, geschälten Zweigen fertigte. Das Heimatmuseum in Oberammergau (Obb.) besitzt ein solches Vogelbauer in sehr kleiner Ausführung; es ist aus runden, nur teilweise geschälten Haselstrauchästchen zusammengefügt.
Anspruchsvoller sind die hausartigen Vogelgefängnisse mit Dach, Fenster und Türchen, mehr oder weniger der menschlichen Behausung nachgebildet. Je nach Zeitgeschmack entstanden kleine Landhäuser, Luxusvillen oder kuriose Traumburgen mit Türmchen und allen möglichen architektonischen Sonderformen. Das Werdenfelser Museum in Garmisch-Partenkirchen (Obb.) zeigt zwei phantasievoll gebastelte Vogelbauer aus dem 19. Jh., die mit Malereien und Schnitzwerk herausgeputzt und mit Türen, Zwiebeltürmchen, Inschriften, einer Uhr usw. versehen sind. Manche Vogelhäuser erweisen sich als wahre Märchenschlösser mit Schaukeln, Treppen und Irrgärten im Innern. Das Thema bietet die Möglichkeit, dem Spiel der Phantasie und der schöpferischen Gestaltungsfreude freien Lauf zu lassen.

Blumenbank

Um dem Haus ein freundliches Aussehen zu geben, richtete man nicht nur Vorgärten ein und zog rankende Gewächse am Eingang, sondern pflegte auch Blumen vor den Fenstern. Oft wurden sie in einfache Töpfe oder Kästen gepflanzt und durch Leisten, Bretter oder Drähte am Fenstersims befestigt.
In manchen Landstrichen haben sich die Blumenkästen oder auch die Stützen dieser Behälter selbst zum schmückenden Element entwickelt. So bildete z. B. im Kaunertal, einem südlichen Hochtal des Oberinn, noch um 1900 die Herstellung von »Blumenstalen« einen eigenen Zweig der Volkskunst. Während man um 1800 dort nur einfache Bretter zu diesem Zweck (auch zum Trocknen von Käse, vgl. S. 108) vor die Fenster setzte, kamen im folgenden Jahrhundert allerlei Brettsägearbeiten auf; es entwickelte sich ein vielfältiger Formenschatz von Ziermustern. Wie aus der Ortschaft Feuchten (südlich Landeck) 1909 berichtet wird, war es ein namentlich bekannter Bauer (Johann Mark), der besondere künstlerische Begabung aufwies, sich von kirchlichen Motiven, z. B. den Rundbogen an der Kommunionbank, anregen ließ und viele neue Gestaltungsmöglichkeiten einführte. Bauern und Knechte der Umgebung versuchten sich in ihren freien Stunden in dieser Kunst. Die Kästen wurden größtenteils an Mädchen verschenkt, denen die Pflege der Blumen oblag. Säulchen, Stäbe, Zacken und Gesimse bilden die Gliederungselemente der »Stalen«. Neben das Aussägen trat das Einkerben und Reliefschnitzen. Die Muster wurden in starken Farben gegeneinander abgesetzt, der Rahmen etwa hellgrün, Pfosten und Bänder gelb und weiß, die Füllung der ausgesägten Ornamente rot[48].
In Graubünden hält sich die Tradition der beschnitzten Blumenkästen bis zur Gegenwart. Man sieht vor allem Reihungen von Wirbelrosetten, Sechssternen und anderen geometrischen Mustern in der Technik der Flach- oder Reliefschnitzerei; Bemalung ist selten.
Eine Ähnlichkeit mit den Blumenstalen der Westalpen zeigen die Blumenbänke, die man in Hessen mit Hilfe von Konsolhaken vor den Fenstern der Bauern- und Bürgerhäuser anbrachte. Sie weisen oft noch feinere Detailbearbeitung auf als die Kaunertaler Geräte (Abb. 161).

11 Holzschale, Norwegen, 1844
Hol in Hallingdal, Freilichtmuseum

Essen und Trinken

12 Löffelrem, Aussee, Steiermark/Österreich, Ende 19. Jh.,
flache Reliefschnitzerei, farbig gefaßt,
H 43 cm, B 25,5 cm, T 10 cm
Wien, Österreichisches Museum für Volkskunde

13 Löffelkörbchen,
Schwalm, Lkr. Ziegenhain, Hessen, 1907,
Grund weiß, Malerei grün-gelb-rot mit etwas blau
Verschollen

14 Löffelhalter, Nordfriesland, 1753,
Eiche, geschnitzt, H 50 cm, B 18 cm
Nürnberg, Germanisches Nationalmuseum

15 Besteckbehälter,
Weidenhausen, Kr. Biedenkopf/Hessen,
2. H. 19. Jh.,
Buche und Eiche, Deckel Kiefer, geschnitzt,
H 24,3 cm, B 30,5 cm, T 17,5 cm
Nürnberg, Germanisches Nationalmuseum

16 Löffelhalter,
Batrîna, Transsilvanien/Rumänien, 20. Jh.,
mit Beil und Schnitzmesser bearbeitet,
Buchenholz, L 29 cm, B 10 cm
Sibiu, Brukenthalmuseum

17 Löffelbrett, alpenländisch, Mitte 19. Jh.
München, Bayerisches Nationalmuseum

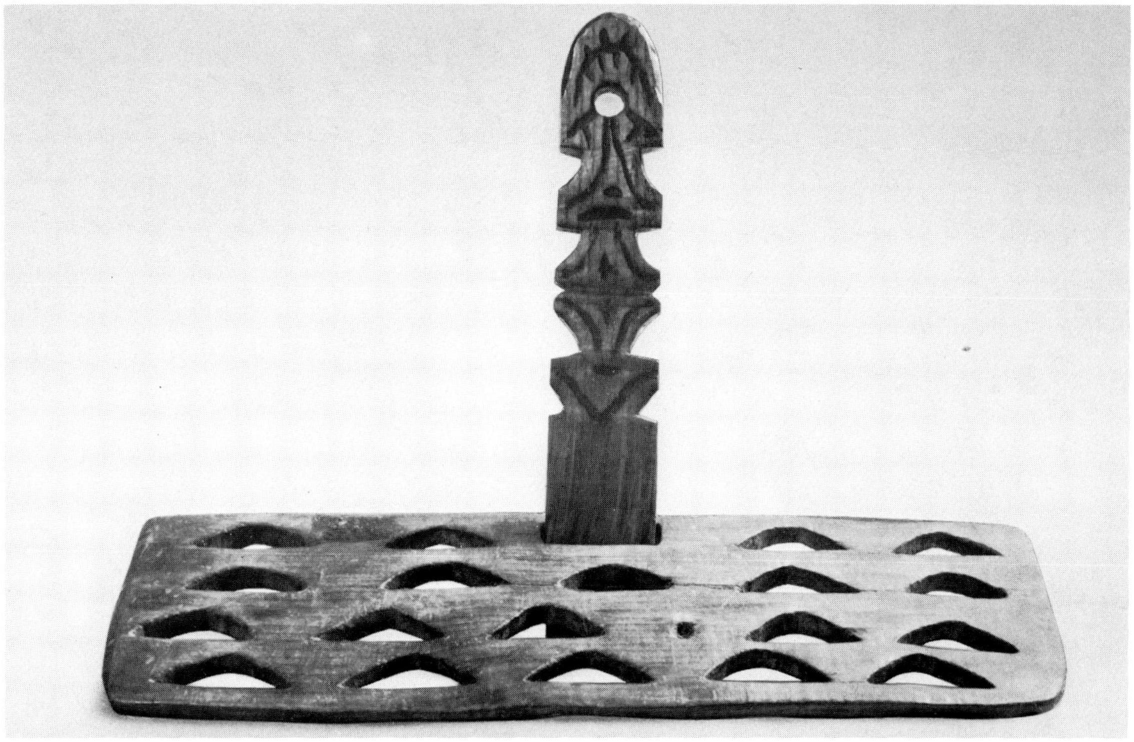

16 △

17 ▽

18 Trinklöffel der Nürnberger Kaufleute, 1699, Fassungsvermögen 1 Liter; geschnitzt, mit Metalleinlagen und Holzkette
Frankfurt a. M., Historisches Museum

19 Holzlöffel, deutsch, vermutlich 16./17. Jh., Flechtornament am Stiel, möglicherweise als Medizinlöffel verwendet
Privatbesitz

20 Löffel, Chur/Schweiz, 1794, Birkenholz, geschnitzt, L 17,6 cm, B 4 cm
Chur, Rätisches Museum

21 Löffel, Graubünden/Schweiz, vermutlich 18. Jh., Hartholz, Stiel geschnitzt, Darstellung einer Frau mit Halskette, L 14,9 cm, B 4,4 cm
Chur, Rätisches Museum

22 Löffel; links: Frankreich, 1750, am Stiel Durchbruchs- und Schnitzarbeit: Mädchen, das Lotosstengel bricht; rechts: Frankreich, 1744, geschnitzter Stiel: Papyrusstengel und Blüten
Paris, Louvre

23 Löffel, Siebenbürgen/Rumänien, 20. Jh., Ahornholz, Dekor in Kerbschnitt und Durchbruchsschnitzerei
Cluj, Volkskundemuseum Transsilvaniens

24 Löffel, Viechtau/Österreich, 19. Jh., farbige Bemalung auf schwarzem Grund
Ried i. Innkreis, Heimatmuseum

25 Schinkentellerbört, Westfalen, vermutlich Anfang 19. Jh., Eiche, Reste früherer Bemalung, unten Löcher zum Einstecken der Löffel, H 95 cm, B 30,5 cm, T 21,5 cm Bremen, Focke-Museum

26 Geschirrbord (»Tresen«), Seeland/Dänemark, 1806, Fichte geschnitzt, farbig gefaßt in Braun, Grün, Rot und Weiß, H 61 cm, B 53,5 cm Kopenhagen, Dansk Folkemuseum

27 Schinkentellerbört, Herkunft unbekannt, Anfang 19. Jh., Eiche, H 87 cm, ∅ 27 cm Detmold, Westfälisches Freilichtmuseum Bäuerlicher Kulturdenkmale

25

26 ▽

27 ▷

28 Löffelbord, Schleswig-Holstein, um 1800, B 16 cm, H 25,5 cm
Altonaer Museum in Hamburg

29 Schüsselbank,
Buchenau, Lkr. Marburg/Hessen, um 1815/20 (unterer Teil neu), Eiche, Durchbruchsarbeit, H 169 cm, B 175 cm
Marburg, Universitätsmuseum

30 Tellerrem, Pustertal, Osttirol/Österreich, Anfang 19. Jh.,
oben für große Teller und Schüsseln,
die Stabfächer für kleine Teller,
H 106 cm, B 124 cm
Innsbruck, Tiroler Volkskunstmuseum

31 Schüsselkorb,
Ciresoaia, Cluj, Transsilvanien/Rumänien,
19. Jh., Buchen- und Tannenholz,
ausgesägt und mit Beil behauen,
L 47 cm, B 15 cm, H 53 cm
Cluj, Volkskundemuseum Transsilvaniens

28 △

29 △

30

31 ▷

32 Tellerbord, Ciresoaia, Cluj/Rumänien, 20. Jh., Tannen- und Buchenholz, H 52,3 cm, B 45,3 cm
Cluj, Volkskundemuseum Transsilvaniens

33 Tellerbord,
Buceava, Arad, Transsilvanien/Rumänien, 19. Jh., Buchenholz, eingekerbte Ziermotive, L 50 cm, B 34 cm, H 60 cm
Oradea, Museum der Tara Crisurilor

34 Schüsselbank, Niederasphe/Hessen, 1800, Eichenholz, teilweise farbig gefaßt, H 135 cm, B 122 cm, T 32 cm
Marburg, Universitätsmuseum

33 △

34

35 Schüsselkorb,
Ceahlau, Neamt, Moldau/Rumänien, 19. Jh.,
Tannenholz, L 42 cm, B 23 cm, H 83 cm
Iasi, Volkskundemuseum der Moldau

36 Kuchenbrett, Thüringen, 1801, Fichte bemalt
Nürnberg, Germanisches Nationalmuseum

35

37 Messerbehälter,
Hunedoara, Transsilvanien/Rumänien, 20. Jh.,
Kirschholz mit Zinn- und Bleieinlagen,
L 20,5 cm, B 5,5 cm, Bukarest, Dorfmuseum

38 Klappmesser, Chur, um 1700,
Hartholz, Griff mit geschnitzter Frauenfigur,
L 11 cm (geschlossen), 18,4 cm (offen)
Chur, Rätisches Museum

39 Gabel, Graubünden/Schweiz,
vermutlich um 1800, L 24,2 cm, B 3,6 cm
Chur, Rätisches Museum

40 Zwei Messer in Doppelscheide,
Herkunft und Zeit unbekannt,
Griffe in Palmholz, plastisch geschnitzte Paare,
L 11 cm
Arnheim, Het Nederlands Openluchtmuseum

41 Eßbesteck mit Holzfutteral, Oberösterreich,
vermutlich 18. Jh., Griffe mit Flachschnitzerei
Ried i. Innkreis, Heimatmuseum

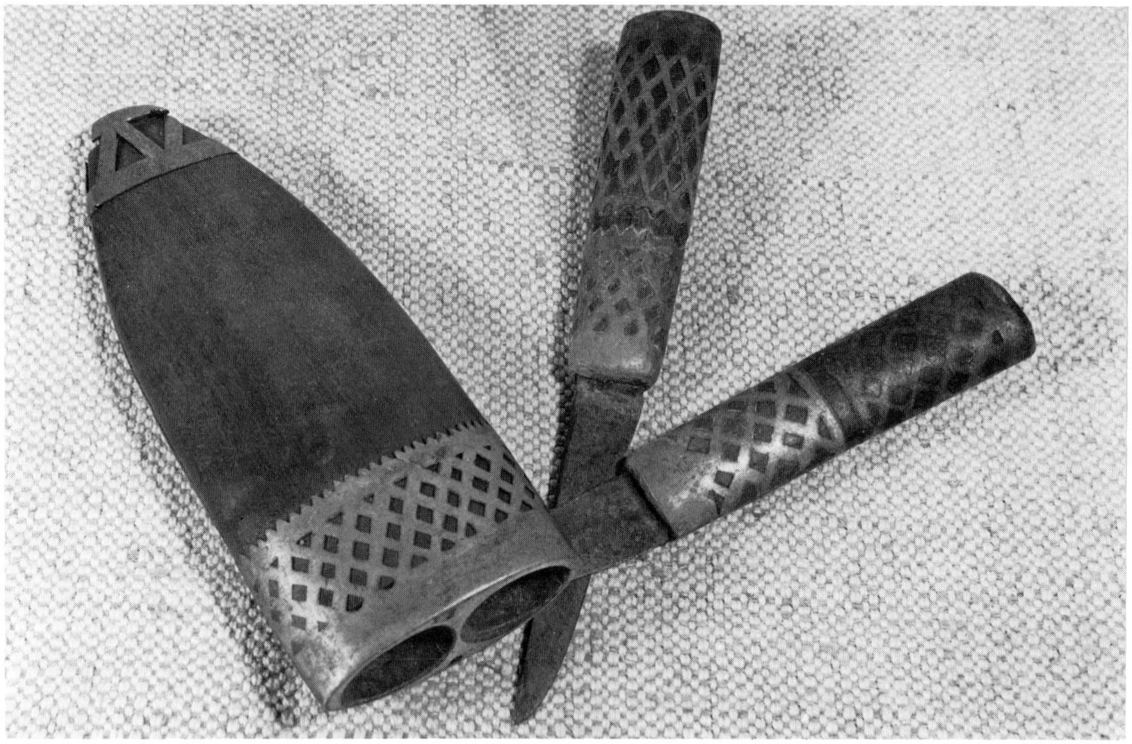

37 △ 38 ▽ 39 ▽ 40 △ 41 ▽

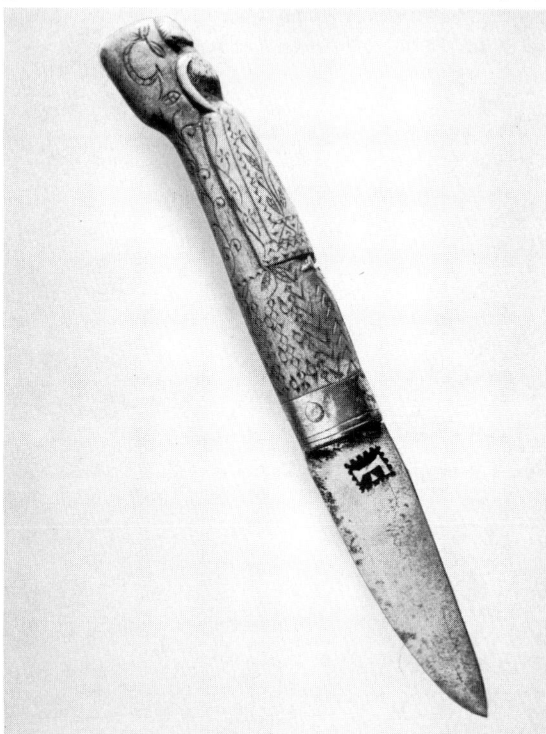

42 Krug aus Holz, 19. Jh.
Oslo, Norsk Folkemuseum

43 Holzteller, fränkische Hirtenarbeit, um 1900
Hersbruck, Deutsches Hirtenmuseum

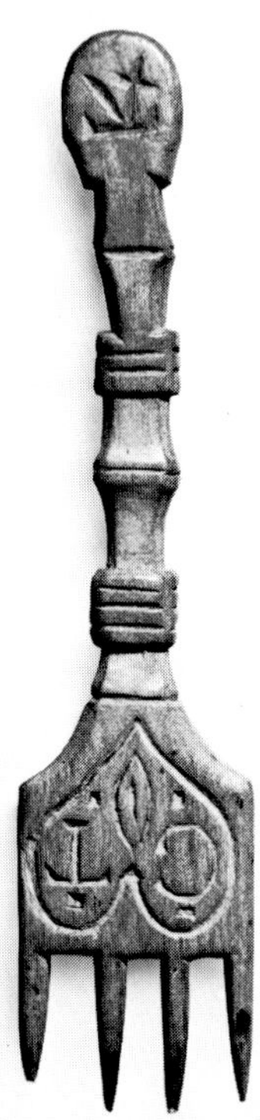

44, 45 Gabel, Vorder- und Rückseite, Chur, 1811, Initialen C T, C und Hauszeichen, Kerbschnittdekor, L 14,1 cm, B 3 cm
Chur, Rätisches Museum

46 Schüsseldreher aus dem Zillertal, Tirol/Österreich, 1. H. 20. Jh.

Zu Seite 45:
47 Eßecke, Oberbayern, vermutlich 19. Jh., Knödelschüssel aus Nußbaumholz, Ø 49 cm, T 6,5 cm;
Pfannknecht, Weichholz, mit Holzschraube zum Verstellen der Aufleger für die Pfannenstiele
Starnberg, Städtisches Heimatmuseum

48 Pfannholz, alpenländisch, Anfang 19. Jh., L 60 cm
München, Bayerisches Nationalmuseum

49 Pfannknecht, Salzkammergut/Österreich, um 1840, L 40 cm, B 14 cm
Linz, Oberösterreichisches Landesmuseum

50 Schüsselkranz, niedersächsisch, vermutlich 19. Jh., Lindenholz, Ø 28 cm
Bremen, Focke-Museum

48 △ 49 ▽

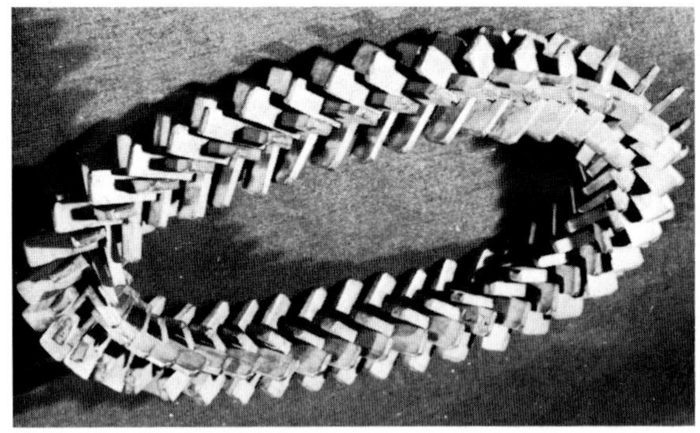

50

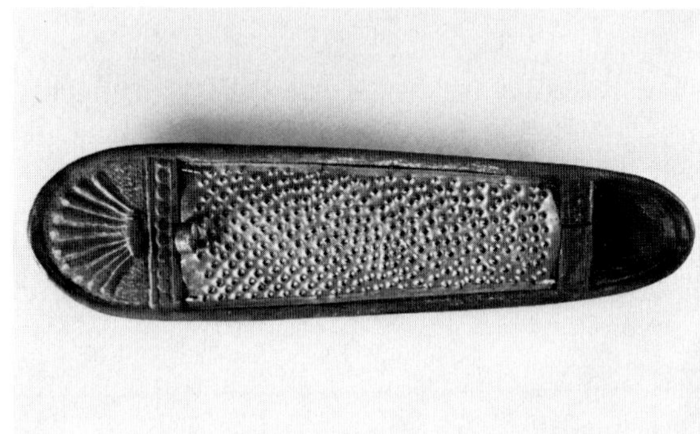

51 △ 52 ▽

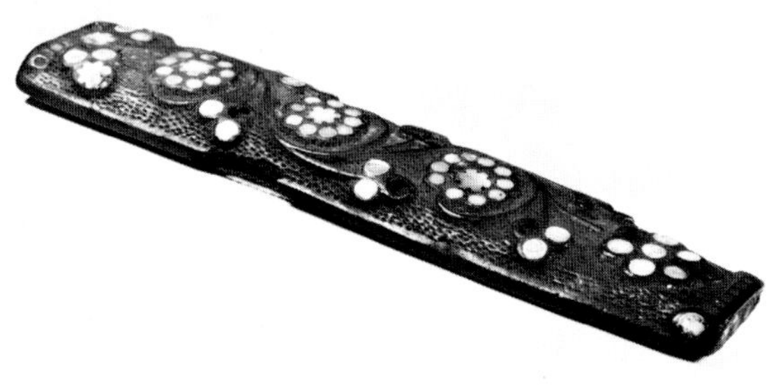

51 Muskatreiber, vermutlich Österreich, um 1800, Zwetschgenholz mit Reibblech, Rückseite mit Reichsadler u. a., Muscheldekor, L 24,5 cm, B 6,5 cm, Ø 2,1 cm
Chur, Rätisches Museum

52 Muskatreiber, Tirol/Österreich, Anfang 19. Jh., Hartholz mit Perlmutteinlage, L 15,3 cm
Innsbruck, Tiroler Volkskunstmuseum

53 Wasserkanne, vermutlich Sachsen, 19. Jh.,
Tannenholz mit eisernen Reifen
Privatbesitz

54 Kanne, Schwalm, Lkr. Ziegenhain/Hessen, 1901
Nürnberg, Germanisches Nationalmuseum

55 Kanne,
Vidra, Alba, Transsilvanien/Rumänien, 20. Jh.,
Tanne mit Weidenruten gebunden, Brandmalerei,
H 21 cm,
Ø des Bodens 19 cm, Ø der Öffnung 15 cm
Cluj, Volkskundemuseum Transsilvaniens

56 Gedeckter Tisch mit Holzgeschirr
in Norwegen
Oslo, Norsk Folkemuseum

57 Links: Kanne für Milch,
Cîmpulung, Moldau/Rumänien, 20. Jh.,
Tannenholz, Brandmalerei, H 14 cm, Ø 12 cm
Cîmpulung Moldovenesc, Museum;
rechts: Kanne, Paltinul, Moldau/Rumänien,
20. Jh., Tannenholz, Brandmalerei,
H 12 cm, Ø 7 cm
Suceava, Kreismuseum

58 Deckelholzkrug, Estland, vermutlich 19. Jh.,
Verzierung mit Brandstempel, Henkel geschnitzt
Reval, Estnisches Kunstmuseum

59 Kanne, Nereju, Vrancea, Moldau/Rumänien,
19. Jh., Tannenholz, Brandmalerei,
verwendet bei Hochzeiten, H 26 cm, Ø 17 cm
Focsani, Geschichts- und Volkskundemuseum

60 Deckelholzkrug, Burgenland, 19. Jh.,
geschweifter Henkel mit Schnitzereien
Wien, Österreichisches Museum für Volkskunde

61 Hirtentasse, Botfei, Bihor/Rumänien,
20. Jh., Lindenholz, Branddekor,
L (mit Henkel) 15 cm, H 8 cm, Ø 8 cm
Oradea, Museum der Tara Crisurilor

62 Milchmaß, Radauti, Moldau/Rumänien,
19. Jh., Ahornholz, gedrechselt, Brandmalerei,
H 10 cm, Ø 18 cm, Radauti, Volkskundemuseum

63 Bierkrug und Mostfaßl,
Tittmoning/Oberbayern, vermutlich 18. Jh.
Tittmoning, Heimathaus des Rupertiwinkels

64 Hirtenbecher, Siebenbürgen/Rumänien 19./20. Jh.,
Ahorn- und Kirschholz, Kerbschnittdekor
Cluj, Volkskundemuseum Transsilvaniens

65 Doppelschüssel, Kärnten, 19. Jh.,
Zirbelholz, gedreht, H 11 cm, ∅ 30 cm
Nürnberg, Germanisches Nationalmuseum

66 Becher mit Deckel und Fuß, Klosters/Schweiz,
Ulme, eingekerbte Initialen und Hauszeichen,
H 21,8 cm, ∅ 11 cm
Chur, Rätisches Museum

67 Trinkschale, Osteuropa,
vermutlich 18./19. Jh., altüberlieferte Vogelform
Privatbesitz

68 Nußknacker in Gestalt eines Mönches, Grödner Tal, Südtirol/Italien, rückwärts die Zahl 1517 (?) Innsbruck, Museum Ferdinandeum

69 Haselnußknacker, Berbesti, Transsilvanien/Rumänien, 20. Jh., L 14 cm, B 7 cm Bukarest, Volkskunstmuseum

70 Nußknacker, Erzgebirge/DDR, 1912, Fichte, geschnitzt und farbig gefaßt, einen Türken darstellend, H 50 cm Seiffen, Erzgebirgisches Spielzeugmuseum (?)

71 Nußknacker mit Holzspirale, Zürich, Basel und Umgebung/Schweiz. 19. Jh. Basel, Schweizerisches Museum für Volkskunde

72 Nußknacker, Erzgebirge/DDR, 19. Jh., Fichte, ältere Form, gedreht und bemalt, Soldaten darstellend, H ca. 30–50 cm Seiffen, Erzgebirgisches Spielzeugmuseum (?)

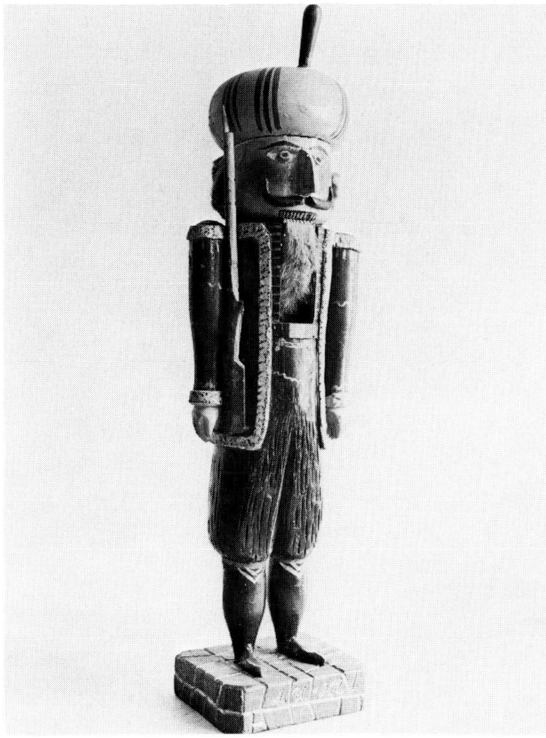

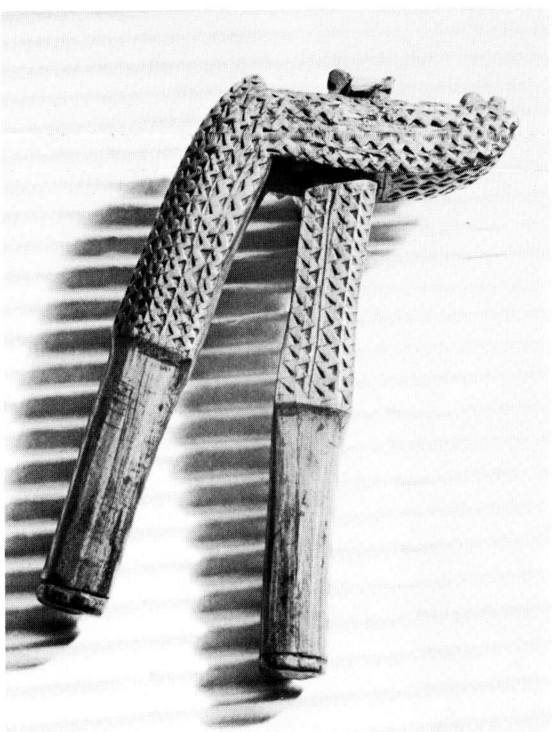

Licht, Wärme, Sauberkeit

73 Hängepyramide (Laufleuchter), Erzgebirge, 18. Jh., geschnitzt und bemalt, Beleuchtung mit Rubröl
Dresden, Staatliches Museum für Volkskunst

74 Hängeleuchte (»Spinne«), Erzgebirge/DDR, 19. Jh., Holz gedrechselt, Drahtarme
Dresden, Staatliches Museum für Volkskunde

Zu Seite 53:
75 Kerzenleuchter, Gröden, Südtirol/Italien, vermutlich 18./19. Jh., Zirbelholz, farbig gefaßt; Bauernpaar, den Schaft des Leuchters haltend, H 20,5 cm
Innsbruck, Tiroler Volkskunstmuseum

76 Leuchtenhalter (»Chaleil«), Frankreich, 19. Jh., ausgesägt, von der Decke hängend, für die Leuchter dienten einheimische Pflanzenöle als Brennstoff
Paris, Musée des arts et traditions populaires

75

76

77 Leuchtenständer, Schleswig-Holstein, 19. Jh., H 77 cm, ∅ 33 cm
Altonaer Museum in Hamburg

78 Leuchter, Gröden, Südtirol/Italien, vermutlich 18. Jh.,
balusterförmiger Aufbau mit Dreikantfuß, gefaßt in den Farben Gelb, Rot und Grün
H 21,3 cm
Innsbruck, Tiroler Volkskunstmuseum

79 Kienspanhalter,
Umgebung von Ruhpolding/Oberbayern, vermutlich 18./19. Jh., Kerbschnittverzierung
Ruhpolding, Heimatmuseum

80 Kienspanhalter, Oberbayern, 19. Jh. (?), Fuß Eiche, Ständer Kiefer gedrechselt,
H 56 cm, B (des Fußes) 15 cm
Tittmoning, Heimathaus des Rupertiwinkels

81 Handlaterne, Sachsen/DDR, 1807, bemalt.
Großschönau, Heimatmuseum

77 △

78 △

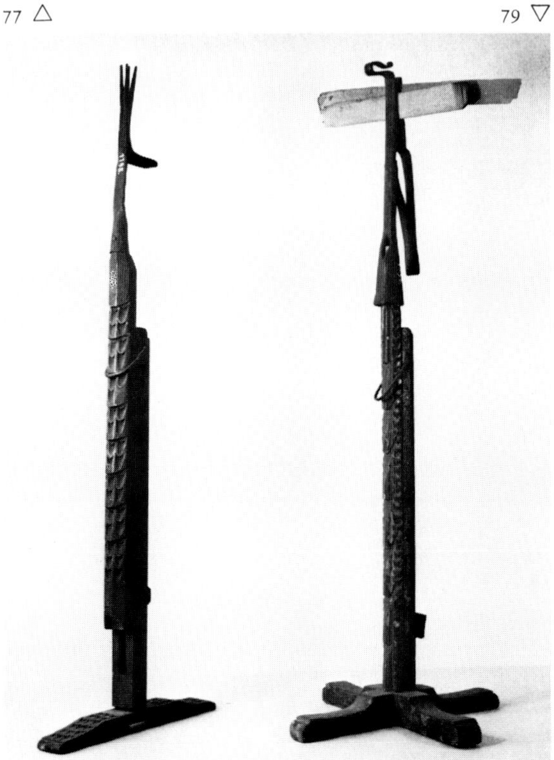

79 ▽

80 ▽

82 Öllampenständer, Tirol/Österreich, vermutlich 18./19. Jh.
Innsbruck, Museum Ferdinandeum

83 Leuchter, Alpach, Tirol/Österreich, vermutlich 18./19. Jh., durchbrochen gearbeitet, mit Kerbschnitzerei verziert
Innsbruck, Museum Ferdinandeum

84 Krüsenhalter, Norddeutschland, vermutlich 19. Jh., Buche, ausgesägt, H 67 cm, B 24,5 cm
Nürnberg, Germanisches Nationalmuseum

85 Leuchter, Tirol/Österreich, Fichtenholz, Lichtstock in Kelchform, mit Kerbschnitt verziert (Lichttiegel fehlt), H 11,5 cm
Innsbruck, Tiroler Volkskunstmuseum

86 Trankrüselhalter, Niedersachsen, 18./19. Jh., Kiefernholz, H 74 cm
Bremen, Focke-Museum

87 Fußwärmer (»Stövchen«),
Schleswig-Holstein, 18. Jh.,
Eichenholz, flache Reliefschnitzerei;
Oberseite durchbrochen gearbeitet,
Seitenwände Sterne und Rosetten in Kerbschnitt,
farbig gefaßt (rot, braun, weißlich-gelb, schwarz),
H 18,5 cm, B 26 cm, T 25 cm
Flensburg, Städtisches Museum

88 Stövchen, Hindeloopen/Niederlande, 1890,
Eiche, Durchbruchsschnitzerei, bunt bemalt,
H 16,5 cm, B 16 cm, T 19,5 cm
Arnheim, Het Nederlands Openluchtmuseum

89 Stövchen, Ostfriesland, Anfang 19. Jh.,
Weichholz, unverzierte Form, Rückseite,
im Innern Tonschale für Holzkohle,
H 18 cm, B 29 cm, T 20 cm
Privatbesitz

87 △ 88 ▽ 89 △

90 Behälter für Schwefelhölzer,
Schleswig-Holstein, 1641, beschnitzt,
auf der Vorderseite Windmühle
Flensburg, Städtisches Museum

91 Spiegel mit bemaltem Ständer, Nagylózs/Westungarn, 1863
Budapest, Ethnographisches Museum

92 Spiegelbehälter, Csokonyavisonta, Transdanubien/ Ungarn um 1860
Budapest, Ethnographisches Museum

93 Spiegelbehälter, Magyargencs/Westungarn, 1840
Budapest, Ethnographisches Museum

94 Spiegel mit geschnitzten Rahmen, Ungarn, 18./19. Jh., Innenrahmen furnierte Marktware, H (mittlerer Rahmen) 63 cm
Budapest, Ethnographisches Museum

91 △

92 △

93 △

94 ▽

95 Handtuchhalter, Österreich, 18. Jh., Halbfigur einer Frau, die in den Händen die Stange für das Handtuch hält, zur Hälfte mit bunt gefaßten Gewändern und Krone bekleidet, die andere Hälfte Totengerippe und Schlange
Innsbruck, Museum Ferdinandeum

96 Handtuchhalter,
Helpsen, Kr. Schaumburg-Lippe/Niedersachsen, 19. Jh., gedrechselt, braun gefaßt,
H 54 cm, B 57,7 cm
Hannover, Historisches Museum am Hohen Ufer

98 △

95 △ 96 ▽ 97 ▽ 99 △ 100 ▽

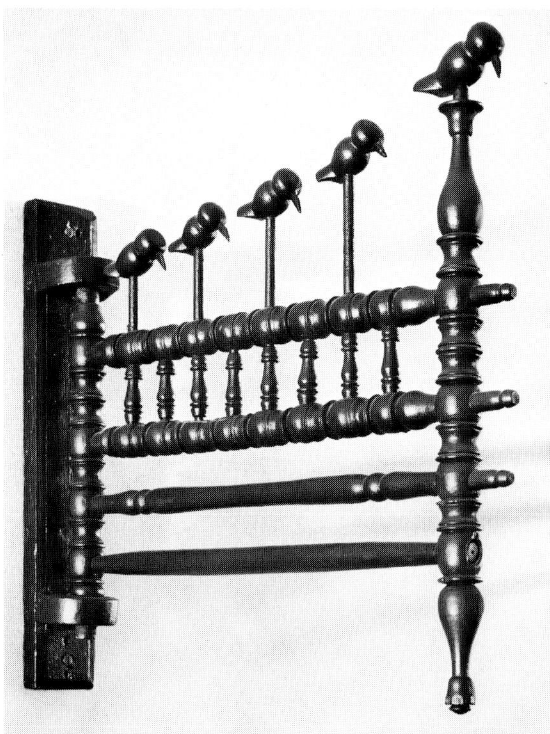

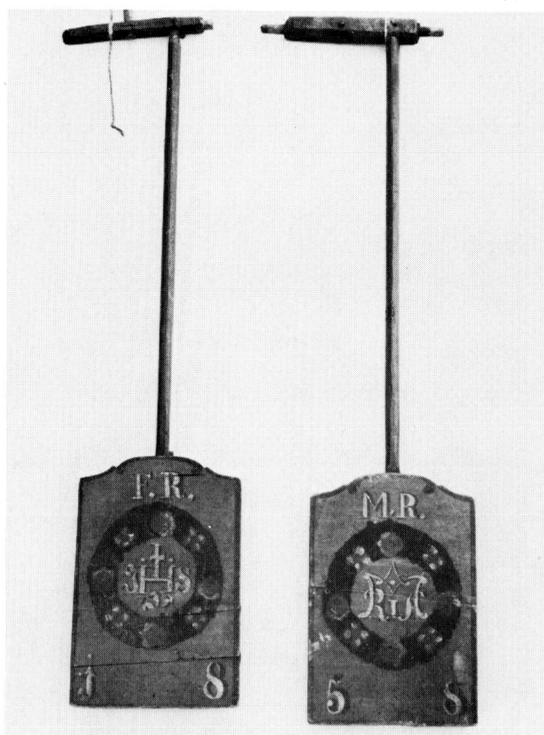

97 Fliegenwedel, Steiermark/Österreich, 1858,
an der Decke befestigt,
durch Zugschnur zu bewegen,
Klappe mit Blütenkranz verziert,
Initialen, Jesus- und Maria-Monogramm
Schloß Trautenfels, Landschaftsmuseum

98 Kehrbesen, Tirol/Österreich, Birke,
Griffstück gedrechselt, Bürstenteil flach,
mit Kerbschnittmotiven verziert;
oben: Jahreszahl 1626 und Initialen I P; L 31 cm
Innsbruck, Museum Ferdinandeum

Persönliche Dinge, Feierabend

101 Pfeifenständer,
Szentgál, Transdanubien/Ungarn, Ende 19. Jh.,
Linde, flache Reliefschnitzerei,
als Bekrönung hl. Georg, H 41 cm
Budapest, Ethnographisches Museum

102 Pfeifenständer, Braunau a. Inn/Österreich,
vermutlich 19. Jh.
Braunau, Heimatmuseum

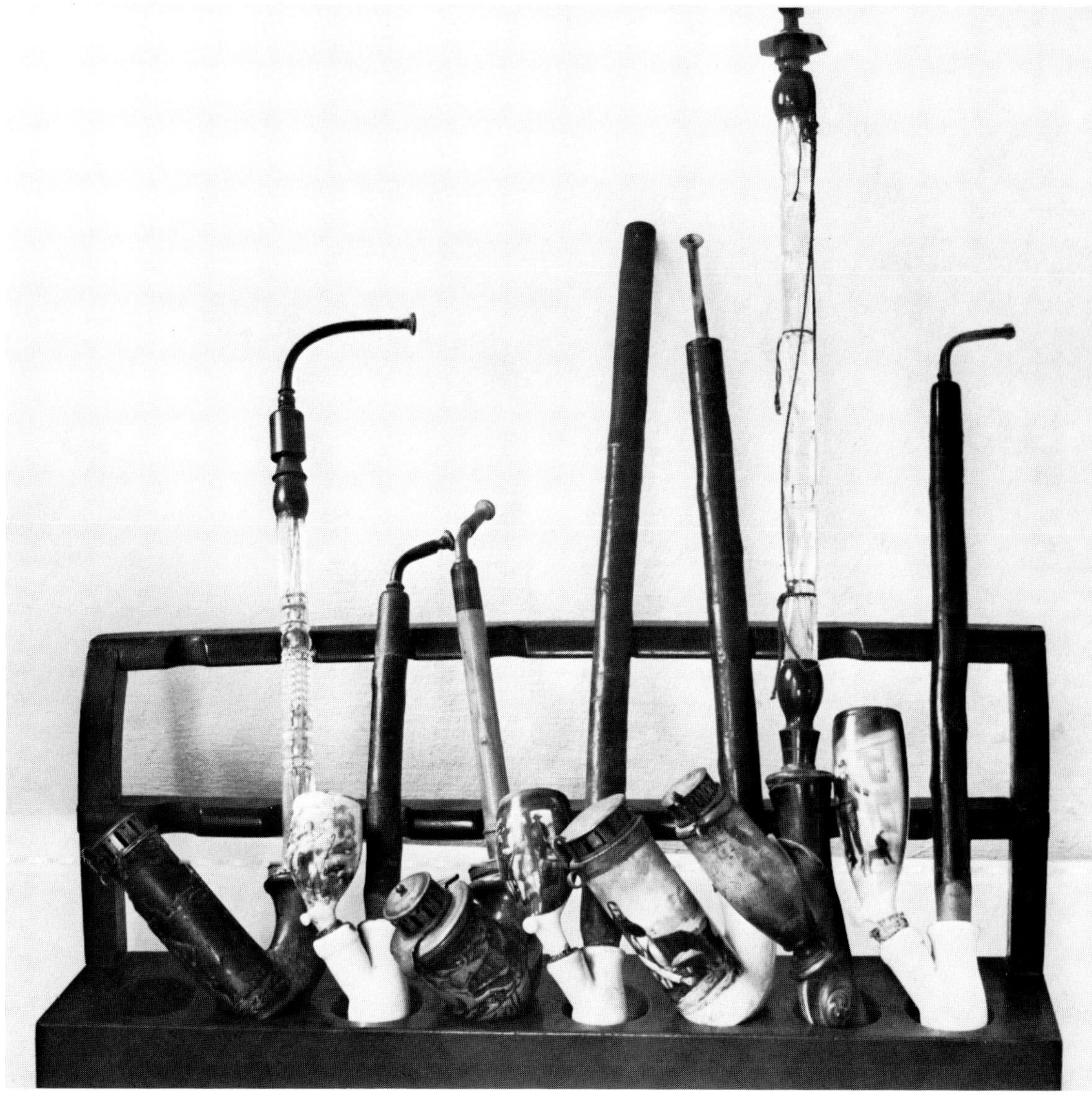

Zu Seite 58:
99 Kleiderbürste, vermutlich Südtirol/Italien,
1824, Erlenholz, spitzoval, geschweift,
Monogramm Christi und Mariens
sowie Jahreszahl in farbigem Kerbschnitt, L 9,5 cm
Innsbruck, Tiroler Volkskunstmuseum

100 Kehrichtschaufel, Altenland/Hamburg,
2. H. 18. Jh., Kiefernholz beschnitzt, Kastenform,
wahrscheinlich Brautgeschenk,
H 28 cm, B 27 cm, T 12 cm
Bremen, Focke-Museum

103 Schnupftabakreiber, Herkunft unbekannt, 1734, Schiebedeckel, mit flacher Reliefschnitzerei, H 2,2 cm, B 6,6 cm, L 17 cm
Altonaer Museum in Hamburg, Sammlung Reemtsma

104 Bauernpfeifen, Innviertel/Österreich, 19. Jh., sogenannte Ulmer Köpfe, Flachschnitzereien
Ried i. Innkreis, Heimatmuseum

105 Gestell für Tonpfeifen, Wilstermarsch/Hamburg, Ende 18. Jh., Buche, geschnitzt, H 64,5 cm, B 44,5 cm
Nürnberg, Germanisches Nationalmuseum

106 Bauernpfeife, Innviertel/Österreich, 19. Jh.,
Ulmer Kopf mit Jahreszeitendarstellung
Ried i. Innkreis, Heimatmuseum

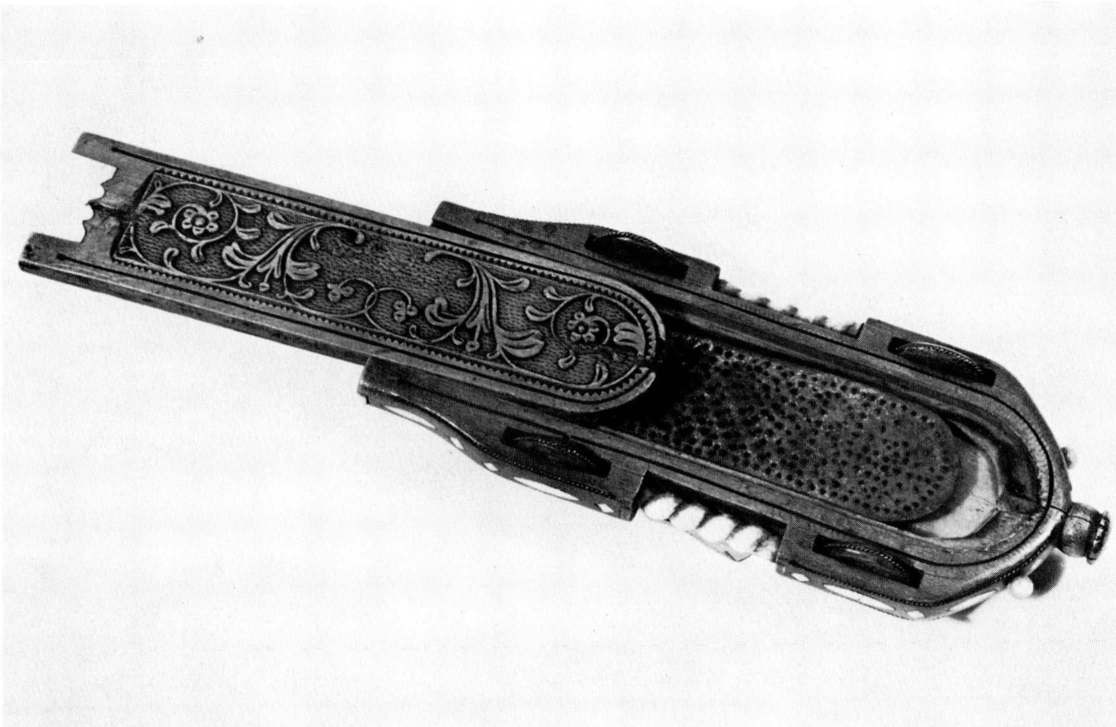

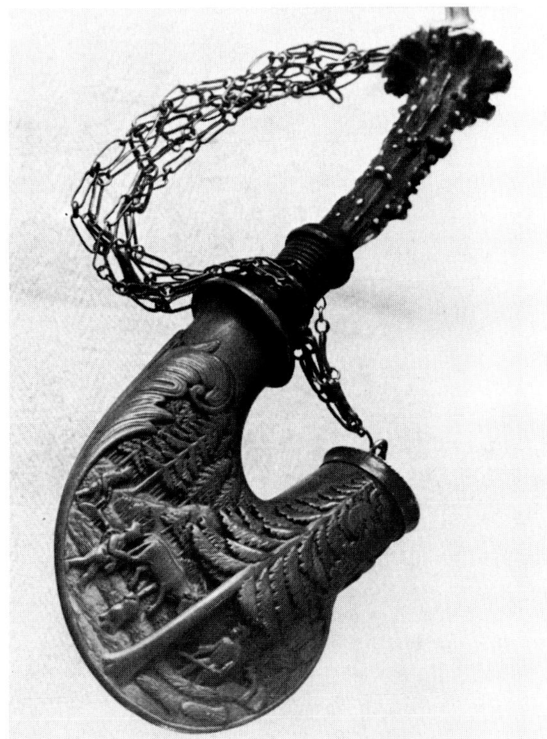

107 Gestell für Tonpfeifen, Marschengegend, um 1890, Laubsägearbeit
Nürnberg, Germanisches Museum

108 Schnupftabakdose, Herkunft unbekannt, 2. H. 18. Jh., Holz mit Perlmutteinlagen, H 7,5 cm, B 12 cm, T 3 cm
Altonaer Museum in Hamburg, Sammlung Reemtsma

109 Tabakdosen, Oberbayern, 18./19. Jh., mit Kerbschnittdekor, Flach- und Reliefschnitzereien
Tittmoning, Heimathaus des Rupertiwinkels

110 Tabakdosen, Innviertel/Österreich, 19. Jh., lustige Jagdszenen in flacher Reliefschnitzerei
Ried i. Innkreis, Heimatmuseum

111 Schnupftabakdose, Herkunft unbekannt, 18. Jh., H 3,5 cm, B 8 cm, T 6 cm
Altonaer Museum in Hamburg, Sammlung Reemtsma

112 Schnupftabakdose, Oberösterreich, 1678, Reliefschnitzerei, auf der Oberseite Mariazeller Muttergottes, auf der Unterseite Kuh mit Kalb, L 9,9 cm
Linz, Oberösterreichisches Landesmuseum

113 Schnupftabakdose, norddeutsch, vermutlich 19. Jh., Birkenrinde, L 7 cm, B 4 cm, H 7 cm
Privatbesitz

Zu Seite 63:
114 Spanschachtel, östliches Niedersaschen, um 1840, Nadelholz, bemalt, H 29 cm, B 47 cm, T 15 cm
Nürnberg, Germanisches Nationalmuseum

115 Spanschachtel, norddeutsch, 19. Jh.
München, Bayerisches Nationalmuseum

Kein beßres Glück auf Erden,
Als Braut und Bräutgam werden.

Ist dir vielleicht Hanchen lieber,
Gehen mir die Augen über.

116 Kästchen mit Schiebedeckel,
Hallig Hooge/Schleswig-Holstein, 1749,
Eiche, beschnitzt, bemalt,
eine Seitenwand kann entfernt werden,
auf den Schrägen Namen der Inhaberin und 1749,
H 19 cm, B 23,3 cm, T 14,5 cm
Nürnberg, Germanisches Nationalmuseum

117 Minnekästchen, Innkreis/Österreich, 1808,
Kerbschnittrosetten auf dem Deckel
Ried i. Innkreis, Heimatmuseum

118 Seitendetail aus Abb. 116, pfeiferauchender
Mann mit Glas Wasser in der Hand

119 Schiebekästchen, norddeutsch, 1732, innen in kleine Fächer unterteilt, Kerbschnittdekor, H 28 cm, B 9 cm, T 8 cm
Bremen, Focke-Museum

120 Kästchen in Buchform, Hessen, 18./19. Jh., Buchenholz, H 12,2 cm, B 6,7 cm, T 2,4 cm
Marburg, Universitätsmuseum

121 Pultkästchen, Massachusetts/USA, 1671, Eiche und Pinie
Dearborn, Michigan/USA, Henry Ford Museum

122 Kästchen, Nordamerika, 17. Jh., Flachschnitzerei, Tulpenmotiv, Besitzerinitialen
Winterthur/USA, Henry Francis du Pont Winterthur Museum

123 Zündholzbehälter, Villgraten/Österreich, vermutlich 19. Jh., Buchenholz, Buchform, Deckel mit Aufschrift »Walder Anton« und »Gris Gott«, L 6,2 cm
Innsbruck, Tiroler Volkskunstmuseum

124 Doppeldose mit Ritzornamenten, Herkunft unbekannt, wahrscheinlich 19. Jh.
Wien, Österreichisches Museum für Volkskunde

125 Kästchen, Finnland, vermutlich um 1800, Flachschnitzerei, florale Motive
Helsinki, Nationalmuseum

126 Maultrommelschuh, Innsbruck, 18. Jh., Zirbelholz, Löwenkopf als Griff, H 6,5 cm
Innsbruck, Tiroler Volkskunstmuseum

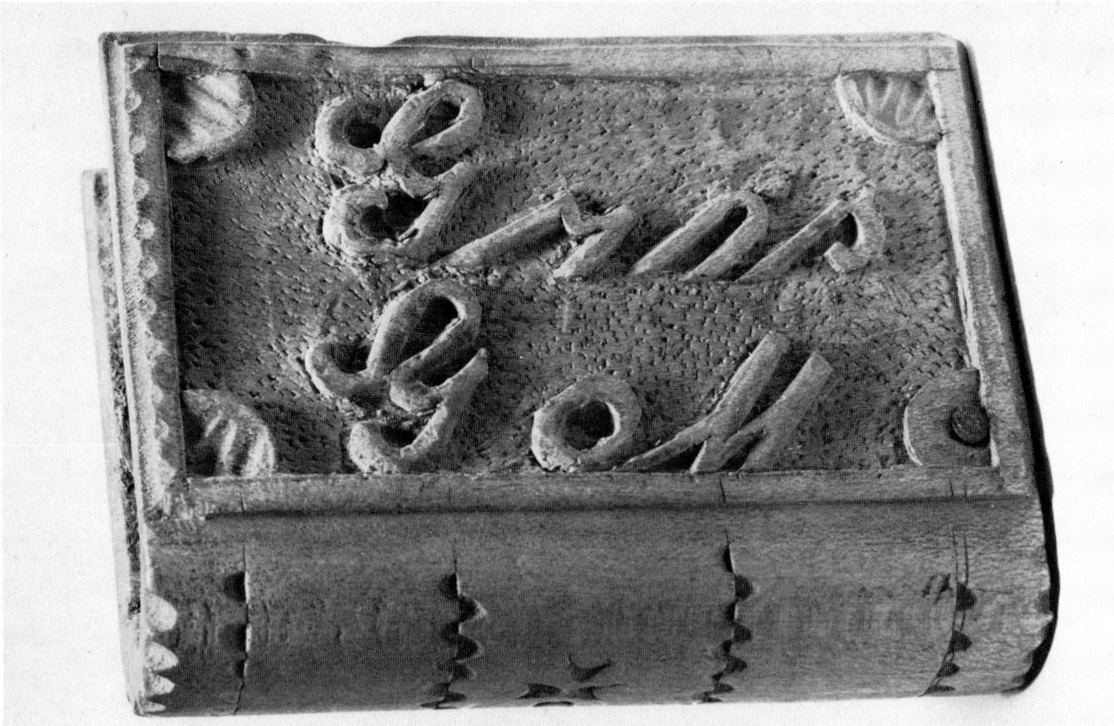

123 △

124 ▽

125 △

126 ▽

127 Godendosen aus der Viechtau,
Salzkammergut/Österreich, 19. Jh.
Ried i. Innkreis, Heimatmuseum

128 Maultrommelbehälter
in Form eines Damenschuhes, Hartholz,
reiche durchbrochene Kerbschnitzerei,
an den Fersen drei Figuren, Deckel fehlt
Innsbruck, Museum Ferdinandeum

129 Spanschachtel, Berchtesgaden/Oberbayern,
19. Jh., viereckige Form,
auf rotem Grund weiße und gelbe Tüpfelblumen,
auf dem Deckel Stern mit IHS
Berchtesgaden, Heimatmuseum

127 △

129 ▽

128 △

130 Becher, russisch, 19. Jh., mit einer Teeszene
Moskau, Staatliches Historisches Museum

131 Spanschachtel, Berchtesgaden/Oberbayern, 19. Jh., mit eingerichteter Kreuzigungsgruppe
Berchtesgaden, Heimatmuseum

132 Spanschachtel mit Schnappverschluß (»Klob«), Schleswig-Holstein, vermutlich 19. Jh.
Schleswig, Schleswig-Holsteinisches Landesmuseum Schloß Gottorf

130 △

132 ▽ 131

133 Schatulle, Sachseln, Kt. Obwalden/Schweiz, 18. Jh., Buchenholz, bemalt,
innen durch Querwände in vier Teile geteilt, davon drei mit Deckel;
bunte Temperamalerei auf Kreide- und Wismutgrundierung, Stadtansichten,
H 9,5 cm, B 22,5 cm, T 15,5 cm
Basel, Schweizerisches Museum für Volkskunde

134 Kabinettschränkchen, Nordschweiz, Mitte 17. Jh., bunte Temperamalerei auf Kreide- und Wismutgrundierung,
mit allegorischen Darstellungen von acht Tugenden, im Innern sechs kleine und große Schubläden, H 22,8 cm, B 33,8 cm, T 23 cm
Basel, Historisches Museum

135 Lichterkasten,
vermutlich Blankenese/Hamburg, um 1800,
H 16,3 cm, B 38 cm, T 11,5 cm
Altonaer Museum in Hamburg

136 Brautschaff, Oberösterreich, 1816,
Nadelholz, H 32 cm, Ø 33 cm
Nürnberg, Germanisches Nationalmuseum

137 Brautschaff, Oberbayern, Anfang 19. Jh.,
Bänder mit Schrägstreifenornament
in wechselnden Farben, dazwischen Blumendekor,
H 20 cm, Ø 80 cm
Ruhpolding, Heimatmuseum

138 Brautschaff, Oberbayern, 18. Jh.,
verwendet beim »Hennertanz« am Polterabend,
bemalt mit Reihenzierat in den Farben Rot, Blau
und Gelb
Ruhpolding, Heimatmuseum

139 Brautschaff, Alpachtal, Tirol/Österreich,
Ende 18. Jh., auf gebeiztem Blankholz in dunklem
Grün und Rot mit weißen Höhungen bemalt,
Jagd- und Almszenen, Henkel mit bemaltem
Doppeladler
Wien, Österreichisches Museum für Volkskunde ▷

140 Spazierstock, deutsch, 18. Jh.,
Knauf plastisch geschnitzt:
drei Männerköpfe und Mann mit Oberkörper, einen bärtigen Kopf im Arm haltend, L 116 cm
Marburg, Universitätsmuseum

141 Gehstock, Oberbayern, 19. Jh. (?),
auf dem plastisch geschnitzten Griff ein angreifender Hund
Starnberg, Städtisches Museum

142 Spazierstockknauf, ostdeutsch, 19. Jh.,
plastischer Männerkopf mit Hut
Dresden, Staatliches Museum für Volkskunst

143 Gehstock, ostdeutsch, 18./19. Jh. (?),
am Bogengriff plastischer Hundekopf,
Halsband und an den Astansätzen Zinneinlagen
Dresden, Staatliches Museum für Volkskunst

144 Spazierstock, ostdeutsch, 19. Jh.,
Bogengriff mit zwei plastischen Tierköpfen
Dresden, Staatliches Museum für Volkskunst

145 Hirtenstäbe,
links: Siebenbürgen/Rumänien, 1969,
Espenholz, L 143 cm;
rechts: Moldau/Rumänien, 20. Jh.,
Kirschenholz, L 137 cm;
mit Kerbschnitzereien, als Wanderstab und als Knüppelwaffe zur Abwehr der Wölfe verwendet
Basel, Schweizerisches Museum für Volkskunde

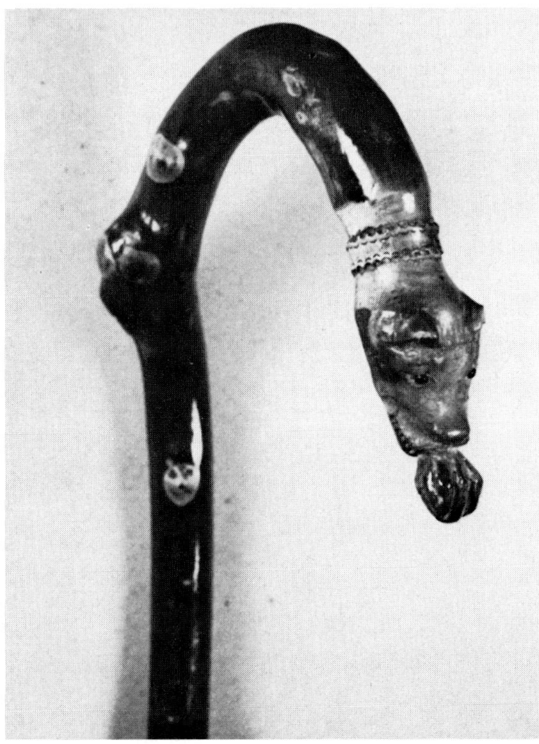

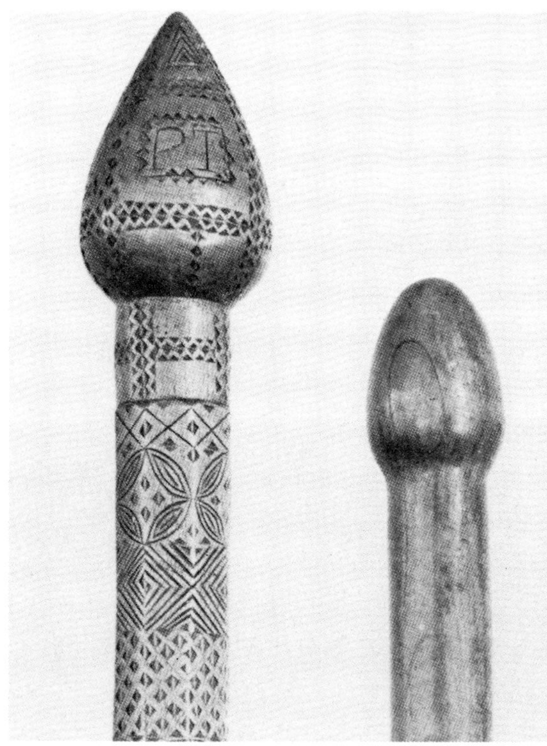

146 Holzschuhe (»Escolts«), Ayet, Tal von Bethmale, Ariège/Frankreich, 19. Jh., Buchenholz, mit Kupfernägeln beschlagen, die weit hochgezogenen Spitzen aus Baumwurzeln geschnitzt, ein Geschenk des Verlobten an sein Mädchen: je länger die Spitze, desto größer die Liebe, L 27 cm, H 33 cm, B 10 cm
Paris, Musée des arts et traditions populaires

147 Detail eines Schäferstockes, Lagrand, Hautes-Alpes/Frankreich, Knauf als plastischer Männerkopf, H 6 cm, L 101 cm
Paris, Musée des arts et traditions populaires

148 Haubenstock, Salzkammergut/Österreich, 18./19. Jh., farbig gefaßt, H 30 cm
Linz, Oberösterreichisches Landesmuseum

149 Haubenständer, Starnberg/Oberbayern, 18./19. Jh., auf ein Kästchen mit Schublade montiert, Ständer reich beschnitzt, oben sich überschneidende Brettchen, H 33 cm
Starnberg, Städtisches Heimatmuseum

150 Haarpfeil, Zisers/Schweiz, 1803, Hartholz, Initiale H, Hauszeichen und Datum, Kerbschnittdekor, L 19,5 cm
Chur, Rätisches Museum

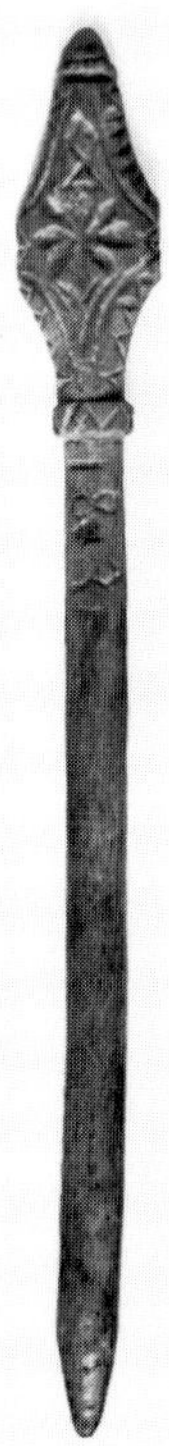

151 Haubenständer, Starnberg/Oberbayern, 18./19. Jh., vier sich kreuzende Brettchen, Unterbau mit drei Schubladen, farbig gefaßt in Grün und Rosa, die unteren Schubladen in Blau, H 36 cm
Starnberg, Städtisches Heimatmuseum

152 Haubenständer, Oberammergau/Oberbayern, vermutlich 19. Jh.
Oberammergau, Heimatmuseum

153 Ständer für Männerhut, Innviertel/Österreich, 18./19. Jh.
Ried i. Innkreis, Heimatmuseum

154 Taschenuhrenhalter,
Oberammergau/Oberbayern, Ende 18. Jh. (?),
Zwergengestalt in zeitgemäßer Kleidung,
aufgerissener Mund als Öffnung für die Uhr
Oberammergau, Heimatmuseum

155 Taschenuhrenhalter,
Oberammergau/Oberbayern, 18. Jh.,
am Fuß des Gott Chronos mit Sanduhr,
Rokoko-Ornamente
Oberammergau, Heimatmuseum

156 Taschenuhrenhalter,
Oberammergau/Oberbayern, Anfang 19. Jh.,
am Fuß des Gehäuses kauernder Jüngling
Oberammergau, Heimatmuseum

157 Taschenuhrenhalter,
St. Ulrich, Südtirol/Italien, um 1800,
Zirbelholz, weiß-gold gefaßt,
pfeiferauchender Türke an das Gehäuse gelehnt
(Pfeife fehlt), H 23 cm
Innsbruck, Tiroler Volkskunstmuseum

154 △

155 △

156 △

157 ▽

158 ▽

159 ▽

Zu Seite 76:
158 Taschenuhrenhalter,
Oberammergau/Oberbayern, Anfang 19. Jh.,
Empire-Ornamente
Oberammergau, Heimatmuseum

159 Taschenuhrenhalter,
Insel Föhr/Schleswig-Holstein, Ende 18. Jh. (?),
Eichenholz, flache Reliefschnitzerei:
Akanthusranken, Engel, Vögel,
farbig gefaßt, grünblau, schwarzblau, rot, gelb,
weiß, H 25,6 cm, B 20,7 cm, T 5 cm
Flensburg, Städtisches Museum

160 Tablett, norddeutsch, Ende 18. Jh.,
Eichenholz, mit floralen Motiven beschnitzt,
Griffe durchbrochen, Patengeschenk zum
Überreichen der Erstlingswäsche,
H 6 cm, B 30 cm, L 41 cm,
Bremen, Focke-Museum

161 Blumenbank, Schwalm/Hessen,
vermutlich 19. Jh., Durchbruchsarbeit,
geschnitzte Tiere als Konsolen
Holzburg/Hessen, Dorfmuseum

162 Präsentierbrett,
Insel Föhr oder Halligen/Nordfriesland, 1774,
Nadelholz, auf blaugrauem Grund Blumen in
Rot, Gelb und Weiß gemalt, Seitenteile geschnitzt,
50 auf 32 cm, Bodenbrett 40 auf 23,5 cm
Altonaer Museum in Hamburg

163 Blumenkrippe,
Innviertel/Österreich, vermutlich 19. Jh.
Braunau, Heimatmuseum

160 △

162 △

161 ▽

163 ▽

164 Ewiger Kalender, Deckelseite, Pfronten im Allgäu/Bayern, 16./17. Jh., sieben Holztafeln sind mit einem Lederriemen zu einem Buch gebunden, eingekerbt: Georg Reychart von Pfranten, 7,7 auf 19,7 cm Berlin, Museum für Deutsche Volkskunde

165 Ewiger Kalender, wie Abb. 164, Detail: Auf jeder Tafelseite ist ein Monat mit den wichtigsten Heiligentagen eingekerbt, Kerben rot oder schwarz gefärbt; März mit St. Gertraud am Spinnrocken (Abschluß des winterlichen Spinnens) und Maria Verkündigung, April mit Ritter Georg (Jerg) und dem Drachen

166 Bauernkalender in Stabform, Kärnten/Österreich, 17. Jh. Immerwährender Kalender, die beweglichen Festtage sind nicht berücksichtigt, die Symbole kennzeichnen jene Tage, an welchen ein besonders verehrter Heiliger gefeiert wurde. L 47,5 cm, B 4,5 cm, Ø 4,5 cm Klagenfurt, Landesmuseum für Kärnten

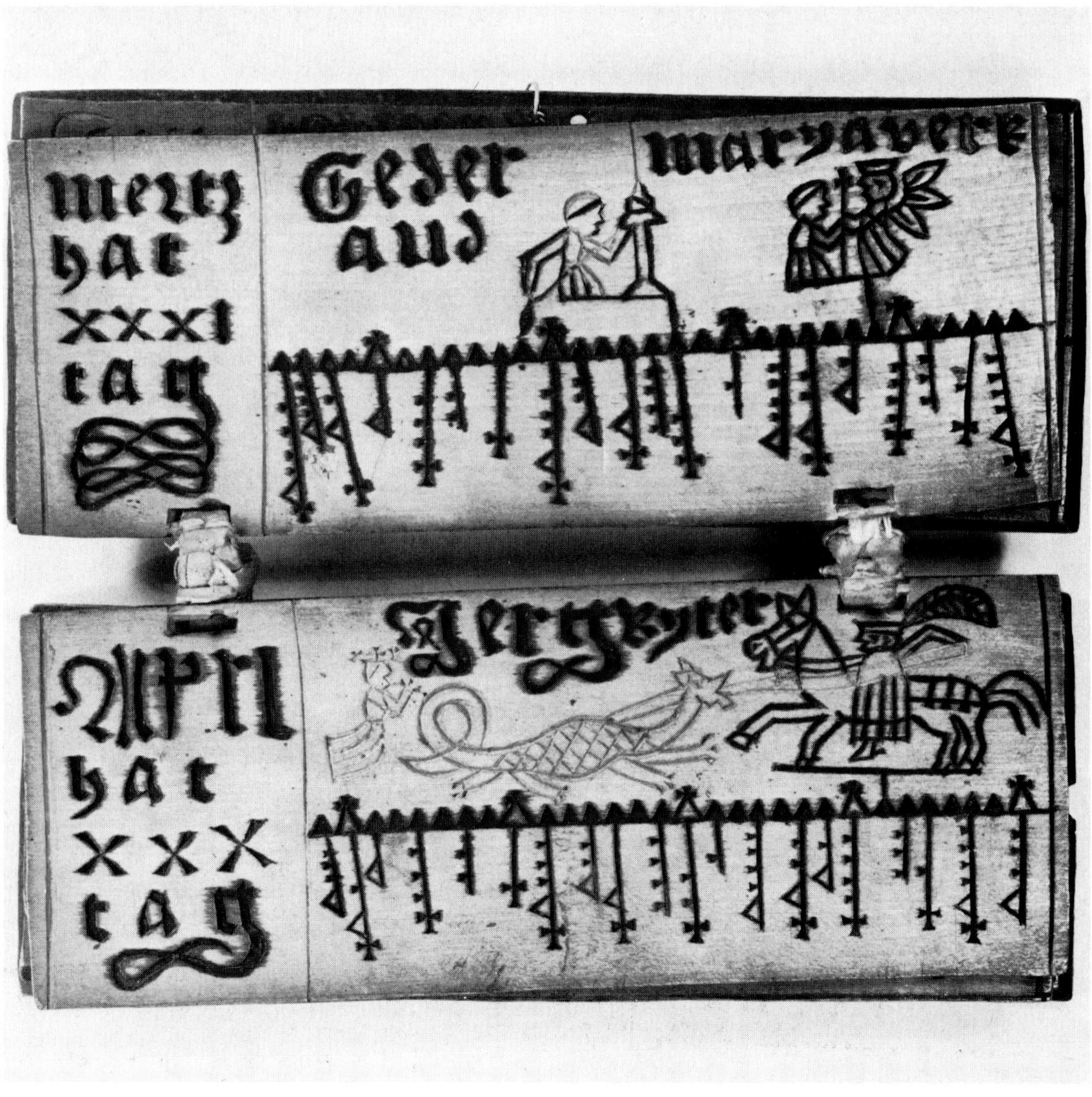

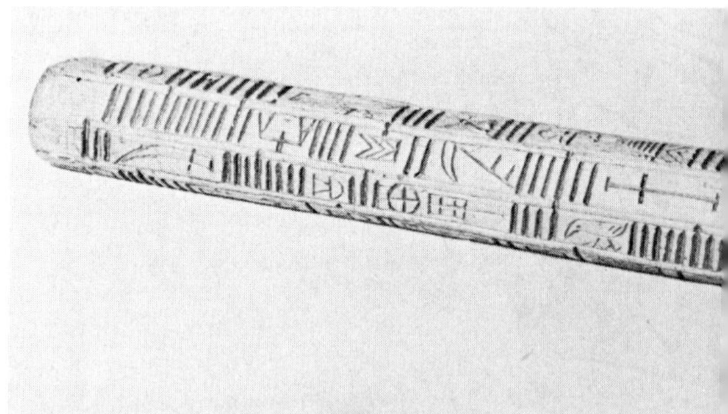

166 △

167 Ewiger Kalender, wie Abb. 164 und 165, Detail: November mit den Festen Allerheiligen/ Allerseelen, St. Martin und St.Andreas

168 Kalenderrahmen,
Wetzikon, Kt. Zürich/Schweiz, 1691,
Rahmen durchbrochen, figürliche Schnitzereien,
H 42,5 cm, B 31 cm
Basel, Schweizerisches Museum für Volkskunde

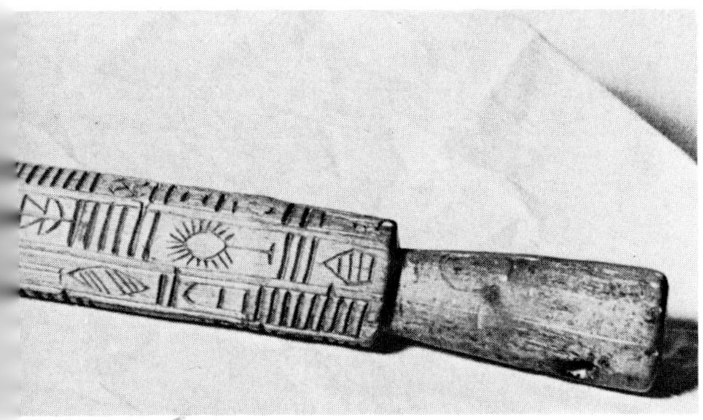

167 ▽

169 Holzschuhe,
Insel Marke/Niederlande, 19. Jh. (?),
Zirkelschlagornamente in Kerbschnitt,
L 33 cm
Arnheim, Het Nederlands Openluchtmuseum

170 Stiefelzieher,
Tirol/Österreich, 19. Jh. (?),
Buchenholz mit geschnitztem Schuppendekor,
L 36 cm
Innsbruck, Tiroler Volkskunstmuseum

171 Spannstiefel, Sachsen/DDR, 19. Jh.,
zum Verstellen der Länge
Pegau, Heimatmuseum

172 Schuhleisten, Sachsen/DDR,
vermutlich 19. Jh., für spitze Damenschuhe
Leisnig, Heimatmuseum

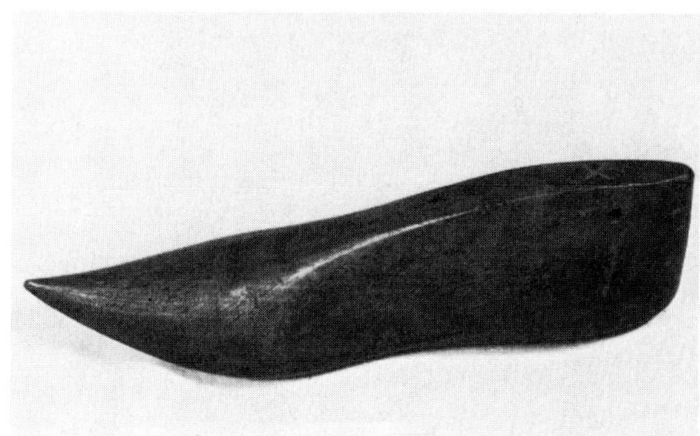

Zu Seite 81:
176 Pferdeholzschuhe,
Niedersachsen, 19./20. Jh., (»Pärschau«)
zum Arbeiten im Moor, L 27 cm, B 18 cm, H 7 cm
Braunschweig, Landesmuseum

173 Wiegenbogen,
Soraga, Fassatal, Südtirol/Italien, 1647,
Detail des ältesten datierten Bogens,
sorgfältige Arbeit von Antonio Brunel;
mit Rundbogenfenstern, durchbrochenen Kreisen (Trichter) und Kerbschnitt-Zierat
Bozen, Stadtmuseum

173 △

174 △

175 ▽

176 ▽

174 Wiegenbogen,
Fleimstal, Südtirol/Italien, 1734,
reich geschnitzt: Sonnenräder, Sechssterne,
Monogramm, H 37,5 cm, B 12 cm
Innsbruck, Tiroler Volkskunstmuseum

175 Gänseholzschuh,
Hof Velmelage, Nortrup/Niedersachsen, 19. Jh. (?),
Eiche, angelegt bei sumpfigem Gelände,
L 12 cm, B 7 cm, H 2 cm
Cloppenburg, Freilichtmuseum

177 Kinderrutsche (Sitzkasten), Luzern/Schweiz, vermutlich 18. Jh., Nußbaum, kann liegend und stehend verwendet werden, H 50,5 cm, B 34 cm, T 68 cm
Nürnberg, Germanisches Nationalmuseum

178 Schulkasten, Norddeutschland
Anfang 19. Jh., Fichte bemalt
Bremen, Focke-Museum

177 △

178 △

179 ▽

180 △

181 ▽

Zu Seite 82:
179 Kinderlaufstuhl,
Sent, Kt. Graubünden/Schweiz, 1792,
bemalt mit Vögeln und Blumen,
H 33,5 cm, ∅ 44 cm
Basel, Schweizerisches Museum für Volkskunde

180 Kästchen für Griffel,
Berchtesgaden/Oberbayern, 1723,
Kerbschnittverzierung, H 7 cm, B 12,5 cm, T 6 cm
Berchtesgaden, Heimatmuseum

181 Griffelbüchsen,
Schleswig-Holstein, um 1880,
mit Klebebildern und Rillenverzierung,
L 23,2 cm, ∅ 3 cm und L 19 cm, ∅ 2,8 cm
Altonaer Museum in Hamburg

182 Schultasche, Ostfriesland, vermutlich 19. Jh.,
Kiefernholz, Bemalung polychrom,
L 43 cm, B 22 cm, T 9 cm
Cloppenburg, Freilichtmuseum

183 Schulkasten, Niederlande, 19. Jh.,
Eiche, Hohlschnitt, flache Reliefschnitzerei,
farbig gefaßt, vorwiegend in Rot,
H 35,5 cm, B 19 cm
Arnheim, Het Nederlands Openluchtmuseum

184 Meisenkäfig,
Starnberg/Oberbayern, 17. Jh. (?),
Zylinderform mit spiraligem Aufgang im Innern,
H 55 cm, Ø 18 cm
Starnberg, Städtisches Heimatmuseum

185 Vogelbauer,
Oberammergau/Oberbayern, 19. Jh.,
aus geschälten Haselstrauchästen hergestellt
Oberammergau, Heimatmuseum

186 Vogelhaus, fränkisch, 19. Jh.,
Haus mit zwei balkonartigen Vorsprüngen,
Durchbruchsarbeit und Flachschnitzerei
Hersbruck, Deutsches Hirtenmuseum

Wirtschaften

Speisenbereitung und Vorratshaltung

Krautschneider und Krauthobel

Das Rohmaterial, das aus dem eigenen Anbau oder über den Markt in den Haushalt gelangte, mußte aufbereitet und verwahrt werden. Zweckdienliche Geräte und Gefäße halfen, den Vorgang des Säuberns, Hackens, Schneidens, Stoßens, Schälens usw. auszuführen.

Die Gruppe der Schneidgeräte gehört vorwiegend dem Metallwerk zu, doch findet das Holz als Zweitmaterial für den Rahmenbau häufig Verwendung. Im Fletz, d. i. der Raum hinter der Haustür, oder in der Diele stand neben Truhen und mancherlei Arbeitsgerät für Haus und Hof auch der Krautschneider. Das drei- bzw. vierbeinige Gestell war mit hochgezogenen Seitenbrettern oder mit einem völlig geschlossenen Aufsatzladen versehen. An einer Schmalseite konnte man ein etwa 50 cm langes, an einem Gelenkband befestigtes Messer zum Schneiden auf und abbewegen. Verarbeitet wurden sämtliche Krautsorten, also hauptsächlich Weiß- und Blaukraut, aber auch Rüben. Jahrhundertelang war das haltbar gemachte saure Faßkraut das wichtigste Gemüse Europas und eines der Hauptnahrungsmittel an Sonn- und Werktagen.

Der Krauthobel, vielerorts bis zum Zweiten Weltkrieg im Gebrauch, besteht aus einem massiven, seitlich durch Leisten verstärkten Brett, in dessen Mitte ein scharfes Messer eingelegt ist. Die Krautköpfe wurden mit Hilfe eines Kastens rasch über die Schneide hin- und herbewegt. Dieser Kasten lief auf beiden Seiten des Brettes in Schienen und wurde mit einem Griff geführt. Meist war auch noch ein Aufsatz für Salz angebracht, das man von Zeit zu Zeit über das »gezettelte«[1] Kraut streute. Der Krauthobel wurde quer über das Faß gelegt; an seiner Unterseite befanden sich Zapfen, die ein Abrutschen verhindern sollten.

Neben Kraut im engeren Sinn (Kohl) schnitt man mit diesen Geräten auch alle möglichen anderen »krautigen« Pflanzen in gerolltem bzw. gebündeltem Zustand, z. B. selbstgebauten Tabak. Verschiedene Arten von einheimischen Tees wurden von Frauen und Kindern in Wald und Flur gesammelt. Die Männer befaßten sich damit, Geräte für die Aufbereitung auszudenken und herzustellen; diese ähnelten sehr den Krautschneidern. Als Beispiel sei ein Teeschneider angeführt, der im Heimathaus Obernberg/Inn (Österreich) aufbewahrt wird: Auf einen viereckigen Rahmen (Seitenlänge 30 cm, Höhe 30 cm) ist eine trichterförmige Schütte montiert, die den Rohstoff aufnimmt. Das Messer wird durch eine Handkurbel bedient. Das einfache Gerät ist 1832 datiert. Nach dem gleichen Konstruktionsprinzip ist auch die »Gsott- oder Häcksel-Bank« gebaut. Sie diente zum Kleinschneiden von Heu und Stroh für das Viehfutter (Abb. 208).

Brotschneider

Das Brotbacken erfolgte früher nur alle paar Wochen, oftmals sogar im Abstand von Monaten. Manche Bergbauern im Alpengebiet pflegten nur zwei- bis dreimal im Jahr zu backen. Man kann sich vorstellen, wie hart dieses Brot die meiste Zeit war; besonders alte Leute vermochten es nur in kleinen Stücken oder in aufgeweichtem Zustand zu genießen. Man benützte eigene Brotschneider (»Brotgrammeln«, »Grombeln«), die – in einfacher Ausführung – heute noch auf den Südtiroler Bauernhöfen anzutreffen sind. Sie lassen sich bis ins 15. Jh. zurück nachweisen. Ein starkes Messer ist mit der Spitze an einer Brettunterlage befestigt[2]. Durch Hebelkraft wird das Brot beim Niederdrücken zerkleinert. Damit die harten Stücke und Brösel nicht wegspringen können, ist rings um das Brett an drei Seiten eine Art Wall aus Holz errichtet; dieser kann auch durch ein gewölbtes Deckbrett geschlossen sein (Abb. 211). Die Länge der Schneide liegt zwischen 30 und 40 cm, die Gesamtlänge zwischen 40 und 70 cm. Zweckmäßig erschien es, die Grombel fest mit der Unterlage (Tisch) zu verbinden; manches Mal wurde sie auch nach dem Gebrauch an die Wand gehängt.

Das Oberteil, also die Schmalseite, an der die Messerspitze befestigt ist, weist häufig Ornamente auf; bei Objekten aus dem 18. Jh. sind dies meist halbplastische Ranken und Schnörkel (Abb. 209, 210). Auch das abdeckende Oberteil des Brotschneiders ist hin und wieder Gegenstand der Zierfreude. Geräte, die sich in Museumsbesitz befinden, werden häufig auch als Zucker- oder Tabakschneider bezeichnet und haben möglicherweise diese Sekundärfunktion ausgeübt.

Wie beim Krautschneider gab es auch zum Aufschneiden des Brotes die Form des Hobels. Der alpenländische »Brotschnittlschneider« z. B. ist ein kleines Handgerät (Länge 15 cm, Breite 8 cm) aus Holz, in dessen Mitte ein scharfes Messer flach eingespannt ist. Man benötigte es in erster Linie zum Schneiden der dünnen Scheiben für die Brotsuppe.

Apfelquetsche und -schäler

Von gleicher Bauart wie der Brotschneider ist das »Apfelmesser« aus Holz: Ein rechteckiges oder rundes Brett mit kleiner Mulde dient als Untersatz; am Rand ist die »Klinge« in einem Gelenk befestigt. Das mit einem Griff versehene Holzmesser kann nach unten verjüngt, also wie eine Schneide gestaltet sein, und dient dann zum Schaben des Obstes; es kann aber auch von gleichbleibender Stärke (etwa 1 cm) sein und ist in diesem Falle als Quetsche zu bezeichnen.

Das Gerät scheint nur landschaftliche Geltung zu besitzen: In der gesegneten Obstgegend Oberösterreichs wird es vorwiegend zum Herstellen eines rohen Obstmuses für alte Leute und Kinder verwendet. Gelegentlich muß es auch als Zwiebelquetsche in der Küche herhalten. Brettrand, Griff und Messerrücken sind manchesmal mit Rillen oder Zickzackbändern verziert.

Dem erfindungsreichen 19. Jh. gehören Apparate an, die das Schälen von Äpfeln, Kartoffeln usw. maschinell zu erleichtern suchten. Sie können an einer festen Unterlage angeschraubt werden. Die zu schälende Frucht wird eingeklemmt, das von einer Kurbel bediente Schälmesser dicht unter der Oberfläche herumgeführt (Abb. 216).

Mörser, Stampfe

Das Zerkleinern mit dem Messer genügte nicht immer für die Aufbereitung der Rohprodukte: Stampfgeräte und Mühlen übernahmen die Weiterverarbeitung. Seit Jahrtausenden spielen sie bei allen indogermanischen Völkern eine große Rolle[3]. Viele Gewürze, die man heute pulverisiert kauft, z. B. Paprika, Pfeffer, Zimt, mußten ehedem aus den Pflanzen bzw. ihren Früchten erst mühevoll gewonnen werden. Wenn die ausländischen Gewürze zu teuer kamen, nahm man den einheimischen Kräutergarten zu Hilfe, zerrieb z. B. Pfefferkraut, Liebstöckl, Majoran, Zitronenmelisse, Zwiebeln. Dazu bediente man sich gern hölzerner Mörser und Stößel, die den Eigengeschmack des Gewürzes nicht beeinträchtigten. Mandeln, die man zu der bereits im Mittelalter sehr beliebten Mandelmilch oder auch zu Mandelbutter (besonders in der Fastenzeit, wo tierische Produkte verboten waren) brauchte, wurden erst zerstoßen, ebenso gekochte Erbsen, die man zu vielerlei Speisen in feinkörnigem Zustand benötigte. Alten Kochbüchern ist zu entnehmen, daß auch solche Lebensmittel, die wir heute weitgehend in ihrer natürlichen Form verzehren, wie Gemüse, Obst, Wild, Fisch, klein gestoßen und zu Brei, Teigfülle oder Wurst verarbeitet wurden. Ein Grund für diese Zerkleinerungspraxis mag u. a. die mangelnde Zahnprothetik gewesen sein; es scheinen aber auch magische und volksreligiöse Vorstellungen eine Rolle gespielt zu haben. Die Auffassung, daß dem Sinnbild die gleiche Kraft zukomme wie dem Urbild, hat dazu geführt, Speisen in Form und Farbe etwa Tieren nachzubilden, deren Kräfte man in sich aufnehmen wollte: Das Reh galt als besonders munter und lebensstrotzend, Rehfleisch als sehr gesund. Um auch an Fasttagen nicht auf diese »heilvolle« Speise verzichten zu müssen, formte man einen teigartigen Ersatz zu einem »Rehbraten«. Die Nachbildung von Geschlechtsteilen sowie der gefüllte Krapfen sollte besonders beim Hochzeitsmahl auf Fruchtbarkeit hinweisen usw. Außerdem spielte die von dem griechischen Arzt Galen ausgehende Gesundheitslehre von den vier verschiedenen Säften oder Elementareigenschaften bis in die Neuzeit herein eine Rolle: man machte die Dinge möglichst klein, um sie gründlich und im zuträglichen Verhältnis mischen zu können. Man zerstieß nicht nur Gewürze und Feldfrüchte, sondern auch Fischköpfe, Schwänze, Gräten, Knochen, Drüsen usw.

Gerste, bereits bei den indogermanischen Stämmen das Hauptgetreide, diente im Mittelalter zur Herstellung von Brot und Grütze und gehörte bis in unsere Zeit zum Speisenplan der bäuerlichen Bevölkerung. »... die Gerstensuppe war auf dem Lande an vielen Orten bis vor kurzem die übliche Sonntagssuppe, in der das Schweinefleisch gekocht wurde[4].« In den meisten Höfen gab es Stampfen zum Enthülsen der Gerste und anderer Getreidesorten, z. B. der Hirse, des Buchweizens.

Zur Herstellung des Mörsers genügte der Klotz eines Baumstammes, den man aushöhlte und aufrecht stehend verwendete. Das ist jedoch einfacher gesagt, als ausgeführt. »Wie Holzmörser in alter Zeit hergestellt wurden, kann man heute noch [1907] in Ungarn lernen. Die Höhlung wird mit Glut, Zündschwamm, heißen Steinen, bei großen Mörsern mittels glühend gemachter Kugeln hergestellt und dann mit Messern ausgekratzt und weiterhin geglättet[5].« Ein ähnliches Herstellungsverfahren kannte man in Lettland: »Man nimmt einen Kiefern- oder Tannenklotz und beginnt das Auskratzen mit einem Instrument aus Eisen. Dann wirft man eine glühend gemachte alte Kanonenkugel oder den glühend gemachten Kopf eines Wagenbolzens in die Vertiefung und überläßt diesen das weitere Ausbrennen der Höhlung[6].« Nach dem Verwendungszweck bemaß sich die Größe des Gerätes: Zum Stampfen von Gerste und Mohn verwendete man tischhohe Mörser (90–120 cm), für Gewürze wesentlich kleinere (Abb. 221, 222). Gewürzmörser können mit verschiedenen Innenkammern ausgestattet sein, die durch Zwischenböden getrennt sind. Die Größe dieser Behältnisse richtet sich oft nach einem festgelegten Gewürzmaß. Die Getreidestampfen besaßen meist einen Deckel, der verhinderte, daß die Spreu herumfliegen konnte. In den Boden des Gefäßes schlug man flachköpfige Nägel oder auch spitze, oben flache Steine, um eine größere Härte zu erreichen. Auch der oft mannshohe Stößel war unten mit Nägeln beschlagen oder mit gerilltem Eisenblech ummantelt. Bei den etwas leichteren Hirsestampfen befand sich am Boden ein Loch zum Entleeren, das während der Arbeit verpflockt war. In Dörfern, in denen nur für den Eigenbedarf eine geringe Menge Hirse angebaut wurde, gingen solche Stampfen reihum[7].

Das Stampfen der Gerste und Hirse wurde von Reimen und Liedern rhythmisch begleitet; solche Arbeitslieder sind oft sehr alt und leben noch in Kinderspielen weiter. Das folgende aus Graubünden zeugt von der Verbundenheit mit den Holzgeräten:

»Gigampfe,
Gerschtenstampfe.
Wo ischt dr Ma?
In Wald us.
Was tuät er im Wald?
Stögg umhaue.
Was git' s us em Stagg?
E guäte, guäte Bodehagg[8].«

In Gebieten mit bedeutendem Mohnanbau, z. B. in Tirol, Niederösterreich u. a., wurden eigene Mohnstampfen (»Mognstampfen«, »Mohnarbeln«) gebaut. Sie wirken klobig und altartig[9]. Die erhaltenen Objekte reichen nicht über das 16. Jh. zurück. Ihre Außenfläche ist vielkantig. Eine dreifache waagerechte Gliederung ist gegeben durch ein vorkragendes Kopfteil, einen schmaleren, meist konvexen Mittelzylinder und ein etwas breiteres Fußstück (Abb. 218). Während die Mohnstampfen als hohe Zylinder mit relativ enger Bohrung gearbeitet sind, ist ein anderer Typus niedriger und weist eine weite Stampfhöhlung auf: In ihm wurden Leinsamen, getrocknete Kräuter, Knoblauch, auch Wacholderkraut und die Sommerschosse von Alpenrosen (schweiz. »Cläck«, als Viehfutter) aufbereitet[10]. Etwas größer als die Gewürzmörser waren die Salzstampfen, in denen man die Steinsalzbrocken zu gebrauchsfertigem Salzmehl umwandelte.

Kleinere Mörser verzierte man gerne mit gedrechselten Rillen und Wülsten, größere mit Kerbschnitt-Reihenmustern. Am Stößel, der als aktiver, zustoßender Teil des Gerätes anthropomorph ausgedeutet ist, finden sich hin und wieder am oberen Ende Hinweise auf geschlechtliche Vorstellungen (Mannsgestalt). Meist ist nur eine keulenartige Verdickung zu verzeichnen.

Mühle

Neben der uralten Technik des Zerstoßens steht die ebenfalls aus der Frühzeit der Menschheit stammende des Zerreibens und Mahlens[11]. Man kennt sehr alte Bildquellen von Holzmühlen aus der Wasserkultur und dem Müllergewerbe; wann Mahlgeräte in den Haushalt aufgenommen wurden, wissen wir nicht. Mittelalterliche Rezeptarien und frühe Kochbücher (14./15. Jh.) führen zwar häufig den Mörser an, nicht aber die Mühle. Mehrere Objekte haben sich aus dem 16. Jh. erhalten.

Die alten Gewürzmühlen bestehen häufig aus einem geschnitzten oder gedrechselten Holzgehäuse, das mit Metall umkleidet sein kann und Deckel und Kurbel besitzt. Die Drehkurbel, oft mit einem gedrechselten Holzgriff versehen, hin und wieder auch ganz aus Holz, endigt im Mühlenhohlraum in einer Mahlkugel, die entweder schaufelartig geformt ist oder kleine Zacken und Rillen besitzt: Durch die feine Spalte zwischen Kugel und Wandung fällt der Gewürzstaub nach unten. Die Innenwand des Gehäuses ist mit aufgerauhtem oder gerilltem Eisenblech beschlagen. Die einfachen Hirsemühlen (»Pfennichmühlen«), wie man sie noch um 1900 in der Steiermark benützte, besaßen angerauhte hölzerne Mahlflächen. Die Hirse darf nämlich beim Enthülsen weder mit steinernen noch mit eisernen Mahlflächen in Berührung kommen, da diese das Korn verletzen würden[12].

Der Mühlenkörper ist würfelförmig oder zylindrisch und mit einer kleinen Schublade bzw. einem Fach versehen. Es gibt auch Behältnisse für Mahlgut mit kreisförmigem Grundriß, die durch Schraubverschluß mit dem Oberteil verbunden sind. Dieses besitzt meistens einen Einfülltrichter oder eine entsprechende Öffnung (Abb. 224, 225).

Kleinere Mengen eines Gewürzes, die nach dem Zerkleinern sofort zur Speisenbereitung Verwendung fanden, zerstieß man rasch im Mörser. Mühlen wurden vorwiegend dort verwendet, wo man einen gewissen Vorrat aufbereiteter Gewürze (etwa für den Gewürz-

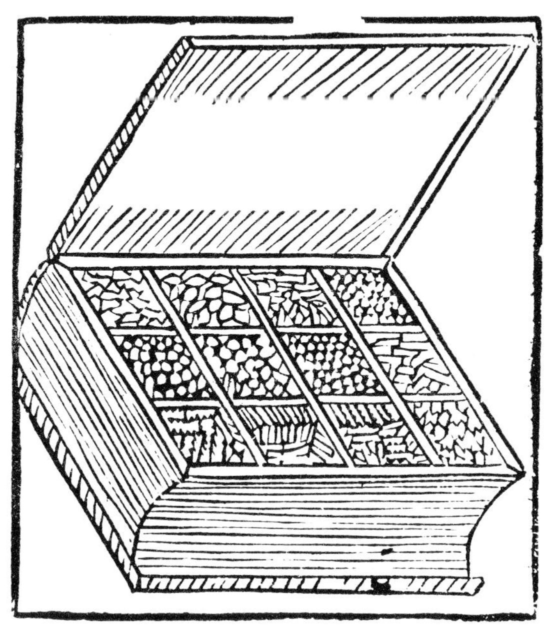

187 Gewürzkasten, Titelblatt von Hans Foltz, Confecct Puch, um 1500

kasten (Abb. 187) schaffen wollte. Auch kleinere Mengen von Hülsenfrüchten und Getreidekörnern wurden in Handmühlen gemahlen. Folgende Anweisung finden wir in Schregers »Speismeister« (Augsburg 1778): »Reiß Mus. Mahle ein halbes Pfund Reiß auf einer Pfeffermühle, sied es mit Milch ...[13].«

Als das Kaffeetrinken aufkam, benützte man wohl zunächst Mörser zum Zerreiben der Bohnen, und dieser Brauch blieb bei urtümlichen Völkern bis in jüngere Zeit. So verwendete man in Bosnien noch in den 20er Jahren einen naturgewachsenen Mörser aus Kirschholz; der in ihm gestoßene Kaffee soll einen viel besseren Mokka ergeben als der durch Metallmörser oder Mühlen gewonnene[14].

Die Kaffeemühlen brachte der Siegeszug des »Türkentrunks« im Laufe des 17. Jh. nach Europa. Sie sind mehr bürgerlicher Provenienz und im Bauernhaus erst spät anzutreffen. Die vorzüglichen, repräsentativen Exemplare sind aus Metall gearbeitet. Die in Holz ausgeführten Kaffeemühlen waren in der Regel von einfacher und zweckmäßiger Bauart und ähneln im Prinzip den Gewürzmühlen (Abb. 223). In den deutschsprachigen Ländern weisen sie selten Verzierungen auf; nur in Frankreich und Holland finden sich Stücke mit farbigem Bildschmuck.

»Caffe-Mühle, Ist ein aus Holtz verfertigtes Instrument, von oben mit einer Leyer und der darzu gehörigen Schraube, von unten aber mit einem Fach und Schubekästlein (worein der klein gemahlene Caffe fällt) versehen, worinnen die gerösteten und gebrandten Caffee-Bohnen klein gerieben und klar zermalmet werden.« (Aus Amaranthes, Frauenzimmer-Lexicon, Leipzig 1715[15].)

Sieb, Seiher

Der Wortgebrauch ist schillernd: Im Süden des deutschsprachigen Raumes versteht man unter »Sieben« das Sondern von gemischten Bestandteilen einer trockenen Masse, z. B. von Getreidekörnern und Hülsen, von groben und feinen Gewürzteilen usw. So wie im Lateinischen »cribrum« ein Siebgerät für Getreide und Mehl bezeichnet, so ist auch im Süddeutschen das »Sieb« nur für die trockene Masse bestimmt, während man für das ausscheidende Durchlassen von Flüssigkeiten den Ausdruck »Seihen« gebraucht. In Norddeutschland gilt »Sieben« umfassender für alle scheidende, aussondernde Betätigung. Man kennt dort also ein Sieb zum Durchpassieren von Breien, zum Zurückhalten grober Bestandteile bei Suppen und Soßen, aber auch zum Abtropfen von Schmalzgebackenem und Salaten[16].

Für diese Gelegenheiten ist im süddeutschen Sprachraum ein Gerät mit der Benennung »Durchschlag« gebräuchlich. Ganz grobe Dinge kommen in eine »Reiter«; gereitet wird (z. B. Getreide) meist in landwirtschaftlichen Nebengebäuden. Gelegentlich finden sich im 16./17. Jh. auch Kochvorschriften, in denen eine kleine Reiter in der Küche vorkommt: In Staindls Kochbuch (Dillingen 1545) hebt man Schalen und Scheren von ausgekochten Krebsen »fein auff ein reiterlein« und ebenso kommt »ayerschotten« (Quark mit Eiern) »auff ein reutterlin/das er wol auß sincke« d. h. abtropfe[17].

Das Siebmaterial ist vielfältig. Durchlöcherte Ton- und Holzgefäße sind bereits aus prähistorischer Zeit bekannt. Sie wurden aus einem einzigen Material geformt und dann gelocht, wie es bei dem in der Milchwirtschaft gebrauchten »Kaskar« sogar noch vor kurzem geschah. Grobgelochte Geräte oder solche, die nur ein einziges Loch besaßen, konnten mit feinen Seihtüchern versehen werden.

Bei flüssigen Produkten erreichte man die — besonders für Sulzen und Gelees — wichtige Klarheit durch Einlegen von Tüchern aus Wolle oder Leinen. Für bestimmte Zwecke erwies es sich als günstig, die eigentlichen Siebflächen aus einem anderen Material herzustellen als die Wandungen; man setzte sehr dünne Späne oder Draht zu einem Geflecht von der gewünschten Durchlässigkeit zusammen (Siebboden).

Was die Formung der Geräte anlangt, so muß man feststellen, daß der Siebvorgang im häuslichen Bereich kaum gestaltschöpferisch gewirkt hat: Pfanne, Schöpfer, Schüssel, Napf und Schaufel wurden ebenfalls als Siebe nachgebildet. Der Seihlöffel mit halbkugeligem Vorderteil, langem Stiel und Aufhänger genügte für die Zubereitung kleinerer Mengen von Suppen und Soßen. Solche Seihlöffel gab es auch in flacher Ausführung zum Herausnehmen fester Speisebestandteile aus einer Flüssigkeit, z. B. des Fisches aus dem Sud, der »Spätzle« oder »Nocken« aus dem Wasser.

188 Küchengerät, Holzschnitt, um 1500

Kochlöffel, Schöpfer, Quirl

Keines der Küchengeräte ist so sehr zum Sinnbild der »Herrschaft von der Küche aus« geworden wie der Kochlöffel. Alte Darstellungen geben Kunde von Frauen, die dieses Statussymbol »schwingen« wie einen Regentenstab. Die Wichtigkeit des Kochlöffels geht allein schon aus der Tatsache hervor, daß der überwiegende Teil aller Speisen während ihrer Zubereitung einmal gerührt wird. Dies gilt vor allem für die vielerlei Breispeisen, die früher in der Volksnahrung eine hervorragende Rolle spielten. Am Morgen des Hochzeitstages wurde der Braut ein prunkvoller Schaulöffel überreicht als Symbol des neugegründeten Hausstandes.
Um die am offenen Feuer arbeitende Hausfrau vor Hitze und Dampf zu schützen, gab man den Kochlöffeln einen langen Stiel (30–60 cm). Die Laffe konnte rund oder vorne begradigt und kantig sein. Ein Loch in der Mitte der Laffe ermöglichte es, viel Luft in den Teig miteinzuschlagen. Welche Ausdauer einst das Rühren eines Kuchenteiges erforderte, möge anhand eines Beispiels aus dem Salzburger Kochbuch (1719) ersichtlich werden: Nachdem Mandeln und Zucker mit einem starken Kochlöffel vermengt sind, »laß diesen Taig durch ein eigen Mensch wenigstens eine Stunde lang allzeit auf einer Seiten wohl umrühren[18]«.
Beim Schöpfer (»Schapfen«, Schueffen«; »Kelle«) ist die Laffe schüsselartig vertieft. Neben den langstieligen Geräten, die meist zum Schöpfen von Flüssigkeiten dienten, gab es schaufelartige Geräte mit kurzem Griff aus einem Holzblock geschnitzt (Abb. 238). Sie wurden zum Aufnehmen trockener Produkte (Gewürze, Mehl u. a.) benötigt. Es handelt sich dabei um uralte Formen der Bauern- und Hirtenkultur, die über Jahrtausende hinweg ihr Aussehen nicht wesentlich verändert haben. Der meist bogenförmig gekrümmte Griff wurde im 19. Jh. oft mit Namen, Monogramm und Jahreszahl sowie mit sinnbildlichen Schnitzereien versehen. Ausgezeichnet wurde auch die Rückseite des abgeflachten Bodens durch konzentrische Kreise, Rosetten, Monogramm usw. (vgl. Geräte zur Rahmgewinnung S. 104).
Gern nahm die Köchin statt eines Kochlöffels auch einen Quirl (»Sprudler«, »Spredle«, »Faikl«) zur Hand; hauptsächlich aber hatte dieses Gerät die Aufgabe, das in eine Flüssigkeit eingekochte Mehl, Ei usw. zu verteilen. Dazu wurde der Stiel senkrecht gehalten und zwischen beiden Handflächen hin- und hergerollt. Quirle sind oft naturgewachsene Bäumchen, mit gestutzten Ästen, die nur im unteren Teil als Stumpfe belassen sind. Die künstlich hergestellten Geräte bestehen aus einem Rundstab, an dessen einem Ende Schlitze angebracht sind, in die man kreuzweise kleine Brettchen steckt[19]. Auch dünne Holzspäne sind anstelle der Brettchen in Verwendung; sie können zur Form eines durchbrochenen Balles zusammengebogen und befestigt werden (vgl. Käserührer S. 108).
Das Vorkommen der Quirle ist weltweit, die Details durch vielerlei Traditionen mitgeprägt. So wurde beispielsweise durch die Spanier ein Quirl in die mexikanische Küche eingeführt, der dort durch einheimische Schmuckelemente eine typische Erscheinungsform erhielt: »Großen Wert legt die Frau auf einen hübsch geschnitzten Schokoladenquirl. Die Formen dieses kleinen Gerätes sind sehr verschiedenartig, oft außerordentlich reich und mit ein bis drei beweglichen Scheiben zur Erzeugung des Schaumes versehen[20].«

189 Arbeit mit dem Nudelwalger, aus: Meixner, Linzer Kochbuch, 1818

Rollholz (Nudelwalger)

Das Gerät, mit dessen Hilfe man Teig zu flachen Flecken aufbereitet, hat die einfache Grundform einer länglichen Holzrolle (Abb. 189). Es war schon im Mittelalter bekannt, hat aber merkwürdigerweise nie eine feste Bezeichnung erfahren, und noch heute wird dem im Duden angeführten Begriff »Wälgerholz« nur mundartlicher Gebrauch zugesprochen. In dem Wort steckt die indogermanische Wurzel »wer« = drehen, wälzen; verwandt sind lat. volvere und dt. Walze, Woge[21].
In alten Kochrezepten kann man die drolligsten Beschreibungen der Teigbearbeitung mit dem »Wellholz«, »Welgerholz«, »Würgelholz«, »Wölger«, »Walker« usw. antreffen: »welg in, das dünne

pletter daraus werden« (Dorotheenkloster Wien, 15. Jh.); »mangele dunne brede den deich, eyn blat under unde eyn blat over« (Mittelniederdt. Kochbuch, 1450); »lege auf ein pret vnd walgs mit aiern« (obb. Inntal, 16. Jh.); zertreib den teyg mit ein welgerholtz« (Koch und Kellerey, Frankfurt a. M. 1537); zu Anisbrot rührt man Eier, Zucker und Anis, gibt Mehl hinzu »bis man es mit einem runden Holz breit treiben kann« (Ulmer Kochlexikon 1786)[22]. Während in gehobenen Kreisen der Walger vorwiegend zur Bereitung gefüllter Torten und Pasteten herangezogen wurde, brauchte ihn die bäuerlich-kleinbürgerliche Hausfrau vor allem für Krapfen, Nudeln u. a. flaches Gebäck.

Ursprünglich war das Rundholz aus einem Stück gearbeitet, mit oder ohne Handgriff zu beiden Seiten. Eine Ähnlichkeit (eventuell auch Austausch!) besteht mit dem Mangelholz, auf das man die Wäsche wickelte (s. S. 98). Die älteren Hölzer scheinen länger und dünner gewesen zu sein als die jüngeren. Um eine leichtere Beweglichkeit der Rolle zu schaffen, höhlte man sie und steckte eine Eisenstange hindurch, die man an beiden Seiten mit Holzgriffen versah. Es gibt aber auch die Möglichkeit, die Rolle in Seitenbretter einzulassen; ein verbindendes Querteil dient dann zugleich als Handhabe. Seitenteile und Halter können durch Drechselarbeit oder Kerbschnitt verziert sein.

Presse

Es soll hier nicht von den großen Pressen gehandelt werden, die im Weinbau oder in Mostkeltereien eine Rolle spielen. Ihre Preßbäume weisen oft hervorragende volkskünstlerische Gestaltung (Fratzen, Faust, Tierköpfe usw.) auf. Zum Hausgebrauch kannte man kleine, gelegentlich nicht minder schön verzierte und mit Schriften versehene Geräte. Eine Spindel mit verdicktem »Fuß« drückte auf das in einem Trog untergeschobene Obst.

Ein Preßgerät für Leinsamen oder Kürbiskerne bezeichnete man als »Ölkuh«: »Auf einen rund ausgehöhlten Holztrog paßt ein Klotz mit entsprechendem Stempel[23].« Zum Durchpressen von Kartoffeln oder Nudelteig konstruierte man bankförmige Gestelle mit hebel- oder spindelartigen Aufsätzen (Abb. 232). In der Tiroler Bergbauernküche war der »Nudeldruck« zuhause: »... auf einer Bank ist ein hölzernes rundes Kübelchen festgemacht, dessen Boden ein starkes Eisenblech ist; diese runde Eisenplatte ist voll kleiner Löcher. Beiläufig 1½ kg Nudelteig kommt in den Behälter, ein hölzernes Joch wird darüber gelegt, das links und rechts vom Kübelchen auf einem Säulchen aufliegt; eine Schraubenspindel wird durch das Loch gesteckt und zwei Küchenfrauen drehen den Schwengel; ein Hafen ist darunter gestellt ...[24]«.

Erwähnt sei noch ein einfaches Gerät, das nach Art der Nußknacker schlicht aus zwei hölzernen Armen besteht: an einem Ende sind diese verbunden, am anderen lassen sie sich durch Griffe öffnen und zusammendrücken. In eine entsprechend ausgeschnittene Höhlung legt man die halbierte Zitrone (Abb. 233), vergleichbar der Apfelquetsche und Käsepresse.

Trog, Wanne

Neben den aus Naturholz gehöhlten Stampfgeräten, die den stehenden Klotz zum Ausgang haben, gab es für den täglichen Gebrauch auch zahlreiche Behältnisse, die sich auf das liegende, gespaltene Stammholz zurückführen lassen. Der gehöhlte Baumstamm als Boot, als Wassertrog und Viehtränke, als Zuleitungsrinne für Wasser und als Vorratsbehälter scheint Gemeingut der europäischen Sachkultur zu sein. Bereits Vergil (Georgica I/262) erwähnt als Winterarbeit der Bauern das Aushöhlen von Trögen. Bildquellen des Mittelalters und der beginnenden Neuzeit belegen den Formenkreis der steil gehöhlten Tröge und der flachen Mulden oder Wannen in vielseitiger Verwendung. Die Mittelgebirgsländer, vorweg der Bayerische Wald, waren seit dem Mittelalter Herstellungsort solcher Gefäße[25]. Durch Aushacken und Ausbrennen werden sie heute noch am Balkan erzeugt, in Rumänien und Jugoslawien häufig von Zigeunern beschnitzt und verhandelt. Berühmt sind die in der Gottschee (Jugoslawien) gefertigten Holzmulden, die mit Schachbrett-, Ranken- und Banddekor verziert sind. Sie fanden zum Schwingen (Säubern) von Getreide, Mais und Bohnen Verwendung und wurden als Teigmulden, als Traggeräte, als Wiegen und Badewannen für Kinder benützt. Ihrer Vielseitigkeit und Handlichkeit verdanken sie ihre weite Verbreitung[26].

Wannen und Tröge von 1–2 m Länge werden zum Anmachen des Brotteiges heute noch verwendet (Abb. 241). Pappel- oder Zirbelholz sollen besondere Haltbarkeit garantieren.

Auch bei der Wäschebehandlung haben sich derlei Gefäße bewährt: an den schiefen Wänden von Massivholztrögen wusch man z. B. noch Anfang des 20. Jh. in Wien die Wäsche[27], und in Südosteuropa trifft man ab und an waschende Frauen mit Holzwannen am Fluß stehend.

Wasser- und Vorratsgefäße

Große Formenvielfalt zeigen die Gefäße zum Verwahren oder Transportieren von Flüssigkeiten. Ein Teil wird bei der Milchwirtschaft zu besprechen sein. Wasserbehälter gibt es als Fäßchen mit ovalem und rundem Grundriß, regional unterschiedlich ausgeformt und benannt: »Pütrich«, »Wasserlagl«, »Panzen«, »Botsch«, »Wasserputsch«. Auch zylindrische Gefäße mit Trinkstutzen trifft man an. Neben Wasser wurde in den kleinen Fässern auch Schnaps, Met, Most und dgl. für die außerhalb des Hofes Arbeitenden transportiert.

Schaffe zum Wassertragen sind in zylindrischen oder nach oben sich verjüngenden Formen gebräuchlich. Sie wurden an jochartigen Traghölzern, die man über Schultern und Genick legte, transportiert: das breite, gehöhlte Stück über dem Nacken setzt sich in zwei runde Arme nach den Seiten hin fort, wo mit Ketten oder Seilen die Gefäße befestigt werden. Solche Tragjoche kennt man in ganz Europa. Oft sind sie mit Leder gefüttert, auch bunt gefaßt, bemalt oder beschnitzt[28].

Hölzerne Schaffe für Mehl u. a. Nahrungsmittel sind mit einem Deckel versehen, der vielfach mit einer quer durchgesteckten Stange fixiert sein kann. Bottiche aller Größen dienten verschiedenen Zwecken, z. B. dem Verwahren des Sauerkrautes oder der Herbstmilch, die früher täglich gesammelt, durch einen Gärungsprozeß haltbar gemacht und dann zu den vielgegessenen »weißen Suppen« verkocht wurde[29].

Scheibenflasche

Ob die scheibenförmigen Flaschen zuerst in Ton oder in Holz gebildet wurden, läßt sich nicht nachweisen. In beiden Materialien treten sie bereits in der Vorzeit auf, in Kleinasien ebenso wie beispielsweise im Tessin. Bequemer als zylindrische Gefäße ließ sich die Scheibenflasche am Körper tragen; sie wurde daher zum Trink- und Vorratsbehälter aller, die unterwegs waren, der mittelalterlichen Pilger wie der Reisenden des 19. Jh.

Drechsler schufen bereits im frühen Mittelalter ausgereifte Formen, oft mit materialgerechten konzentrischen Zierringen auf der Vorderfläche. Die am Körper getragene Seite war abgeflacht. Ein breiter Stand oder zwei schräggestellte Füße ermöglichten das Abstellen; an einem Seil bzw. Lederriemen konnte die Flasche umgehängt werden. Ein kleiner Hals, der durch Stöpsel oder Schraubdeckel verschließbar war, diente zum Trinken oder Ausgießen[30].

190 Hamburger Milchmädchen, Farbdruck, um 1830

Salzbehälter

Das lebenswichtige Salz hat sich von jeher größter Wertschätzung bei allen Völkern erfreut, hat sie zu zivilisatorischen Anstrengungen und zu kulturellem Wirken bewogen. Da es im Volksglauben und -brauch stark verankert ist, versteht es sich von selbst, daß Verwahrbehälter für Salz in besonderem Maße mit schützenden und abwehrenden Zeichen versehen sind.

Das größte Fassungsvermögen — bis zu einem halben Zentner — unter den im Haus benützten Salzkästen kommt den norddeutschen zu. Die aus Eichenbrettern gefügten Behälter besitzen ein Dach und erinnern an das niederdeutsche Hallenhaus. Den Giebel schmücken neben Kerb- und Flachschnitzereien oft Aussägearbeiten, vorwiegend in Form von Pferdeköpfen. Das Loch zum Füllen und Entnehmen des Salzes auf der Vorderseite ist mit einer runden Klappe abgedeckt, die nicht selten einen Sechsstern trägt[31].

Die hessischen Salzkästen passen sich mehr der Möbelkonstruktion an: Sie sind — wie die Löffelkörbchen (s. S. 14) — den Seitstollentruhen oder Pfostenbetten vergleichbar. Die stark profilierten Ecksäulen und die in sie eingefügten Brettchen weisen an den Schauseiten reiches, streng geometrisches Dekor auf; in manchen Fällen tritt Farbe hinzu.

Überall findet sich aber neben den durch Zierat ausgezeichneten Stücken auch der schmucklose, aus vier Brettern gefügte Kasten, der durch einen etwas nach vorne abfallenden Deckel lose verschlossen ist. Die Rückwand besteht meist aus einem etwas stärkeren Brett, das hochgezogen ist und eine Handhabe bzw. eine Aufhängevorrichtung besitzt. In Süddeutschland kommen außer den vier- oder mehreckigen Kästen auch solche mit halbkreisförmigem Grundriß vor

Salzfässer mit animalischen Nachbildungen konnten sich bei einigen urtümlichen Volksgruppen entfalten: Magyarische Schafhirten trugen ovale, mit Blumenzierat bedeckte Behältnisse mit sich, die in sehr stilisierter Art Rinder oder Schafe darstellten (der gewölbte Deckel als Tierrücken)[32]. In Savoyen schnitzte man aus dem liegenden Block von Zirbelholz Behälter, die eine Henne nachbildeten. Zu der plastischen Ausführung von Kopf und Schwanz und des kugeligen Körpers wurden zusätzlich noch Zirkelschlagrosetten, Pflanzensprosse u. a. angebracht. Diese Art Salzfässer kannte man seit dem frühen 18. Jh. als Eigenart der Hochtäler von Haute-Maurienne und der Tarentaise. Sie wurden neben der Kochstelle am Kamin aufgehängt[33]. Salzbehälter in Vogelform sind weitverbreitet. Man kennt sie in Tirol wie in Osteuropa. Bei den russischen haben sich recht altertümliche Gestalten erhalten; sie weisen oft auf der Brust eine Scheibe mit gekerbten Radornamenten auf[34].

Eine Besonderheit stellen die Südtiroler »Salzkirchln« dar. Wie die niederdeutschen Kästen besitzen sie ein Dach und eine Öffnung auf der Vorderwand (Abb. 296). Der Bestimmung nach lassen sie sich mehr den religiösen Kultgeräten als den Küchengeräten zuweisen: Das in ihnen verwahrte Salz war am Stephaniabend geweiht worden. »Die kirchenförmigen Behälter aus Holz hingen in der erwähnten Gegend (Kastelruth) anstelle der Weihwasserkrügeln an der Wand. Mit angenetztem Finger fuhr man über das Salz und bekreuzigte sich hierauf[35].«

Brothenke

Für alle Vorräte war eine sachgemäße Lagerung ausschlaggebend. Das Brot, das in alter Zeit nur im Abstand von Wochen oder gar Monaten gebacken wurde, mußte vor allem vor Feuchtigkeit und Mäusefraß geschützt und luftig aufbewahrt werden. Dazu gab es zweierlei Arten von Geräten: 1. Horizontal liegende Leitern bzw. Bretter, die durch Stäbe oder gebogene Haselnußruten untergeteilt sein konnten; die Brote wurden hochkant eingestellt. Diese Brothenken waren oft stockwerkartig übereinander angeordnet und hingen freischwebend an Schnüren von der Decke, damit Tiere sie nicht erreichen konnten (Abb. 242). 2. Ebenfalls an der Decke befestigte man die »Leiterbäume«, in die ringsum »Äste« gesteckt waren, auf die man die Brote stellte (Abb. 244). Meistens sind zwei Stäbchen nebeneinander eingedübelt und nach außen gespreizt. Je nach Dicke der zu lagernden Brote (Laibe oder Fladen) war die Dichte der Stäbe (in der Senkrechten) bemessen.
Diese luftigen Gehäuse für Brot wurden in bäuerlichen und bürgerlichen Kreisen verwendet. Aus vornehmen Häusern Lothringens kennt man Objekte (waagrechter Typ), die durch gedrechselte Schmuckelemente (Stützen, Aufsätze) ausgezeichnet und verschließbar gemacht sind[36].

Mausefalle

Seit vorgeschichtlicher Zeit verwendet der Mensch Vorrichtungen, die es ermöglichen, Vorratsgefäße oder Gestelle an der Decke anzubringen. Diese Art der Aufbewahrung ist aber nicht unter allen Umständen möglich. Um die Nahrungsmittel trotzdem vor Mäusefraß zu bewahren, behalf man sich mit verschiedenen Systemen von Fallen. Sie beruhen auf der Grundidee, das Tier durch einen Köder in ein Häuschen zu locken, wo dann ein Fallklotz bzw. eine andere Mechanik seinen Tod herbeiführt, oder eine Falltür ihm den Rückweg versperrt. Oft ist das Gehäuse in mehrere Fallgänge geteilt, die von kleinen Arkaden gefaßt sind: Durch eine der Bogennischen muß die Maus den Fallgang betreten, gelangt dann zu der an einem Draht befestigten Lockspeise, bei deren Berührung der entsprechende Hammer niederfällt und den Gang versperrt[37].

Textilarbeit und Wäschepflege

Flachsbearbeitung

Die Herstellung der Kleidung aus Flachs und Wolle gehörte im Rahmen der bäuerlichen Selbstversorgung zu den wichtigsten Beschäftigungen. In vielen Gebieten Mitteleuropas gab es bis zum Beginn des 20. Jh. noch Flachsfelder, die zumindest für den Eigenbedarf ausreichten. In einigen Zentren — vor allem der deutschen Mittelgebirgslandschaften — konnte sogar ein Überschuß erzeugt und durch Leinwandhändler vertrieben werden[1].
Um die Funktion der Geräte, die zur Flachsbearbeitung nötig waren, verständlich zu machen, sollen die Arbeitsvorgänge kurz umrissen werden. Gesät wurde der Flachs Mitte Mai nach den »Eisheiligen«; das Ernten fiel dann, je nach klimatischen Gegebenheiten, auf Ende Juli bis Ende August. Der Flachs (bayer. der »Haar«) mußte mit der Hand ausgezogen, d. i. »gerauft« werden; in armdicke Bündel gefaßt, legte man ihn auf das Feld zum Trocknen.
Der nächste Vorgang war das Abstreifen der Samenkapseln, also das Trennen von Leinsamen und Flachsstroh. Dies erfolgte durch Aufschlagen, Reiben, Rupfen usw., was in der Regel Frauenarbeit war.

Riffel

Als Hilfsgerät benützte man dazu das in Süddeutschland »Riffel«, im deutschen Norden »Reepe« oder »Busch« genannte Werkzeug. Die Flachsriffel ist ein grober Kamm mit Holz- bzw. Eisenzähnen, der auf ein Brett, einen Balken oder eine Bank fest montiert wurde (Abb. 276).
Sodann machte der Flachs einen Fäulnisprozeß durch, damit der Pflanzenleim, der die Fasern an die holzigen Teile des Stengels bindet, zersetzt wurde. Zu dieser Tauröste (auch »Taurotte«) kam der Flachs entweder auf die Wiesen (für 2—5 Wochen) oder in den Dorfteich bzw. in ein Wasserloch. Die Faser (der »Bast«) erhielt allmählich eine weißliche Färbung und löste sich vom Stengelmark (»Enne«).

Breche

Durch Dörren im Backofen oder im »Dörrhaus« wurde der Flachs trocken und spröde (»rösch«, »kroß«) und konnte nun mit der Breche (nds. Brake) bearbeitet werden. Dies geschah entweder in einer an die Gemeindebadstube oder das Dörrhaus angebauten Brecher- oder Haarstube oder auch in der Scheune, im Stall oder Fletz[2]. An manchen Orten wurde der Flachs nun erst durch keulenartige oder vierkantige Holzschlegel auf harter Unterlage geklopft

(Abb. 273), sodann »gebrecht« (»gerummelt«, »gehilgert«, »gefent«); dabei sollten sich die groben Holzteile ablösen. Die Breche ist ein schmales Gestell mit einem Hebelarm, der an einem Ende eingezapft ist und mit einer Handhabe auf- und niederbewegt wird. Die Holzkanten des Hebelarms greifen dabei in die parallellaufenden, scharfkantigen Bretter der auf dem Gestell befestigten »Lade« ein; das dazwischenliegende Flachsbündel wird so gewalkt (Abb. 271, 274). In manchen Gegenden Niedersachsens benützte man bis um 1840 statt der »Brake« einen »Riffelbock«, d. i. ein in einem Klotz befestigtes, aufrechtstehendes Buchenbrett mit scharfer Kante. Der Flachs, an beiden Enden gefaßt, wurde fest darüber hin- und hergezogen[3].

Man findet den Arbeitsvorgang auch aufgeteilt in ein »Vorbrechen« mit einem schweren und in ein »Nachbrechen« mit einem leichteren Gerät. An die Breche konnte auch ein Sitz angeschlossen sein. Eine Arbeitserleichterung bot die im 19. Jh. aufkommende »Leierbreche«, deren gezahnte Holzwalzen mit einer Kurbel gedreht wurden.

Die recht harte Arbeit des Brechens wurde meist von Männern ausgeführt, während anschließend wieder kräftige Frauen und Mädchen in den Arbeitsgang eingriffen. Das Brechen mußte rasch vor sich gehen, damit die Stengel »rösch« blieben. Helfer aus der Nachbarschaft stellten sich ein, die nach der Arbeit bewirtet wurden. Ein geselliges Treiben mit Lied und Spiel schloß sich an.

Schwinge, Schwingbock, Schwingrad

Das nun folgende »Schwingen« des Flachses ging so vor sich: Mit der linken Hand hielt man eine Handvoll Stengel, die man über ein Brett legte, mit der rechten führte man abwärtsstreichend das Schwingholz und entfernte dadurch die feineren Holzteile.

Man benützte dazu den sog. Schwingbock, ein leichtes, annähernd 80–100 cm hohes Gestell mit einem senkrecht stehenden Brett und einer Fußbank als Ständer (Abb. 280, 281). In armen Gegenden tat eine Stuhllehne den gleichen Dienst. Mit dem Schwingholz (»Schwert«, »Schwing«, »Brett«) streifte man am Flachsbündel wiederholt nach unten. Die Form des Holzes war die eines Messers bzw. eines Säbels, sie konnte aber auch wie eine dreizinkige große Gabel aussehen oder auch nur ein Brettchen mit Griff sein (Abb. 278). Anfang des 19. Jh. kam anstelle dieser Vorrichtung bereits das Schwingrad auf, das durch entsprechende Anordnung von Holzmessern die Wirkung der einfachen Schwinge vervielfachte.

Hechel

Beim anschließenden Hecheln muß der Rest holziger Bestandteile abgestreift, müssen kurze Fasern (»Werg«, »Hede«) von langen (»Klanken«) geschieden und parallel ausgerichtet werden. Der

191 Flachsarbeit (Rösten, Dörren, Brechen, Schwingen, Hecheln), Kupferstich, 17. Jh.

»Werg« konnte nur zu grobem Gespinst, z. B. zu Säcken, verwertet werden, während die langen Fasern das Garn für die feine Leinwand lieferte. Bei dieser Arbeit bediente man sich der »Hechel« oder »Hachel«, die ursprünglich wohl aus einem einfachen Hartholzkamm bestand, wie er z. B. in Kalabrien noch vor kurzem angetroffen wurde[4]. In der Regel benützte man ein Holzbrett mit bürstenartig eingesetzten eisernen Zacken von ovaler oder rechteckiger Zusammensetzung, das auf einer Unterlage befestigt war. Diese kann ein Gestell (»Bock«, »Stuhl«) oder ein waagerechter Balken sein. Die Hechlerin zieht das Flachsbündel von oben in Richtung auf ihren Körper durch die eisernen Zähne (Abb. 279, 282). Die Wirkung kann durch zwei hintereinander montierte Hacheln verdoppelt werden. Von dieser Tätigkeit stammt die Redensart »einen durchhecheln«.

Der Flachs wurde nun zusammengedreht und gebunden zum Spinnen bereitgelegt. Die Herstellung der Leinwand galt als Inbegriff weiblicher Tätigkeit und häuslichen Fleißes. Schrank und Truhen, gefüllt mit Flachs, Wolle und Linnen, deuteten auf einen gewissen Wohlstand hin und bezeugten, daß wohlunterrichtete, brauchbare Töchter einem solchen Hauswesen entwachsen konnten. Kein Wunder, daß sich die Phantasie des Volkes mit der Arbeit und den Geräten der Textilverwertung in zahlreichen Märchen, Sagen und Geschichten beschäftigte, daß sie eine so hervorragende Rolle im Brauchtum spielten. In Riffel, Breche und Hechel wurden gern Segenszeichen eingebrannt oder eingeschnitzt. Flachsschwingen, deren Bedienung dem weiblichen Bewegungsrhythmus besonders angemessen erscheint, wurden bevorzugt als Liebesgeschenk gereicht. Man brachte Initialen, Jahreszahl und zarte Blumengravuren an; in Norddeutschland waren auch eingeritzte Schiffe, mit rotem oder grünem Wachs ausgelegt, üblich. Die Technik des Wachsauslegens wurde in Sonderheit an der Ostseeküste gepflegt (Rügen, Usedom, Wollin, Rega, Jamund); aus diesem Gebiet haben sich vorzüglich gestaltete Flachsschwingen erhalten. Die Bretter des Schwingstockes sind oft mit Kerbschnittrosetten oder Durchbruchsarbeiten versehen; die Vorderseite endet in einem Vogel- oder Pferdekopf, der farbig abstechen kann[5].

Wollkratzer (Kardätsche)

Die Verarbeitung von Hanf erforderte im großen ganzen dieselben Geräte wie die Flachsbearbeitung. Auf einfachere Weise erfolgte die Gewinnung der Wollfaser zum Spinnen. Die Wolle wurde in älterer Zeit mit Hilfe eines Wollbogens zerteilt (»geschlagen«); er war mit einer Sehne bespannt und glich einem Baßgeigenbogen. In Tirol ist er auf Bildquellen des 15. Jh. nachzuweisen[6]. An seine Stelle trat später die Kardätsche (Wollkamm, Wollkratzer, Streifer)[7]. Der Zweck des Kardierens, des »Krempelns, ist, die Wolle von letzten Unreinheiten zu befreien, sie zu lockern und gleichzurichten, eventuell Klümpchen zu beseitigen. Das Gerät besteht aus paarweise gearbeiteten Brettchen mit Griffen. In die meistens mit Leder bespannten Unterseiten sind feine Drahtborsten eingefügt. Die Oberseiten der hölzernen Bürstenböden bieten sich zur Auszier an. Der Stiel endet oft als geringelter Schwanz oder in einem Tierkopf. Die Gesamtlänge des Gerätes liegt zwischen 25 und 70 cm (Abb. 292).

Spinnrocken, Spindel, Spinnrad

Die Gespinstfaser steckte man zur Weiterverarbeitung auf den Spinnrocken, der entweder unter die Achsel geklemmt oder im Gürtel bzw. Schürzenband getragen wurde. Zuhause beim Sitzen benützte man lieber einen Rocken, der mit einem festen Gestell oder Fuß versehen, auf der Erde stand (Abb. 300). Zunächst wurde aus dem Gespinst ein Stück Faden mit der Hand geformt und an einem Spindelstäbchen (= Spindel), das mit einer Kerbe oder einem Drahthäkchen versehen war, befestigt (Abb. 307). Die rechte Hand faßte die obere Spitze der Spindel und setzte sie in rasche, drehende Bewegung, wodurch der Faden, der zum Boden hinunterlief, zusammengedreht wurde. Der Drehschwung konnte verstärkt bzw. zu einer Dauerbewegung gemacht werden, wenn man am unteren Ende der Spindel Schwungringe (= Wirtel) aufsetzte. War ein etwa eineinhalb Meter langes Garnstück ausgezogen und gedreht, so mußte man den Vorgang unterbrechen, den Faden aus der Kerbe lösen und das Garn aufwickeln. Sodann setzte man die Wirtel wieder in Bewegung usw. Bei dieser Art des Spinnens konnte man sich langsam fortbewegen, etwa die Dorfstraße plaudernd entlangwandern oder das Hüten des Viehs auf der Weide besorgen.

Das Handspinnrad bedeutete demgegenüber einen bedeutenden

192 Spinnen mit dem Handspinnrad, Kupferstich, 1765

Fortschritt. Man kann die Erfindung nicht lokalisieren, sie lag gleichsam in der Luft und wurde wahrscheinlich an verschiedenen Orten zugleich gemacht. Die Spinnwirtel blieb daneben, besonders bei Berg- und Hirtenvölkern, weiterhin in Benützung[8].

Vom Beginn des 16. Jh. an gibt es Darstellungen, auf denen die neue Technik des Handspinnrades demonstriert wird: Leonardo da Vinci, der sich viel mit Erfindungen zur Erleichterung der täglichen Arbeiten befaßte, zeichnete um 1500 einen Spinnapparat; Niklas von Glockendons Spinnradzeichnung stammt aus dem Jahre 1524. In der Chronik von Speyer wird ein Handspinnrad sogar schon um 1297 erwähnt[9]. Folgende Konstruktionsidee liegt ihm zugrunde: Auf einem am Boden liegenden oder etwas hochgestellten Brett ist ein Speichenrad von ungefähr einem Meter Durchmesser befestigt; es wird durch eine Kurbel bedient. Von dem Rad aus wird die Bewegung durch eine Schnur der Spindel übermittelt; sie lagert in zwei kleinen Stützen quer zum Brett. Die Spindel ragt durch die vordere Stütze ein Stück weit heraus in Richtung zur Spinnerin, die daran die Faser befestigt. Mit der einen Hand zieht sie die Faser vom Rocken, und zwar in der Längsrichtung zur Spindel, damit der Faden gezwirlt wird, mit der andern dreht sie die Kurbel. Ist das Fadenstück so lang geworden, daß sie mit dem Arm nicht mehr weiter zurückgreifen kann, so unterbricht die Spinnerin den Vorgang und bringt das Garn in einen rechten Winkel zur Spindel, um es auf diese zu wickeln. Wie beim Spinnen mit der Wirtel mußten also zwei getrennte Arbeitsvorgänge (Verdrehen und Aufwickeln) aneinandergereiht werden. Diese Entwicklungsstufe hält ein Spinnrad aus dem Museum Celle fest (»Peterrad«), das bis um 1840 im hannoverschen Wendland Verwendung fand[10]. In den mittelitalienischen Bergen und ebenso in Südapulien blieb dieses Handspinnrad für Wolle oder einheimische Baumwolle noch bis zur Gegenwart in Benützung[11].

Um dieses ständige Unterbrechen auszuschalten und ein kontinuierliches Spinnen zu ermöglichen, erfand man den »Flügel«, der die Spindel gabelförmig umfaßt und das gewonnene Garn aufspult.

Der Flügel muß eine andere Umdrehgeschwindigkeit als die Spindel haben, was durch zwei Seile vom Rad her reguliert wird. Die Fasern gehen in die Mitte der (durchbohrten oder als Röhrchen gebildeten) Achse hinein, dann zu einem Arm des Flügels und von dort (als Garn) zur Spule. Damit der Faden nicht nur an einer Stelle der Spule aufgewickelt wird, brachte man den Garnverteiler an, eine Hebelvorrichtung, mit deren Hilfe die Spindel samt Flügel gleichmäßig hin- und herbewegt wird.

Eine weitere Vereinfachung des Arbeitsvorganges bedeutete die Ablösung der Handkurbel durch eine Tretvorrichtung; sie soll in England aufgekommen sein. Nun hatte man beide Hände zum Spinnen frei.

Was die Anordnung der einzelnen Bestandteile des Spinnrades (Spule, Rad, Treter) zueinander betrifft, unterscheidet man zwei Haupttypen: Die Bankform (»liegendes« oder »langes« Spinnrad) scheint die ältere zu sein; sie war im Norden, vor allem im niedersächsischen Gebiet sehr beliebt. Das Rad steht über drei oder vier schrägen Beinen, zwischen denen die Tretvorrichtung angebracht ist. Zwischen Rad und Spindelhalterung verläuft eine schräge Bank; der Spinnapparat befindet sich ungefähr in einer Höhe mit dem Rad[12] (Abb. 294).

Im 17. Jh. kam das Stockrad (auch »Bockrad«) auf, bei dem die Spindel über dem Rad und dieses über einem quadratischen Untergestell angeordnet wurde (Abb. 300). Das oberdeutsche »Schragenspinnrad«, dessen Füße (= Schragen) schräg nach außen gestellt sind, vereint in einem »Stock« neben Rad und Spindel oft auch noch Rocken und Haspel.

Bei beiden Typen war es möglich, für besonders geschickte Spinnerinnen zwei Spindeln anzubringen, die dann gleichzeitig beidhändig mit Garn beschickt wurden. Diese Form des Doppelspinnrades wurde zuerst im 18. Jh. gebaut und fand namentlich im Rheinland Verbreitung. Auch in Böhmen scheint es üblich gewesen zu sein[13]. Als modische Erscheinung in Bürgerkreisen kam um diese Zeit das »Damenspinnrad« auf, das die Begleitmusik für Kaffeekränzchen und Salongespräche lieferte. Es wurde mit einer kleinen Handkurbel bewegt und konnte an den Tisch angeschraubt oder in den Gürtel gesteckt werden (Abb. 298).

Zum Spinnen benützten die Frauen gern eigene Stühle, die entweder lehnenlos oder nur auf der linken Seite mit einer Armstütze versehen waren, damit die Rechte ihre Bewegungsfreiheit behielt.

Bei der erwähnten engen brauchtümlichen Bindung, die aller Textilarbeit und somit auch dem Spinngerät zukommt, ist es kein Wunder, daß dieses in allen Landschaften Gegenstand intensiven Schmuckbemühens wurde. Es erfuhr sogar die höchste repräsentative Auszeichnung, nämlich im »Kammerwagen« mit der Aussteuer der Braut zur neuen Heimstatt gefahren zu werden, jedermann zur Augenweide.

Von früheren Jahrhunderten haben sich zwar Spinnwirteln aus Stein, Ton, Horn oder Holz erhalten, kaum aber Spindeln. Die im 19. und 20. Jh. gefertigten weisen jedoch auf eine ausgereifte Tradition der Auszier hin, man denke an die fein profilierten und farbig gezeichneten Objekte aus der Bretagne oder an die kerbschnittgeschmückten rumänischen Stäbchen; ihre Schmuckmotive erinnern an den Dekor der Haussäulen, die ein wichtiges architektonisches Element der einheimischen Bauweise darstellen (Abb. 303).

Mehr noch als die Spindel, die ja nur beim Spinnen ohne Rad offen getragen wurde, stand der Spinnrocken (»Kunkelstab«, »Wockenstab«) im Mittelpunkt volkskünstlerischen Gestaltens. Bereits im Mittelalter scheinen Rockenständer für den Hausgebrauch üblich gewesen zu sein; bis in die jüngere Zeit, als man längst verkürzte Rockenaufsätze am Spinnrad anbrachte, sind Ständer als Minnegaben überreicht worden. Die Rockenformen sind vielfältig, ebenso die Möglichkeit der Auszier. Ursprünglich mag nur ein Zweig mit verschiedenen Astgabeln am oberen Ende zur Befestigung des Spinngutes gedient haben. In die Rinde wurden Zeichen und Muster eingeschnitten. Man kann solche Stücke noch in Südfrankreich und Spanien, in Jugoslawien, Albanien und Rumänien vorfinden.

Im deutschen Sprachraum haben sich folgende Typen herausgebildet: Vierkantige Ständer mit knaufartig profilierter Gliederung — sinnbildliche Ornamente, Kerb- und Flachschnitzerei sowie Bemalung treten häufig hinzu (kennzeichnend vor allem für Niederösterreich); mehrkantige Stäbe, meistens mit reichem Zickzack-Kerbschnitt und fialenartigen Enden versehen (Bayern, Tirol) (Abb. 310); runde, oft reich profilierte Ständer, gelegentlich mit Zinneinlagen

193 Spinnen mit dem Damenspinnrad, Kupferstich, um 1785

und korbartig durchbrochener Bekrönung (Allgäu, Lechtal u. a.). Diese korbartigen Bekrönungen gehen möglicherweise auf eine uralte, im Mittelmeerraum beheimatete Form zurück, bei der ein Rohrstab am oberen Ende gespalten und durch einen hineingesteckten Ring kugelig aufgetrieben war. In Italien (Abruzzen) konnte man vor nicht allzulanger Zeit noch Varianten dieser Art antreffen. Säulendurchbrüche und streifige Zackenmuster sind für die oberösterreichischen Ständer kennzeichnend.

Der 130 cm bis 180 cm lange Stab ist in eine viereckige oder runde Holzplatte eingelassen, die von drei schräggestellten Füßen getragen wird; im 19. Jh. wurde er verkürzt und unmittelbar dem Spinnrad aufgesetzt.

Einen ungewöhnlichen Formenreichtum entwickelten die rumänischen Landschaften: Man kappte einige Nebenzweige am Hauptast, bog sie in noch grünem Zustand spiralig oder kreisförmig zum Mittelstab und band sie fest, bis sie trocken waren. Es wurde dadurch eine äußerst dekorative Wirkung erzielt. Die Form konnte auch durch Zweige, die in den Mittelstab eingesteckt wurden oder durch Beschnitzen eines einzigen Holzstückes nachgebildet werden[14].

Weit verbreitet sind die mit Hörnern verzierten Stäbe; sie sind entweder aus einem Stück geschnitzt, oder die Hörner sind in Schlitzen, die am Rockenschaft eingeschnitten sind, befestigt. In manchen Gegenden sind die Stäbe 4–5 cm breit, bis zu 190 cm lang und flächenfüllend mit geometrischen Kerbschnittornamenten versehen. Diese flächenhafte Auszier findet man ebenso in Jugoslawien, wie in Litauen, Polen, Rußland und Schweden.

Auf die Urform der dreizinkigen Astgabel weisen Stäbe mit drei kurzen Zinken am oberen Ende hin; an die Stelle dieser oft prächtig ausgezierten Zinkenspitzen (Balkan, Engadin) sind in Schweden und Rußland Rockenstäbe getreten, die nach oben durch drei getrennte Kreisflächen mit Wirbelrosetten abgeschlossen sind (Abb. 307). Die osteuropäischen Völker haben auf diesem Gebiet wahre Meisterwerke der Holzbearbeitung geschaffen; diese Kunst ist dort bis zum heutigen Tage nicht ausgestorben[15].

Um das Spinngut auf dem Ständer vor dem Abrutschen zu sichern, befestigte man es mit Hilfe einer Rockennadel, die wiederum die phantastischsten Zierate aufweisen konnte. In der Gegend von Weizacker (Pommern) z. B. brachte man darauf farbige, bewegliche Glöckchen an, gelegentlich auch Vögel, Hände, Herzen, Eicheln u. a., die auf Drahtspiralen saßen; bei der geringsten Bewegung erfolgte ein leises Klingeln. Manche Rockennadeln waren in Form durchbrochener Laternen, in deren Innerem Holzkügelchen rollten, geschnitzt[16]. Ebenfalls mit hölzernen Glöckchen, Blüten und Eicheln, dazu noch mit farbigen Keramikknöpfen, ist der Rockenständer ausgestattet, der im mittelfränkischen Wassertrüdingen auf dem Kammerwagen mitgeführt wurde[17]. Aus dem Schwarzwald sind mit Glaskugeln behängte Kunkeln bekannt.

Wenn sich auch das Schmuckbedürfnis vorwiegend dem Spinnrocken zuwandte, so blieb das Spinnrad selbst selten ganz ohne Zierat. Vor allem die Beine des Gestells und die Radspeichen zeigten reich gedrechselte Profilierung und in manchen Gegenden auch Bemalung. Zum Schmuck der Spinnräder gehörten auch die »Wokkenpflöcke«, die auf beiden Seiten des Rades angebracht waren, um die Achse vor dem Herausspringen aus den Ausschnitten zu bewahren. Gewöhnlich waren dies einfache Stäbchen, es konnten aber auch kleine geschnitzte Kunstwerke entstehen[14].

Haspel, Spulrad

Von den Spindeln bzw. Spulen weg kam das Garn oder die Wolle auf die Haspel (im Fränkischen »Wafen«, eine Bezeichnung, die auch für gleichmäßiges, fließendes Reden gebraucht wird), die es in die Form von Strängen brachte. Man unterscheidet Hand- und Drehhaspel. Die Handhaspel ist ein Holzstab mit Querpflöcken an beiden Enden; sie wird in der Hand gehalten, während mit der zu entleerenden Spindel eine kreisende Bewegung um die beiden Haspelenden ausgeführt wird. Die Drehhaspel besteht aus einem Speichenrad, das auf einem Gestell oder Fuß aufmontiert ist; am Ende jeder Speiche muß ein Querholz sitzen (Flügel), über das der Faden läuft. Die Drehebene kann waagerecht oder senkrecht sein.

Damit die Gebinde gleiche Größe erhielten, war vielfach ein Zählwerk eingebaut. Landesherrliche Verordnungen beschäftigten sich bereits im 17. Jh. mit der Beschaffenheit der Haspeln und der Kontrolle der Garnwicklung. Nach hundert Umdrehungen (die Anzahl variiert regional) knackte es, und man knüpfte ein Band in das Bündel; nach 48maligem Knacken hatte man ein »Kleines Gebinde«; 12 »Kleine Gebinde« ergaben wiederum ein »Stück« oder einen »Bund«. Bei manchen Haspeln wurde die gewünschte Zahl der Umdrehungen durch den Schlag eines kleinen Holzhammers oder durch ein Glockenzeichen angegeben.

Ein Arm der Haspel war häufig zum Umklappen oder Wegdrehen gearbeitet, damit die Bündel leichter abgenommen werden konnten. Manche Haspeln waren so beschaffen, daß durch einfaches Umlegen der Dreharme das Gerät auch als Garnwinde dienen konnte. In der Regel aber verwendete man zum Aufspulen des gewonnenen Garns auf die Spulen des Weberschiffchens oder der Wolle zu einem Knäuel eigene Spulräder oder Garnwickler (Abb. 311, 318). Es sind fast immer um eine senkrechte Achse drehbare Geräte; die abzuwindende Strähne wird waagerecht gelegt und durch den angezogenen Faden in Drehung versetzt. Bei den primitiven Formen sind Rad und Spule einfach auf ein Kistchen oder ein Ständerkreuz montiert. An den Enden der Radkreuzarme sitzen senkrechte Holzstäbe, die das Garn aufnehmen[18].

Bandwebstuhl

Das Verweben der Leinwand und der Wolle erfolgte nur selten im eigenen Familienbetrieb; man überließ es meist den Störwebern oder brachte das Webgut in eine Lohnweberei. Nur die zahlreichen Bänder (in Norddeutschland »Gördeltau«; Gördel = Gürtel), die man für Kleider und Schürzen, für Säcke u. a. brauchte, verfertigte man selbst am Feierabend mit dem Bandwebstuhl. Im Prinzip ist die Technik die gleiche wie beim großen Webstuhl: durch eine Lage gleichlaufender Fäden wird eine andere Lage quer durchgezogen, so daß immer ein Faden abwechselnd über und unter einem anderen liegt. Es müssen also alle zweiten Längsfäden hochgehoben, durch den Zwischenraum der Querfäden gezogen, dann die anderen Längsfäden gehoben, wieder ein Querfaden gezogen werden usw. Mit dem »Bandlwebkamm« (»Gördelkamm«) wird diese Technik auf einfachste Weise ausgeübt. Das kleine Brett mit den senkrechten, engen Schlitzen und entsprechend vielen kleinen Löchern in einer Reihe nimmt die Fäden in zwei Ebenen auf, so daß der Querfaden jeweils zwischen diese Schichten »eingeschlagen« werden kann. Die Längsfäden verlaufen von der Spule, die auf einem Bock beweglich angebracht ist, zum Kamm[19].
An den langen Abenden zwischen Allerheiligen und Ostern schnurrte in den Stuben das Spinnrad. Haspeln und Bandlwebstühle, Stricknadeln, Sticktrommeln und Stopfei standen im Dienst unermüdlicher Hände. Am Land kam man reihum in den Häusern einer Spinngemeinschaft (»Spinnstube«) zusammen: erst die Mägde und Bauerstöchter, später nach Beendigung der Männerarbeit stießen die jungen Burschen dazu. Es wurde gesungen, man erzählte Gespenster- und Liebesgeschichten, dann und wann wurde auch die Arbeit unterbrochen zu einem Gesellschaftsspiel oder Umtrunk. Daß es nicht immer dabei blieb, bezeugen landesfürstliche Erlässe aus den verschiedensten Gegenden, z. B. jene Verordnung Herzog Karls I. von Braunschweig (2. November 1767), in der es heißt, daß »von den dahin zusammenkommenden Knechten und Mägden viele Ungezogenheiten begangen, unziemliche Lieder gesungen und schandbare Handlungen vorgenommen«[20] würden. Die Wirksamkeit behördlicher Warnungen und Verbote läßt sich kaum überprüfen. Die »Spinnstube« (süddeutsch »Rockenreis«) war den Winter hindurch fast die einzige vergnügliche Unterhaltung der Landbevölkerung. Manche Bäuerin zehrte ihr Leben lang von den Erinnerungen an die schönen Spinnstunden ihrer Jugend.

Wäschepflege

Der Waschvorgang erfordert immer ein Zusammenwirken mechanischer und chemischer Kräfte. Als chemische Zusätze bei der Säuberung von Kleidung kannten die frühen orientalischen Kulturvölker und die antiken Europäer bereits alkalische Mittel mit der Eigenschaft zu quellen und zu verseifen: Aschenlauge aus Buchenholz mit Kalk und Fett vermischt, Wurzelaufguß des Seifenkrautes, Sud der gemahlenen Roßkastanie u. a. mehr. Die Römer nutzten Urin zur Reinigung ihrer Toga – ein »an-rüchiges« Geschäft! – und auch im mittelalterlichen Flandern war dieser Zusatz üblich beim Reinigen hochwertiger Tuche.
Zur Anwendung solch schmutzlösender »Seifen« trat die mechanische Einwirkung auf das Waschgut, eine anstrengende Arbeit für die Frauen. Sie bestand aus Schlagen, Treten, Schwenken, Bürsten, Reiben, Wringen.

Wäscheklopfer

Nach dem Einweichen und Auskochen der Wäsche trat der Wäscheklopfer (»Bleuel«, »Bloi«, »Ploi«, »Patscher«, »Pracker« u. a.) in Aktion: dies ist ein kurzes Schlagbrett, mit dem man die Seifenlauge aus der Wäsche klopfte. Solche Geräte waren in ganz Europa üblich und sind seit dem 10. Jh. belegt (ahd. pliuwil). Meist zogen die Frauen am Waschtag hinaus zum Bach oder Fluß, wo ihnen Wasser und Trockenwiesen zur Verfügung standen. Alte Bildquellen erzählen, wie sie dort an kleinen Stegen ihre Bottiche hinstellten und zum Fluß hinabgebeugt schafften. Flache Steine oder auch Waschtische dienten als Unterlage beim rhythmischen Schlagen der Wäsche. In der französischen Schweiz wurde nach dem Einweichen in hölzernen »Brenten« die Wäsche zur Quelle getragen und dort eingeseift. Die größeren Stücke legte man auf eine Planke, »et les tape avec une ›tapette‹ de bois«[21].
Der Wäscheklopfer wird gern mit dem Mangelbrett verwechselt; von diesem unterscheiden ihn jedoch mehrere Merkmale: Vor allem ist er wesentlich kürzer (etwa 30–40 cm lang), seine Grundform – ohne Stiel – ist nahezu quadratisch oder trapezförmig nach vorne verjüngt. Brett und Stiel sind fast immer aus einem Stück gearbeitet, der Stielansatz keulenartig oder dreikantig verstärkt (Abb. 323, 324).
Das Material der frühen Geräte war Weichholz, das die Frauen beim Schlagen weniger ermüdete, aber auch einem raschen Verschleiß unterworfen war; daher haben sich nur wenige alte Stücke erhalten. Erst als es üblich geworden war, das Gerät zu verzieren und als Minnegabe aufs kostbarste auszustatten, kam – wie beim Mangelbrett – mehr und mehr Hartholz zur Anwendung. Vom 18. Jh. an sind die Geräte mit flächenfüllenden Kerbschnitt- und Flachschnitzereien versehen: geometrische Muster finden sich neben Verlobungssinnbildern und Arbeitsszenen aus dem Leben des Bräutigams (Holzfäller, Jäger, Seemann) oder der Braut (Hausarbeit, Wäsche u. a.) (Abb. 325, 326). In den Gegenden um die Nordsee legte man die Vertiefungen gern mit Wachs aus, während in Ungarn Metalleinlagen üblich waren (Motiventwicklung vgl. S. 9).

Neben dem »Bleuel« gab es als Reinigungsgerät das gerillte Brett, das man in den Waschtrog stellte, um die Wäsche daran auf- und abzureiben. Dieses »Ruffelholz« ist der Vorläufer der bis ins 20. Jh. viel benützten Waschbretter aus gewelltem Blech mit Holzrahmen. Im Laufe des 19. Jh. versuchte man auf verschiedene Weise, die körperliche Arbeit vom Menschen auf Apparate zu übertragen; die hölzerne Waschmaschine gibt Zeugnis davon. Ein geschlossener Bottich ist um eine Achse beweglich und wird mit Hilfe zweier Seitengriffe in Schaukelbewegung versetzt. Die heiße Lauge im Innern wirkt dabei auf die Wäsche ein wie beim Waschvorgang in unseren modernen elektrischen Maschinen.

Wäscheklammer

Mit dem eigentlichen Reinigungsvorgang war die Wäschebehandlung noch lange nicht abgeschlossen. Die ausgewrungenen Stücke wurden auf die Wiese zur Bleiche gelegt und mehrmals besprengt oder auch zum Trocknen aufgehängt. Ehe man die maschinell hergestellten Holzzangen mit Drahtfeder einführte, benützte man dazu »Kluppen«, das sind kleine Brettchen, in denen auf einer Seite ein Keil ausgeschnitten ist. Die Hausfrau schätzte noch mehr die aus den naturgewachsenen Ästen der Haselsträucher hergestellten »Speile«[22]. Der Kenner verwendete das zähe Holz der auf kargem Steinboden wachsenden Sträucher, schnitt im Herbst die Ruten und lagerte sie einige Monate. Dann fertigte er 15 cm lange Stücke, trieb einen Nagel durch das eine Astende, spaltete am anderen das Holz und »zwengte« es durch einen Keil auf. Nun wurde die Wäscheklammer noch fein ausgeputzt und geglättet. Hin und wieder schnitt man in die Rinde Streifenmuster oder versah das feste Ende mit einem geschnitzten Kopf[23].

Wäschetrockner

Nicht immer war es möglich, die Wäsche im Freien zu trocknen, sei es aus Platz- oder Zeitmangel, sei es der Witterung wegen. Man behalf sich mit »Recks« bzw. »Rehmen«, das sind Gestelle aus Holzleisten oder Balken, die über dem Ofen oder in dessen Nähe wenigstens einer kleinen Menge nasser Gewänder oder Wäschestücken Trockenmöglichkeit boten (Abb. 338). Im norddeutschen Küstengebiet entwickelten sich sehr schmucke Wäschetrockner, die man auf den Kachelöfen der Stuben anbrachte. Wie ein luftdurchlässiges Sommerhaus thronten sie dort: die Wände aus reich gedrechselten Säulenreihen, die »Giebel« geschwungen und oft mit Schnitzwerk verziert.

Nachdem Sonne und Wind das ihre getan hatten, mußte man die Wäsche in ihre Form ziehen, stärken und glätten. Zum Glätten bediente man sich einer armlangen Holzrolle, auf die man die einzelnen Teile wickelte. Diese wurde dann mit dem daraufgedrückten Mangelbrett hin- und hergewalkt, dessen Unterseite bei alten Geräten häufig gerillt wurde, um ein Abgleiten zu verhindern. Als Handhabe besaßen diese Bretter einen angeschnitzten Stiel und zur Führung (mit der andern Hand) auf der Oberfläche einen Kopf oder Griffbügel. Die durchschnittliche Länge der Mangelbretter beträgt 60 cm, die Breite 15 cm.

Ursprung und Verbreitung des Gerätes ist noch nicht gründlich genug untersucht, um endgültige Aussagen machen zu können. Wahrscheinlich ist Nordeuropa als Entstehungsgebiet anzunehmen; hier reichen auch die erhaltenen Objekte am weitesten in die Vergangenheit zurück. Aus Island ist ein datiertes Exemplar von 1687 erhalten; die ältesten Stücke aus dem Nordseeumkreis gehen bis zum Beginn des 17. Jh. zurück. In Süddeutschland, den Alpenländern und einigen Balkanländern scheint sich das Gerät erst hundert Jahre später »eingebürgert« zu haben. Dort verwendete man zu seiner Herstellung zumeist Weichholz, während die Mangelhölzer im Norden ausschließlich aus Hartholz gefertigt wurden[24].

Mangelholz und Wäscheklopfer standen so sehr im Zentrum weiblicher Betätigung, daß sie bevorzugt als Minnegaben gereicht wurden. Man findet darunter Stücke, die an phantasievoller Ausgestaltung kaum zu überbieten sind. Besonders der Griff nahm oft recht wunderliche Gestalt an, etwa die eines doppelten Pferdekopfes oder irgendeines Fabeltieres (Abb. 334). In Schleswig-Holstein ist das vordere Ende häufig als Rosettenpyramide ausgeführt, das isländische Exemplar weist an dieser Stelle eine geschnitzte Faust auf.

Als Flächenornament verwendete man in Nordeuropa gern das altüberkommene Bandgeflecht. Sonst finden sich die üblichen Segens- und Liebeszeichen, in Süddeutschland und seinen Nachbargebieten auch religiöse Motive (Abb. 333). Niedersächsische und holländische Mangelbretter zeigen eine Betonung der geschnitzten Verzierungen durch farbige Fassung (Abb. 332). Bemalung mit Blütenranken, Almszenen und dergl. findet sich gelegentlich in Bayern und Österreich.

Die Tätigkeit des Wäscheglättens wird im Süden des deutschen Sprachraums als rollen oder walgeln bezeichnet, das dazugehörige Gerät mit Walker (»Rollweigl«). Das Wort Mange(l) bezeichnete im Mittelalter eine militärische Schleudermaschine für Wurfgeschosse, die hauptsächlich aus Brettern und Walzen bestand. In Nürnberg, das in der altdeutschen Kriegskunst führend war, scheint der Name des Kriegsgerätes zuerst auf eine Appreturmaschine für Wäsche übertragen worden zu sein. Im Haushaltbuch der Patrizierfamilie Tucher ist das Zeitwort »mangen« auf das Wäscheplätten mit star-

kem Druck übertragen (um 1500)[25]. Ob das Mangelbrett mit Rollholz so alt oder älter als diese Mangelmaschine ist, konnte nicht festgestellt werden. Holzpressen zum Wäscheglätten sind bereits auf den Wandgemälden des antiken Pompeji zu sehen. Zu Beginn der Neuzeit waren sie in größeren bürgerlichen Haushaltungen noch üblich; sie konnten auch als öffentliche Einrichtung der Gemeinde benutzt oder bei Privatbesitzern gemietet werden. Abbildungen aus dem 16. und 17. Jh. zeigen Mangelgeräte mit Pferdegöpel oder Tretantrieb. Mangeln, bei denen die Wäschestücke flachliegend zwischen zwei beweglichen Walzen hindurchgeschoben wird, scheinen erst gegen 1800 aufgekommen zu sein[26].
Selten bekommt man noch Handpressen zu sehen, mit denen früher kleinere Wäschestücke geglättet bzw. in Falten gelegt wurden. Sie bestehen aus zwei Brettern, die durch Holzschrauben mit Hilfe hölzerner Schraubenmuttern zusammengepreßt werden können (Abb. 329).

Wäschetafel

Seit der Antike gab es in europäischen Städten gewerbliche Wäschereien. In vornehmen Häusern pflegte man trotz zahlreicher Dienstboten die Wäsche, vor allem große Stücke, auszugeben. Mit der Renaissance kam auch in Bürgerkreisen ein großer Luxus an Bettwäsche auf; man wollte sie nur sachgemäßer Betreuung überantworten. Heute geben die Waschanstalten gedruckte Wäschelisten aus. Seinerzeit verzeichnete der Eigentümer auf hölzernen Wäschetafeln seine Stücke, um eine Kontrolle durchführen zu können. Diese Tafeln zeigen manchesmal eine geschnitzte oder bemalte Bekrönung, die an die Gestaltung der Brotschneider (s. S. 85) erinnert. Die einzelnen Wäschestücke sind untereinander aufgemalt, daneben die Anzahl der ausgeliehenen Teile. Hin und wieder sind die Objekte auch namentlich verzeichnet, also etwa »Leilacher« (Leintücher) oder »Tischtücher« u. a. Für die Kenntnis der Lebensgewohnheiten in früheren Zeiten ist dieses Anschauungsmaterial von großem Wert; die Verlassenschaftsinventare, aus denen man gewöhnlich die Kenntnis des Besitzstandes bezieht, geben ja nur den nackten Namen an und man weiß selten genau, wie die Dinge eigentlich aussahen (Abb. 337).

Tierhaltung und Milchwirtschaft

Schellenbogen, Glockenkampe

Schellen und Glocken, die den weidenden Tieren um den Hals gehängt werden, gehören zu den Lärm- und Signalinstrumenten (vgl. S. 119). Sie sind dazu bestimmt, auf der Alm oder in unübersichtlichem Gelände, wo sich das Vieh leicht verirren konnte, den Sennen oder Hirten die Sucharbeit zu erleichtern. Andererseits vermochte auch das Tier akustisch seine Herdengenossen wahrzunehmen und den eigenen Standort zu bekunden, wenn es sich bei Nacht und Nebel verstiegen hatte.
Neben der reinen Zweckmäßigkeit mag in früheren Zeiten auch der Glaube an die Abwehr von Unheil durch Lärmen ein Beweggrund für das Anbringen von Weidegeläut gewesen sein: Schlangen, wilde Tiere und böse Geister sollten abgehalten oder vertrieben werden.
Die ursprüngliche Art waren wohl Holzklappern, primitive Hohlformen, in denen Glöppel hingen, wie sie im Baltikum (Estland, Livland) und auch in Sizilien noch um 1900 angetroffen wurden. Das Hirtenmuseum in Hersbruck (Mfr.) bewahrt einige dieser Holzschellen auf (Abb. 346). Die in der Schweiz heute noch üblichen Schellenbezeichnungen »Chlopfer«, »Klumpere«, »Chlepfe« weisen darauf hin, daß auch hier ursprünglich tönende Holzgefäße verwendet wurden[1]. Sie wurden abgelöst durch geschmiedete oder gegossene Schellen. Eine Alm- oder Weidegemeinschaft stimmt ihre Glocken aufeinander ab zu einem harmonischen Geläut. Es heißt, daß auch die Tiere Freude an dem schönen Zusammenklang hätten und sich gern sogar große Glocken umhängen lassen.
Für das Umbinden der Glocken und Schellen haben sich verschiedene Vorrichtungen entwickelt. Eine altertümliche Art, die heute noch für Ziegen, Schafe und Kälber Verwendung findet, ist das Band aus einem dicken Holzspan oder einer Rute, die in Form des Halsrundes gebogen werden. (Daneben sind immer auch Lederbänder in Benützung.) Die einfachen, etwa 2–3 cm breiten und bis zu 1/2 cm dicken Holzreifen werden oben, also am Nacken des Tieres, durch einen Steckriegel oder Zapfenverschluß zusammengehalten. Unten in der Mitte befindet sich ein Loch, durch das die Öse der Glocke gesteckt und mit Hilfe eines Lederflecks gehalten wird. Der Umfang des Bogens bemißt sich auf 38–45 cm.
In manchen Gegenden, vor allem in Tirol und den Westalpen, tragen diese Anbindevorrichtungen (»Glockenkampen«) in Kummetform kammartige bzw. giebelförmige Bekrönungen, die mit Schnitzwerk verziert sind[2] (Abb. 345). In Südtirol sind die Aufsätze besonders reichgestaltig, oft als Monstranz geformt oder auch durch Reihung von Arkaden oder Scheiben zu Giebeln zusammengesetzt. Die ladinischen Gebiete (Fassatal, Engadin) weisen vorzügliche Lei-

stungen an Kerb- und Flachschnitzerei sowie an Durchbruchsarbeiten auf. Die Ornamente können noch durch Farbe betont sein; in manchen Gegenden sind sie mit rotem oder grünem Wachs inkrustiert. Datierte Objekte kennt man seit Beginn des 17. Jh.

Für die Rinder, die der Gemeindehirte im Sommer zu betreuen hatte – erst vor wenigen Jahrzehnten ist dieser Berufsstand in Europa ausgestorben – mußte eine entsprechend größere und breitere Glockenhaltevorrichtung geschaffen werden. Neben Ledergurten standen vielerorts hölzerne Schellenbogen in Benützung. Durch seitlich angebrachte Schlitze wurden die Lederriemen, an denen die Glocken hingen, gezogen und mit einer Holzzwecke an der Oberseite befestigt. Als Material der Schellenbögen dienen einfache Buchen- oder Nußbaumbrettchen; damit sie biegefähig werden, legt man sie in heißes Wasser; dann gibt man ihnen in einem Bock die gewünschte Form. Die beiden Enden werden abgerundet. Im Ohrenbereich zieht man die Bretter seitwärts etwas ein, was einen annähernd herzförmigen Abschluß ergibt.

Im Alpenländischen sind die Schellenbögen oft flächenfüllend mit Kerbschnitt verziert oder mit durchbrochenem Eisenblech beschlagen (Abb. 341, 342), in anderen Landschaften schmückt man sie mit farbenfrohen Ornamenten. Das deutsche Hirtenmuseum in Hersbruck bewahrt und pflegt eine große Anzahl fränkisch-oberpfälzischer Schellenbögen unter seinem Dach (Abb. 343). Dieses kostbare Material zeigt, mit welchem Kunstsinn und mit welcher Phantasie die Hirten immer wechselnde Symbol- und Farbkombinationen zu erfinden verstanden. Vom 18. Jh. an gab es bestimmte Ornamente, die mit festen Namen belegt waren: Blumenbogen, Schneckenzugbogen, Muschelbogen, Kronenbogen, Sachbogen. Außer mit Handwerkerzeichen und Darstellungen anderer konkreter Gegenstände bemalte man sie mit den üblichen Zieraten der Volkskunst (Sonnenrad, Rosetten u. a.). Die Grundfläche war in der Regel grün gehalten, die Verzierungen rot, gelb, schwarz, weiß. Zum Aufreißen der Ornamente benützte der Hersteller auch Metallschablonen.

In manchen Gegenden blieben die Schafe im Sommer auf der Weide sich selbst überlassen. Um sie identifizieren und im Herbst dem Eigentümer zuführen zu können, erfanden die Hirten verschiedene Merkzeichen, u. a. Täfelchen mit Zeichen, Initialen oder Namen. Diese Holzstückchen wurden den Tieren (manchmal auch dem Schmal- und Großvieh) an den Schellenriemen um den Hals gehängt, oft auch an Ohren oder Hörnern befestigt. In den Ostalpen hießen sie »Klewei« (»Schafiklewei«); in der Schweiz, wo sie noch um 1900 in Gebrauch waren, nannte man sie »Täßle«[3].

Rinderjoch

Vieh- und Pferdehaltung stehen in engem Verhältnis zur Bodenbeschaffenheit und der daraus resultierenden Wirtschaftsform. Die einzelnen Landschaften weisen dabei beträchtliche Unterschiede auf und haben ihren Bedingungen entsprechend auch verschiedene Geräte zum Anschirren der Tiere entwickelt. In der Regel mußte bei den schweren Böden Niederdeutschlands meist der Ackergaul angespannt werden, während im Süden, vor allem in bergigem Gelände das Rind zur Feld- und Transportleistung unters Joch kam. Doch läßt sich dies nicht verallgemeinern; so kennt das Gebiet mit den schweren Lehmböden in Niederbayern sehr wohl das Arbeitspferd und andererseits wurden in Nordfriesland Ochsen als Gespanntiere verwendet. In Mitteldeutschland war das Einzelrind – besonders bei Klein- und Mittelbauern – als Zugtier für die zweirädrigen Leiter- und Kippkarren üblich. Erst gegen Ende des 19. Jh. gab es dort vierrädrige Wagen, die dann eine Pferde- oder Rinderdoppelbespannung erforderten[4].

Paarhufer ziehen mit dem Kopf oder mit dem Nacken; man unterscheidet demnach zwei Arten von Rinderjochen: Stirn- oder Kopfjoche und Genick- oder Nackenjoche. Beide Arten treten als Einzel- und als Doppeljoch auf. Stirnjoche trifft man in größerem Umfang noch in den Mittelmeerländern an: in Südfrankreich, Spanien und Nordportugal, in Teilen Italiens, in Sardinien und den Adrialändern (Abb. 351, 352). Die Form variiert zwischen stark geschwungenen, tiefgehenden und nur ganz schwach ausgehöhlten Jochbogen. Die obere Linie des Balkens kann durch Herausarbeiten der zum Anschirren dienenden Höcker gebrochen erscheinen. Mit Lederriemen, seltener mit Seilen, wird das Joch an den Hörnern befestigt. Oft ist der Kopf des Tieres durch ein Lederpolster unter dem Jochbalken geschützt. Im Donauraum wurden die alten Holzjoche – wohl in Angleichung an die Pferdebespannung – durch das kummetähnliche »Jar« ersetzt: dies ist ein Stirnjoch mit halbrund bis hufeisenförmig gekrümmtem Bügel, der wie ein Kummet gepolstert, mit Leder bezogen und mit Messing beschlagen ist.

Der Typus des Nackenjoches besteht in vielen Teilen Europas (z. B. in Portugal, Spanien, Sardinien, Tirol) neben dem des Stirnjoches. In Mitteleuropa ist es die gängige Form des Anspanngerätes.

An einem ziemlich geraden, breitflächig der Form des Nackens angepaßten Balken befinden sich Holzbügel, die unter dem Hals beweglich verbunden sind (Abb. 349, 350). Der Jochbalken wird durch einen breiten Riemen an der Wagen- oder Pflugdeichsel befestigt. Die Bügel können den hinteren Teil des Jochbalkens durchstoßen und überragen; sie bieten sich dann zur künstlerischen Ausgestaltung an.

Das Nackenjoch kommt auch in der Art vor, daß dem Balken paarweise nach unten ragende Holzhaken eingesetzt sind, die es ermöglichen, die Jochriemen zu befestigen und um die Hörner zu schlingen. »Die Zugkraft liegt gleichermaßen in den Hörnern und den Nacken der Tiere[5].« Mittel- und Seitenstücke des Jochbalkens werden in manchen Gebieten ornamental ausgeformt, so daß ein hochragendes Jochbrett entsteht. Es ist hier vor allem auf die »jugos ornamentados« in Nordwest-Iberien hinzuweisen. Ausgeschnitten und fein beschnitzt sind sie oft wahre Prunkstücke. Vor dem Jochbrett sitzt der Jochbügel, der den Nacken umfaßt und zum Ziehen dient[6].

In den ostitalienischen Abruzzen, einem Gebiet das sich durch hervorragende bäuerliche Holzarbeiten auszeichnet, kennt man sehr schön gestaltete, bunt bemalte und beschnitzte Joche[7].

In deutschsprachigen Ländern sind die Joche nur gelegentlich mit einfachen Kerbschnitzereien, Besitzermonogramm und Jahreszahl versehen; die Enden können als plastische Tierköpfe gestaltet sein. Prunkender ist die Ausführung der Joche im schmuckfreudigen Südtirol.

Pferdekummet, Steigbügel, Sattel

Im Gegensatz zu den Rindern (Paarhufer) ziehen Pferde (Einhufer) mit Hals und Brust, d. i. mit Hilfe des Kummets und der Brustriemen[8]. Auf dem abfallenden Hals des Pferdes und Maultiers kann man Joche nur mit besonderen Zusatzvorrichtungen befestigen.

Zum Schutz des Tieres legte man zunächst ein weiches Polster auf und band es unter dem Hals zusammen. Darauf kamen zwei gebogene Hölzer, die oben fest verbunden, unten nach dem Anlegen zu verbinden waren. Die Kummethölzer enden über dem Hals der Pferde in nach außen gebogenen Knaufen, die nicht selten zoomorphe Züge annehmen. Die nordeuropäischen Kummets weisen phantasievolle halb- bzw. vollplastische Schnitzereien und Bemalung auf (Abb. 357). Dämonenabwehrender Schmuck an Pferdegeschirr ist sehr alt, wie Funde aus Wikingergräbern zeigen. Auch die fratzenhafte, furchterregende Formung der Köpfe deutet in diese Richtung. Besondere Aufsätze, oft mit Durchbruchsarbeiten verziert, werden auf dem Hals der Pferde angebracht; sie dienen zum Führen der Zügel, d. h. sie verhindern ihr Abrutschen[9].

In manchen Gegenden, in denen das Pferd als Transport- und Zugtier über längere Zeit hinweg verwendet wurde, konnte sich ein reicher Formenschatz von Einspann-, Fuhr- und Reitgeräten entwickeln. In ausgesprochenen Holzverarbeitungsgebieten wie etwa den rumänischen Karpatenländern benützte man Holz zur Herstellung der Reit- und Tragsättel sowie der Steigbügel. Diese Geräte sind aus Linden- oder Ahornholz geschnitzt und oft mit geometrischen Kerbschnittmustern bedeckt.

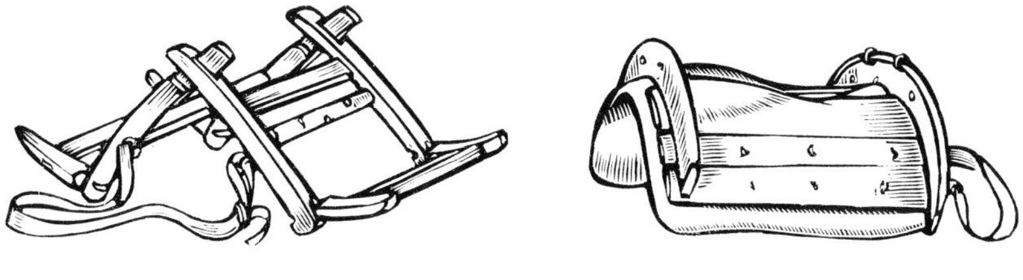

194 Sattelbögen zum Tragen von Lasten, nach Scheuermeier II

Neben den reinen Holzsätteln gibt es Ledersättel, die auf einem nach hinten stark aufgebogenen Holzgestell ruhen. Unter diesem liegt auf dem Rücken des Tieres ein weiches Kissen. Verschiedene Abwandlungen haben sich als zweckmäßig erwiesen: sich kreuzende Hölzer mit waagerechten Verbindungsstäben und Klappen zum Aufstellen der Last, gerundete Sattelbögen, durch eine Bretterwandung verbunden usw.[10].

Hölzerne Steigbügel sind mit Riemen am Sattel befestigt und dienen als Fußstützen während des Reitens. Aus hartem Holz geschnittene, 2—3 cm breite, kräftige Späne sind zu annähernd gleichseitigen Dreiecken geformt und oben ineinandergesteckt (ähnliche Verschlußvorrichtung wie bei den Glockenkampen, s. S. 119) (Abb. 354).

Peitsche

Allen Tierhaltern und -betreuern bedeutete die Peitsche ein wichtiges Instrument der Willensübertragung. Sie erfolgte in der Regel nicht durch rohes Einschlagen — wenn auch das Bild des gewalttätigen Bauern und des Fuhrknechts, der seine Rösser fluchend mit der Peitsche traktiert, jedem bekannt ist —, sondern durch Schwingen und Knallen. Die Peitsche diente als Treib- und Signalinstrument (s. S. 119). Unentbehrlich war sie den Hirten, die sich ihrer in Form der Ringel- oder Rasselpeitsche bedienten. Am Schaft war ein 3—4 cm langer Lederreifen befestigt, in den mehrere Messingringe eingeflochten waren; sie verliehen dem Peitschenschlag Wucht und Klang. Der fränkische »Klingelstock« ist am Ende mit einem Bügel versehen, in dem mehrere Eisenringe lose hängen; wenn der Hirte den Stock schüttelte, rasselten sie und lockten die Tiere an. Über die Funktion der Hirtenpeitsche in Ungarn wird berichtet: »Die Hirtenpeitsche fürchten die Tiere mehr als den Stock. Der Hirt benützt sie weniger zum Schlagen, er lenkt die Tiere eher durch Peitschenknallen und laute Rufe in die gewünschte Richtung. Die Pferdehirten der Hortobágy treiben die Pferde vor sich her, während sie mit dem langen Schlag [Lederriemen] knallen. Bei schweren Gewittern erschrecken die Pferde vor allem vor den Blitzen, und die Hirten halten die Herde zusammen, indem sie das Peitschenknallen durch laute, gellende Jauchzer unterstützen[11].«

Besondere volkskünstlerische Gestaltung erfuhren die 40—50 cm langen Schäfte der Peitschen: sie wurden aus Zwetschgen- oder Nußbaumholz geschnitzt oder gedrechselt. In der fränkischen Hirtenregion wurden sie teilweise »mit weißgebleichtem Knochenbein überkleidet, in das geometrische Muster eingeritzt sind. In die Ritzen sind Farben eingerieben. In der Mitte des Schaftes erhebt sich jeweils ein Knoten, der sog. Knopf, welcher bei einem besonders schönen Peitschenexemplar drei gewundene Bänder darstellt, die sich zum Knoten gleichsam verschlingen. Einlagen von eingehämmertem Messingdraht und Perlmutt vervollständigen den

Zierat«[12]. In der Rhön, wo man seit Jahrhunderten neben anderen Holzgeräten auch Peitschenstiele herstellte, erscheinen die Schäfte häufig als zwei ineinander gedrehte Stäbe[13]. Eine Eigenart der Hirtenpeitschen Ungarns ist die reiche Verzierung des Stockes mit Einlegearbeiten aus Metall. Ferner treten auf: Zinnguß, Metallbeschläge und Schnitzwerk. In neuerer Zeit ist der obere Teil des Stockes oft mit Lederstreifen umflochten[14].

In Tirol beträgt die Länge der Stiele 60—80 cm; sie sind geschnitzt oder gedrechselt und weisen die Form eines dünnen Spitzkegels auf. Der Handgriff ist von der Kegelbasis abgesetzt. Der Kegelmantel wird oft durch Kerbschnittbänder in Felder geteilt, die mit Rosetten, Strahlenwirbeln, Pflanzensprossen und anderen volkstümlichen Motiven ausgefüllt sind. Auch Sprüche, die an Schnaderhüpferln erinnern, können in ornamentaler Art in die Schäfte eingekerbt sein.

Schöne, gut schnalzende Peitschen waren und sind der Stolz jedes Bauernburschen in den Alpenländern. Früher gebrauchte man sie dort auch im Saumverkehr, mitunter auch zur Jagd, um das Wild aus dem Unterholz zu treiben. Vielfach sind sie im Brauchtum verankert. In Graubünden z. B. veranstalten die Burschen eine »Katzenmusik« mit Schellengeläut und Peitschenknall, wenn getrennt lebende Eheleute wieder zusammenziehen[15]. Die größte brauchtümliche Rolle spielt die Peitsche heute noch beim sog. Aperschnalzen, d. i. ein gemeinsames, rhythmisches Knallen, wenn die Bergwiesen beginnen »aper« (schneefrei) zu werden. Ein ähnlicher Brauch ist das heute noch geübte »Wolfaustreiben« im Bayerischen Wald: Der Sinn ist hier und dort das Vertreiben des Winters, der dunklen Dämonen. In manchen Gebieten, z. B. im Pustertal, wird das »Krachen« als eine Art Wettkampf im Herbst geübt, oft Dorf gegen Dorf. Im bayerischen Bad Tölz geht der berühmten Leonhardifahrt ein großes Peitschenknallen der jungen Männer auf dem Marktplatz voraus.

Melkstuhl

Ein Großteil bäuerlichen Wirtschaftens befaßt sich mit der Milch und ihren Produkten. Das Melken der Kühe, Schafe und Ziegen erfolgte ursprünglich in kauender oder knieender Stellung, wie es in einigen wenig erschlossenen Gebieten (z. B. Sardinien) immer noch praktiziert wird. Da die Arbeit bei größeren Viehbeständen immerhin mehrere Stunden in Anspruch nahm, war man auf eine bequemere Melkhaltung bedacht. Ein umgekipptes Schaff oder ein Holzklotz mögen zunächst als primitiver Behelf gedient haben. Einfache Baumhocker schuf man durch Behauen des Stockes (Baumstumpfes), wobei einige Wurzelansätze als Beine belassen wurden[16]. Neben oft kuriosen naturgewachsenen Formen gibt es solche, die das massive Holzstück als Grundstock benützen, in den dann geschnitzte oder gedrechselte Beine eingesetzt werden. Die Sitzfläche wird von Hand geglättet.

195 Melken im Hocken und Stoßbutterfaß, Monatsbild April, Holzschnitt, 1583

Die weitest verbreitete Art ist die des runden, länglichen oder quadratischen Brettes mit drei oder vier eingesetzten, meist schräggestellten Beinen (Abb. 361, 364). Diese Art ist mehr in den flachen Ackerländern, in Norddeutschland und auch in der Poebene, anzutreffen, während in den Alpen Mehrbeinhocker selten sind. Eine Form, die vor allem in der Schweiz und den an sie angrenzenden Gebieten (Allgäu) seit dem 16. Jh. belegt ist, stellt der Einbeiner mit runder, halbrunder oder viereckiger Sitzplatte dar.

In Südtirol kennt man vom Ende des 18. Jh. an den aus dem vollen Holz geschnitzten Einbeiner mit Sattelsitz (Abb. 363). Das Bein ist in der Regel mit einer Metallspitze versehen, damit ein Abrutschen auf nassem oder glattem Boden vermieden wird. In halber Höhe verläuft ein rillenförmiger Napf um das Bein; er nimmt das Fett zum Einschmieren der Zitzen vor dem Melken auf. Bei mehrbeinigen Melkschemeln wurde meistens ein kleines Gefäß an einem der Beine angebracht oder ein Fettloch in das Holz eingeschnitten. Mancherorts, so im Schweizer Kanton Wallis und im Appenzeller Land, ist es üblich, dieses Fett in einem Näpfchen aus einem abgesägten Kuhornende (»Salbhorn«) oder einer Klaue aufzubewahren; es baumelt an einer Schnur vom Rande des Melkstuhls[17].

Während die übliche Höhe 30—50 cm beträgt, ist sie bei Melkstühlen für Schafe und Ziegen geringer. Aus Ostfriesland ist eine zweckmäßige Vorrichtung zum Melken größerer Schafherden überliefert: Die Sitzgelegenheit für den Melker ist mit dem Milchbottich verbunden. »Der eigentliche Melkeimer kommt in den Bottich, das Schaf wird mit dem Euter darüber und mit gespreizten Beinen auf den Rand des Bottichs gesetzt[18].« Dies hat den Vorteil, daß der Melkende nahe an den tiefhängenden Zitzen sitzt und daß das Tier ihm den Eimer, der in diesem Fall ja am Boden stehen muß, nicht umstoßen kann.

Zur normalen Stallarbeit wurden meist einfache, unverzierte Geräte verwendet. Die in Großbetrieben eigens eingesetzten Melker (»Schweizer«) brachten ihre Melkgeräte selbst mit und waren darauf bedacht, schon aus Prestigegründen hervorragendes Werkzeug zu besitzen. Die Einbeiner schnallten sie an einem Lederriemen

um den Leib, wenn sie ein Tier nach dem andern vornahmen. Sowohl das Bein als auch die Unterseite des Sitzes trugen Schnitzereien, die mit viel Ehrgeiz und Sorgfalt ausgeführt waren. Als Hersteller kamen Bauern, Knechte, Melker und Sennen in Frage; dabei taten sich immer Einzelne hervor und übernahmen die Arbeit für weniger Begabte. »Noch vor der letzten Jahrhundertwende wurde ein aufgeschlossener Zimmermann, der winterzeits neben der Besorgung seiner Viehware nicht gerade viel Arbeit hatte, zum anerkannten Betreuer dieses Stallgeräts. Er wußte nicht nur der äußeren Form und der Höhlung eine charakteristische, gefällige Art zu geben, sondern er versah auch das Bein mit Schnitzereien, die sehenswert sind. Dieser Volkskünstler hieß Peter Bleuer. Kaum wagte er es, für seine Arbeit einen angemessenen Entgelt zu verlangen. Für einen Melkstuhl, an dem er tagelang gehobelt, gehämmert und geschnitzt, verlangte er während Jahrzehnten nur fünf Franken, später ging er mit schlechtem Gewissen auf acht hinauf[19].«
Als Hauptmotiv der Verzierung finden sich Kreisornamente, oft eine reizvolle Verbindung mehrerer Sechssterne oder gedrehter Wirbel. Auf den Unterseiten der Einbeiner oder den größeren Platten der Mehrbeiner sind bei späteren Objekten almerische Szenen eingeritzt oder aufgemalt wie z. B. auf einem Melkschemel aus dem Jahr 1853 (Heimatmuseum Ruhpolding/Oberbayern), auf dem in primitiver Weise eine Dorfkirche, von einigen Bäumen umstanden, dargestellt ist; die zum Almabtrieb geschmückten Rinder ziehen gerade ins Dorf ein. Nicht selten sind Kerbschnittbänder oder Schriften angebracht. Auf einem 1777 für »Petter Roth zu Grindelwald« verfertigten Stuhl ist folgender Spruch in ziervoller, schlanker Frakturschrift ausgeführt:

»Wüchs Laub Und Gras
Wie Nid Vnd Hass,
So lebte Manche Kuh des bas[20].«

Melkeimer und andere Milchgefäße

Notwendiger noch als eine zweckdienliche Sitzgelegenheit war das Gefäß, in das die Milch eingemolken wurde. Melkkübel werden bereits bei dem römischen Schriftsteller Vergil erwähnt (mulctra, mulctraria); vermutlich waren diese antiken Gefäße, wie jene in Bayern mit »Multer« bezeichneten, aus Massivholz gearbeitet[21]. Die in bäuerlichen Wirtschaften oder als Museumsbestand überlieferten Exemplare sind fast durchweg Böttcherarbeit, also aus Holzdauben durch Bindereifen zusammengefügte Gefäße. Eimerformen, die als Melkgefäß in Frage kommen, sind aus früher Zeit für die verschiedenen Völkerschaften (Kelten, Alemannen, Franken, Niedersachsen u. a.) erhalten. Meistens handelt es sich um Holzeimer mit Bronzebeschlägen oder -bändern, wie etwa bei jenem schönen, nach oben geweiteten Eimer aus dem Osebergfund in Norwegen (Mitte 9. Jh.). Natürlich kommen für solche Grab- bzw. Schiffsfunde alle möglichen Verwendungszwecke (z. B. auch als Wasser- oder Weinbehälter) in Frage. Bildquellen, die den Zusammenhang mit der Milchwirtschaft wiedergeben, sind erst aus den nachmittelalterlichen Jahrhunderten bekannt. So melkt die kniende Bäuerin auf dem Holzschnitt von 1583 in ein niederes, breites Daubengefäß von zylindrischer Form, bei dem eine Daube etwas höher gezogen und mit einem Griffloch (Tragöse) versehen ist. Wir haben es hier mit der heute noch gebräuchlichsten Form des Melkeimers zu tun. In der Regel ist das Gefäß etwas höher als auf dem Holzschnitt (25–45 cm). Das durchschnittliche Fassungsvermögen ist das Quantum Milch, das eine Kuh gibt; es betrug früher zwischen 6 und 8 Liter. Im Bayerischen Oberland und im Allgäu heißt diese Form des Melkgefäßes »Sechter«. Es ist ein konisches Gefäß mit Griffdaube (»Taufel«) und dient sowohl zum Schöpfen und Gießen, als auch als Melk- und Tränkgefäß (Abb. 366, 367). Der Name leitet sich von lat. sextarius ab, was darauf hinweist, daß es sich um ein altes Maßgefäß (s. S. 116) handelt, das möglicherweise in den klösterlichen Wirtschaftsbetrieb übergegangen ist[22].
In der Schweiz wird dieser Typ als »Melkter« oder »Melchter« bezeichnet. Er kommt nur in der Inner- und Westschweiz vor (ebenso in Teilen Oberitaliens und Istriens)[23], während man im bündnerisch-ostschweizer Gebiet die andere Hauptform verwendet: einen nach oben geweiteten, mit halbkreisförmigem, beweglichen Henkel versehenen Eimer. Diese Melkeimerform ist durch ganz Europa zu verfolgen (Abb. 368, 370). Die Bindung erfolgte durch Weidenruten, Späne oder Metallreifen, wobei die Holzbindung nicht durchweg die ältere Technik sein muß, wie vor der Jahrtausendwende hergestellte Holzeimer beweisen[24]. Zur Erleichterung des Umschüttens waren die Eimer oft mit Ausgußvorrichtungen versehen (Schnabel, Ausschnitt).
Zur Benutzung in den Ställen der Bauernhöfe wurden die Milchgefäße selten verziert. Der Brauch des festlichen Almauf- und -abtriebs jedoch rief einen großen Reichtum an Schmuckformen hervor. Stolz auf seine Kraft und Verantwortung schritt der Senne hochaufgepackt dem Zug voran. Unter anderen Holzgeräten wurde dabei auch der Melkeimer zur Schau gestellt. Kerb- und Flachschnitttechnik sowie Brandstempelverzierungen finden sich neben geometrischen Reihenornamenten; vor allem pflanzliche Motive, Almszenen und Inschriften treffen wir auf den Wänden der Melkeimer im 19. Jh. an. Auf einem Melchter aus dem Kanton Bern ist folgender Spruch eingeschnitten: »DIE KUH IST EIN NÜTZLICHES THIER, MAN BEZIEHT MILCH KÄS UND BUTTER VON IHR. DRUM SEI DEM HÖCHSTEN LOB, EHR, PREIS UND DANCK DERFÜR.« (Ende 18. Jh.[25])
Für den Tag der »Alpauffahrt« benützten dort die Senner oft in starken Farben bemalte »Ersatzböden« für ihre Eimer, die dann auf der »Alp« entfernt und erst wieder für die Talfahrt in Gebrauch genommen wurden[26] (Abb. 173).
Sobald der Melkeimer voll oder eine Kuh ausgemolken war, wurde

die Milch in ein größeres Sammelgefäß geschüttet, sei es, um darin gewogen und abtransportiert zu werden, sei es, um von hier aus im eigenen Betrieb weiterverwendet zu werden. Die Form dieser Gefäße gleicht jener der Melkeimer mit Henkel, ist also entweder zylindrisch oder aber auch nach oben geweitet. Auch diese Schaffe besaßen meist zwei als Griffe nach oben verlängerte Dauben. Seltener kommt die reine Faßform mit dem größten Durchmesser in der Mitte vor.

Wo die Milch weitere Strecken getragen werden mußte, waren die Eimer oft nach oben hin verjüngt, damit ein Überschwappen vermieden wurde. Mit Ketten oder Stricken wurden sie an einer hölzernen Trage über die Schulter gehängt. In den Alpenländern gibt es für den Transport der Almmilch ins Tal verschieden große Rückentragkübel (Abb. 388), in Graubünden »Tansen« genannt[27]. Im Berngebiet (Simmental) wurden diese Gefäße »Brenten« genannt. Das Fassungsvermögen der ganz kleinen Brenten beträgt etwa 6 Liter, das der großen 30—40 Liter und mehr. Sie wurden an Holzreifen getragen, die unten durch eine Kette oder Schnur mit dem Gefäß verbunden waren. Diese Bottiche oder Butten passen sich — wo sie nicht auf eigenen Tragegestellen transportiert werden — dem Rücken an; ihr Grundriß ist oval oder nierenförmig. Größere Gefäße in faßartiger Ausführung wurden mit Hilfe von Sommerschlitten (Aperschlitten) transportiert.

Um die Gefahr des Überschwappens beim Tragen einzudämmen, setzte man Holzscheiben auf die Oberfläche der Milch. In Nordschleswig sind diese Milchschwimmer rosetten- oder kreuzförmig ausgeschnitten, mit Kerbschnitt und Malerei verziert. Wenn sie nicht gerade gebraucht wurden, hing man sie als Schmuckstück über die Stubentür oder an den Herdsims[28]. Mit prächtigen Eimerkreuzen aus dem 19. Jh. kann das Museum in Hamburg-Altona aufwarten (Abb. 376, 377).

Milchseiher, -leiter und -trichter

Die gemolkene Milch mußte beim Umschütten in die Bottiche oder bevor sie zum Aufrahmen in weite, niedere Gefäße kam, durch Seiher von Schmutzteilchen befreit werden. Dazu hatte man verschiedenartige Seihtrichter: Da gibt es eine Form, die aus dem vollen Holz gearbeitet ist, eine runde Schüssel mit angeschnitzten Auflageflächen. In die runde Öffnung des Bodens wurde zum Filtern der Milch ein Tuch aus Leinen oder feiner Wolle eingelegt. Später benutzte man auch ein Haarsieb aus Draht anstelle des Tuches. In Teilen der Schweiz und Italiens verwendete man auch eine Art Bretterkasten, der auf ein Querbrett montiert war.

Eine andere Art des Milchseihers ist der geböttcherte Daubentrichter (schweiz. »Volle«), der sich nach unten zum Seihloch hin verjüngt. Meist ist eine Daube griffartig nach oben verlängert. Dieser kegelförmige Seiher kommt hauptsächlich im Tessin, im Bernland, in Oberitalien und im bayerisch-österreichischen Alpenland vor[29]. Wenn diese »Volle« ohne Griff gearbeitet war, stellte man sie auf die Milchleiter (»Voll-Leiter«), die quer über ein Gefäß gelegt wurde (Abb. 399). Als Milchleiter dienten zweisprossige Leiterchen, oder zwei in einem spitzen Winkel sich schneidende Stecken, die ein Querstab verband. Neben den aus Brettchen gefügten Milchseihern gab es bei manchen Bauern runde, gedrechselte Holztrichter aus einem Stück. Das Auftreten der beiden Grundtypen hängt eng mit der Wirtschaftsform des betreffenden Gebietes zusammen: Wo die Milch in weite Gefäße geseiht werden soll, ist die Form mit dem waagerecht aufliegenden Brett zweckmäßig. Dies trifft wohl in den meisten Fällen zu, weshalb man diesen Typ auch in ganz Europa bis hinauf nach Finnland finden kann. Die Trichterform dagegen wird zum Einfüllen in enge Öffnungen benötigt, so z. B. bei der Fettkäserei, wo man den Seiher in ein Loch des hölzernen Kesseldeckels einsetzt, oder auch zum Umgießen in Tragebutten[30]. Bei beiden Typen bestand der ursprüngliche Filter aus einem Knäuel feinster Tannen-, Gras- oder Bärlappwurzeln, manchesmal auch aus Moos oder dünnen Tannenzweigen, die im Sommer täglich erneuert wurden (Abb. 399, 403). Eine andere urtümliche Form des Siebens wird aus dem Bergell überliefert: »Zwei parallel aufgestellte Bretter waren durch Stäbe verbunden; durch die Stäbe wurden Tannenzweige festgehalten, und durch diese goß man die Milch hindurch[31].«

Gerät zur Rahmgewinnung

Die Milch, die nicht zum Verkauf abtransportiert wurde, war zum täglichen Verzehr oder zum Aufrahmen bestimmt. Dazu schüttete man sie in niedere, weite Gefäße aus Holz oder Ton (norddt. Satten, süddt. Weidlinge), die man in eine geeignete Stellage oder in einen Milchschrank stellte. Um Platz zu sparen wurden die Gefäße mit Hilfe kleiner Brettchen übereinandergestapelt oder — im alpenländischen Gebiet — auf Milchleitern (»Milchkranz«) gestellt. Vermutlich erfolgte das »Aufrahmen« (Rahmbildung) der Milch ursprünglich in Holzgefäßen, so daß das Tongeschirr in diesem Zusammenhang eine jüngere Kulturschicht vertritt[32]. Holz eignet sich deshalb für diese Gefäße besonders gut, weil es auch bei sorgsamer Reinigung noch die für die Gerinnung der Milch nötigen Bakterien zurückhält.

In Verwendung standen Holzschüsseln (Satten) und niedere Holzschaffe (Abb. 389). Im ganzen Alpenraum läßt sich ein niederes, zylindrisches Standgefäß nachweisen, das mit »Stotzen«, »Milchstötzel«, »Stetzel« bezeichnet wird. Im Allgäu und dem Oberinntal hat sich der Name »Gepse« (vom ahd. gepiza) dafür erhalten. Die kurzen Holzdauben (Höhe ca. 15 cm) stehen senkrecht und werden von einem oder zwei Reifen aus Hasel-, Lärchen- oder Weidenholz zusammengehalten. Um die Bindung zu schließen, wird das spitze

Ende einer Rute in eine ösenartige Öffnung am anderen Ende gesteckt. Der relativ große Durchmesser der Stotzen (durchschnittlich 30–70 cm) bei geringer Höhe fördert eine ergiebige Rahmbildung. Diese Stotzenform läßt sich anhand von Bildbelegen bis ins späte Mittelalter zurückverfolgen.

Meistens blieben die Gefäße unverziert; ein gefälliges Aussehen erhielten sie durch den Wechsel von hellen und dunklen Dauben (Tannen- und Lärchenholz).

War die Milch geronnen, so wurde sie abgerahmt. Im Niedersachsenhaus war es alter Brauch, »mit einem Finger am Rande der Satte herumzustreichen, um das Flott loszumachen, das dann an der Ecke umgeklappt und mit einem Holzlöffel abgeschöpft wurde[33]«. Ähnlicher Praktiken bediente man sich anderwärts, z. B. in der Schweiz: »Zuerst fährt der Abnehmende mit dem Zeigefinger dem Rande der Gebse nach, um die Rahmschicht vom Holz zu lösen, dann schiebt er mit der Kelle vorsichtig die Rahmschicht, den ›Pelz‹, gegen den anderen Gebsenrand, sucht ihn möglichst milchfrei auf die Kelle zu bekommen und schöpft ihn so in ein Gefäß[34].« Gewöhnliche Holzlöffel oder – in Gegenden mit bedeutender Milcherzeugung – flache Abrahmkellen mit kreisrunder Laffe waren also die Hilfsgeräte beim Entnehmen des Rahmens. Die Länge des Stiels entsprach etwa dem Durchmesser der Geräte (30–40 cm) und wies am Ende meistens eine Hakenkrümmung (Aufhängevorrichtung) auf (Abb. 391). Der Typus ist vielfach auch als »Große Mehlschaufel« anzutreffen. Größere Exemplare wurden auf den Almen gerne zum Anrühren des Mehlschmarrns (»Melchermus«) verwendet, weshalb sich auch die Bezeichnung »Schmarrnschaufel« für dieses Gerät findet. Da Butter bzw. Schmalz in genügender Menge zur Verfügung stand, wurden diese Mehlspeisen sehr fett zubereitet, so daß eine relativ geringe Menge zur Sättigung ausreichte. Zur Bereitung der täglichen Mahlzeit für ein oder zwei Almleute genügte also das Fassungsvermögen einer Rahmkelle durchaus.

Die Geräte sind oft wegen ihrer ausgewogenen Linienführung und harmonischen Proportionen auch ohne Verzierung der Volkskunst zuzurechnen. In den Alpenländern sind sie mitunter durch schmucke Kerbschnittarbeiten ausgezeichnet: Die Rückseite der Laffe zeigt kreisförmige Ornamente, in deren Mitte Wirbelrosetten oder Sterne angebracht sind. Der Griff kann auch als Butter-Rollmodel ausgeführt und somit reich verziert sein[35].

Sehr alt scheint die längliche Form der Abrahmgeräte zu sein, das Rahmmesser (Rahmzweck, Rahmspan). Es tritt halbmond- oder sichelförmig auf und gleicht dann vorgeschichtlichen Messern, oder auch als gerades, breites, vorne abgerundetes Messer, ähnlich den barocken Vorlegemessern. Die Objekte weisen oft einen zerfransten Rand auf, der die Seihwirkung verstärken sollte. Auch die große Dünne ist nicht als Abnutzungserscheinung zu deuten, sondern gewollt: mit einem elastischen, feinen Abrahmspan (bis zu einem halben Meter Länge) kann man den Rahm am besten von den Wänden streifen.

Verzierungen sind bei den sichelförmigen Messern vorwiegend auf der Klinge angebracht: eingeritzte oder eingebrannte Szenen aus dem üblichen Almmilieu, pflanzliche Motive, Herzsprossen, Monogramm und Jahreszahl (Abb. 371–373). Zu den ältesten datierten Stücken gehört ein Vorarlberger Rahmzweck von 1617, der im Wiener Volkskundemuseum aufbewahrt wird. Beim dünnen Rahmspan konzentriert sich das Schmuckbedürfnis auf den Stiel, der oft phantasievoll beschnitzt oder mit figuralen Durchbruchsarbeiten versehen ist. Liebesgaben sind besonders aufwendig gestaltet und weisen Verzierungen der Klinge und des Stiels auf, der am Griffende ein kleines vollplastisches Herz tragen kann. Besonders kunstvoll mit Durchbruchsschnitzereien bedacht sind die Vorarlberger Rahmzwecke, in deren viersäuligen Stielen oft Rollkügelchen eingearbeitet sind.

Stoßbutterfaß und Rührkübel

Drei große Gruppen von Geräten, die den Milchrahm zu Butter verarbeiten, lassen sich unterscheiden: die Butterschaukel, das Stoßbutterfaß und das Rührfaß.

Die Schaukel war nur in wenigen Gegenden Europas heimisch, sie ist vor allem für Afrika und Asien belegt. In den Pyrenäen sollen aus Schläuchen gefertigte Butterschwingen bis zur Gegenwart vorkommen. In Mittelitalien kannte man aus Buchenholz gedrechselte, runde Büchsen, mit aufschraubbarem Deckel, in denen der Rahm zu Butter geschüttelt wurde[36]. Das Gerät mit der größten Tradition in unseren Bereichen ist ohne Zweifel das Stoßbutterfaß, das durch den Utrechter Psalter bereits für die Karolingerzeit belegt ist und in manchen Gegenden ein Jahrtausend später noch in derselben Form benützt wurde.

Die Form ist die eines Hohlzylinders, der sich nach oben etwas verjüngt (seltener: weitet). Durch ein Loch des Deckels wird ein Rundstab geführt, an dessen unterem Ende eine durchlöcherte Scheibe sitzt (Abb. 195, 379). Dieser Stock (»Rüsche«, »Trampe« usw.) wurde etwa eine halbe Stunde lang stampfend auf- und abbewegt, bis sich der Rahm zu festigen begann, klumpte und schließlich als Butter herausgenommen werden konnte. Die Löcher im Stampfer, manchesmal auch durch Zahnung des Randes ersetzt, vergrößerten die den Rahm in Bewegung setzende Fläche beträchtlich. Um sich die anstrengende Arbeit des Stoßens zu erleichtern, erfand der Mensch verschiedene Hebelvorrichtungen, an die er den Stab anschloß (»Butterwippe«) (Abb. 380). In manchen Schweizer Höfen und Maiensässen (Hütten zur Frühjahrsweide) kann man heute noch solche Mechaniken antreffen. Auch in den Bauden des Riesengebirges gab es bis vor kurzem Vorrichtungen, mit deren Hilfe die senkrechte Stoßbewegung »durch einen Hebel, dessen Lager sich in einem Deckenbalken befinden, in eine waagerechte umgewandelt« wird[37]. Verschiedentlich wurden zur Bedienung dieser Apparate auch Tiere oder Wasserkraft herangezogen.

Die Höhe des Fasses beträgt 50—100 cm, die Breite der oberen Öffnung ca. 30 cm. Der eingefalzte Deckel hält die aufspritzende Milch im Gefäß fest. Das Butterfaß konnte entweder aus Massivholz gehöhlt oder durch Dauben und Reifen gebildet sein. Eine bzw. zwei sich gegenüberliegende Dauben sind oft zu Griffen verlängert.

In der traditionsreichen Berchtesgadener Hausindustrie waren die einzelnen Zunftgruppen streng voneinander getrennt. So hat z. B. im Jahr 1698 ein »Zimmermannssohn« den Antrag gestellt, in das Handwerk der »Lägel- und Rierkübelmacher« aufgenommen zu werden. Der Beleg bezeugt, daß es bereits im 17. Jh. im Alpenländischen nicht nur das Stoßbutterfaß, sondern auch den Rührkübel gab[38]. Im 18. Jh. verdrängte er in steigendem Maße die alte Butterstampfe (Abb. 381). Auf den größeren Alpen der Schweiz wurde um 1700 das sog. Mühlsteinfaß üblich, ein Rührkübel in mühlsteinartiger Form, der in einem Holzgestell aufgehängt ist. Durch eine kurbelgetriebene Achse werden im Innern die als Flügel zusammengefügten Schlagbretter in Drehung versetzt. Wie das Schlagbrettchen beim Stoßbutterfaß, so sind auch diese »Dauben« meist durchlöchert. Auf der Oberseite ist eine 10—15 cm lange Öffnung zum Einfüllen des Rahmes und zum Entnehmen der Butter angebracht und durch einen gut sitzenden Deckel verschlossen (Abb. 378). Eine kleine Öffnung zum Abzapfen der Buttermilch befindet sich am Kübelboden. Nach Möglichkeit wurde das Rührfaß mit einem Wasserantrieb verbunden.

In Bayern und Österreich kannte man mehr das einfache, in einen Kasten oder in ein faßartiges Gehäuse eingeschlossene Drehgerät. Eine Sonderform ist ab ungefähr 1850 in Norddeutschland zu verzeichnen: die Butterschaukel oder -wiege: Der Kasten wird wiegend hin- und herbewegt, wobei der Rahm durch zwei Einsätze mit Längsstreben (»Trallingen«) fließt; größere Geräte (für 8—10 l) wurden von zwei Personen bedient, die die Hände auf der Seite fest gegen den Deckel stemmten.

Mit dem Buttern ist mancher Volksglaube und -brauch verbunden. Im Braunschweigischen steckte man einen geweihten Haselzweig in den Rahm, um das Steifwerden zu beschleunigen[39]. Sonntags buttern war verpönt; der »Mann im Mond« war zur Strafe für sonntägliches Buttern auf den Mond versetzt worden. Der in der Volksmedizin als besonders heilkräftig und segenspendend geltende Wacholder fand auch beim Buttern mit Vorliebe Verwendung: »Tüchtige Bäuerinnen besaßen für ihr altes Holzbutterfaß einen Butterstampfer aus seinem Holz, womöglich gar in der Walpurgisnacht geschnitten[40].«

Butterkneter

Nachdem der Rahm zu Butter verarbeitet war, wurde die Masse aus dem Faß oder Kübel genommen und mit reinem Wasser geknetet. Damit der Rest von Buttermilch, der die Butter rasch säuern und ranzig machen würde, ganz herausgepreßt wurde, verwendete man bei größeren Mengen mechanische Knetapparate. Es waren dies gerillte Holzwalzen, die an einem Ende mit der Unterlage fest verbunden und mit dem griffartigen anderen Ende im Halbkreis hin- und hergerollt wurden. Bei kleineren Mengen bediente man sich dazu nur einfacher Holzbrettchen.

Butterformgeräte

Nur selten aß die bäuerliche Bevölkerung Butter. Sie wurde teils für den Küchenbedarf zu Schmalz zerlassen, teils für den Verkauf abgewogen und auf den Markt gebracht. Zu diesem Zweck formte man sie zu länglichen Ballen oder Stücken. Um diese Marktbutter zu kennzeichnen und möglichst ansehnlich zu machen, bediente man sich verschiedener Holzgeräte, die beschnitzt waren und ihr Reliefdekor auf der Butter zurückließen. Besonders festlich geschmückt wurde die Butter an bestimmten Feiertagen des kirchlichen Jahreslaufes und des Familienlebens. Im Volksglauben kommt ihr ähnliche Funktion zu wie den symbolisch geformten Gebäcken (Gebildbroten)[41]. Geweihte Butter trug man von der Ostermesse nach Hause oder man brachte sie dem Grundherrn als österlichen Butterzins. Beim Hochzeitsbrauchtum spielte die prächtig verzierte Brautbutter eine bedeutende Rolle. Aufbauten mit architektonischen, figuralen und floralen Motiven wurden freiplastisch gestaltet. Im Gebiet um Celle z. B. errichtete man einen kegelförmigen Butterberg, den man mit humorvollen Figuren verzierte und mit einem Blumenstrauß bekrönte. Auch im Lungau (Österreich) hat man ganze Tempelbauten aus Butter, oft mit religiösen Gestalten verziert, auf den Hochzeitstisch gestellt[42]. Häufiger aber geschah das Schmücken der Butter mit Hilfe geschnitzter Geräte. Über diese Formgeräte liegen nur wenige Detailuntersuchungen vor, so daß ihre Entstehungsgeschichte und ihre geographische Verbreitung weitgehend unklar bleibt. Es soll versucht werden, die einzelnen Typen zu kennzeichnen:

Das Butterbrett von hochrechteckiger Form mit angeschnittenem Griff scheint in den westlichen Alpen vorherrschend zu sein. Mit der glatten Seite formte und knetete man die frische Butter, mit der geschnitzten Seite versetzte man darauf dem Ballen einen festen Schlag und prägte so die Verzierung auf. Im Schweizer Simmental und im Engadin sind solche »Butterschlaglöffel« oder »Ankenmodel« (Anken = Butter) heute noch in Gebrauch. Die gleiche Art von Butterbrett (»tape«) war in Savoyen beheimatet und wurde dort durchweg von der männlichen Bevölkerung selbst gefertigt[43].

Es haben sich Objekte aus dem frühen 18. Jh. erhalten. Viele sind flächenfüllend mit Kerbschnittdekor besetzt, etwa mit IHS in einem großen Strahlenkranz, mit Herzen, Radkreuz usw. Die Größe liegt im Durchschnitt bei 20 auf 40 cm.

Eine niedersächsische Sonderform, die vor allem in den Vierlanden gebräuchlich war, scheint das Muldenbrett zu sein: In einer rechteckigen Holzplatte ist eine kuppelige Mulde ausgehoben. Da das Gerät hauptsächlich zum Ausschmücken der Buttergeschenke bei Hochzeiten dient, überwiegen bei der Beschnitzung der Vertiefungen die Monogramme der Brautleute und die Liebessymbolik[44].

Das Vierländer Muldenbrett ist ein Mittelding zwischen dem Butterbrett und der ausgehöhlten Model. Aus einem Stück gearbeitete Model in runder, viereckiger und ovaler Form sind fast über ganz Europa verbreitet; ihre Herkunft läßt sich selten genau bestimmen. Eines der frühesten Stücke scheint das Rundmodel mit Adam- und Eva-Motiv aus dem Bozener Museum zu sein[45].

Der Klappmodel (»Butterkastl«, »Butterstöckl«) beschränkt sich auf den Alpen- und Voralpenraum (Abb. 390). Möglicherweise hat er seinen Ursprung im Berchtesgadener Land. Von den dortigen Schnitzern wurde er in großer Zahl gefertigt und exportiert. Die Geräte sind auch bei den Bauern der westungarischen Heanzerei (volkskundlich geschlossenes Gebiet in Westungarn) nachzuweisen, wo sie vermutlich durch Salzburger Wanderhändler eingeführt wurden[46]. In Oberbayern trifft man sie häufig an, während sie im übrigen Bayern fehlen. Diese Klappmodel lassen sich bis ins 18. Jh. zurückverfolgen. In der Regel bestehen sie aus einem quadratischen Bodenbrettchen und vier rechteckigen bzw. trapezförmigen Seitenteilen, die am Mittelstück mit Drahtklammern oder Scharnieren befestigt sind. Wenn sie senkrecht aufgestellt sind, bilden sie einen prismatischen Hohlraum, in den die Butter gedrückt werden kann. Den geschlossenen Model hält ein hölzerner Reif zusammen. Die Höhe beträgt 10–30 cm, der obere Durchmesser 5–10 cm. Hin und wieder ist das Mittelbrettchen stufenförmig ausgearbeitet, wodurch die Butter einen turmartigen Abschluß erhält. Von den Seitenbrettern werden ihr Blumen und religiöse Segenszeichen, Jagd- oder Almfiguren aufgeprägt.

Manche Almen wahrten bis um 1900 den Brauch, auf den großen Butterballen, die ins Tal geschafft wurden, Eigentumsstempel anzubringen. Doch sind Butterprägegeräte in Stempelform durchaus nicht auf die Alpenländer beschränkt. Unterfranken kennt sie ebenso wie Hessen, die Pfalz und das Elsaß[47]. Zu den geraden Formen mit Griff oder Knopf treten die nach oben gewölbten Deckelformen, die im Salzkammergut hergestellt werden. Groß ist die Vielfalt der Gestaltung: Es gibt ganz einfache, viereckige Holzklötze, auf denen nur ein IHS oder ein Besitzermonogramm eingeschnitten ist, und runde, ovale, rautenförmige Brettchen mit einer Fülle von Schnitzereien in der Mitte der Fläche und an den Rändern (Abb. 396, 397). Besonders kunstvolle Aufdruckmodel kennt man in Vorarlberg. Oft waren die Aufdruckgeräte kombiniert mit einem Butterrad: Auf einem Gestell über dem quadratischen Stempelblock war ein Holzrad in einer Achse freibeweglich eingehängt (Abb. 394). Das Rad konnte auch an einem gedrechselten Stiel angebracht sein, oder es war auf beiden Seiten eines Mittelstockes je ein bewegliches Rad (mit verschiedenem Muster) montiert. Zeitlich reichen die Butterradl bis zum Beginn des 17 Jh. zurück; ein Objekt des Oberösterreichischen Landesmuseums zu Linz (1659) dürfte zu den frühest datierten Geräten gehören. In Oberösterreich haben sich überhaupt zahlreiche Rollmodel erhalten. Bei manchen erscheinen die Räder walzenförmig verbreitert und ähneln den Marzipanmodeln. Durch die 20–40 cm langen Rollen ist eine Eisenstange geführt, die an beiden Seiten Holzgriffe aufweist.

Erwähnt seinen schließlich noch die Butterkämme, die in der Gegend von Bad Ischl (Salzkammergut) beheimatet waren; mit ihnen wurden die Seitenteile der Butterstücke gerieft.

Betrachtet man den Dekor all dieser Butterformen, so kann man – im Groben gesehen – eine chronologische Abfolge der Motive feststellen, wie dies auch bei anderen volkstümlichen Gegenständen z. B. bei Kästchen, Spanschachteln und Wiegenbögen in gleicher Weise der Fall ist: Auf ganz alten Formen überwiegen religiöse Zeichen und Bilder; im 18. Jh. treten mehr und mehr pflanzliche Schmuckelemente hinzu, während im 19. Jh. das Figurale (Almerisches, Jagd, Liebe) neben dem Geometrischen breiten Raum einnimmt. Im 20. Jh. sind einfache Blumenmotive (Maiglöckchen, Edelweiß) vorherrschend.

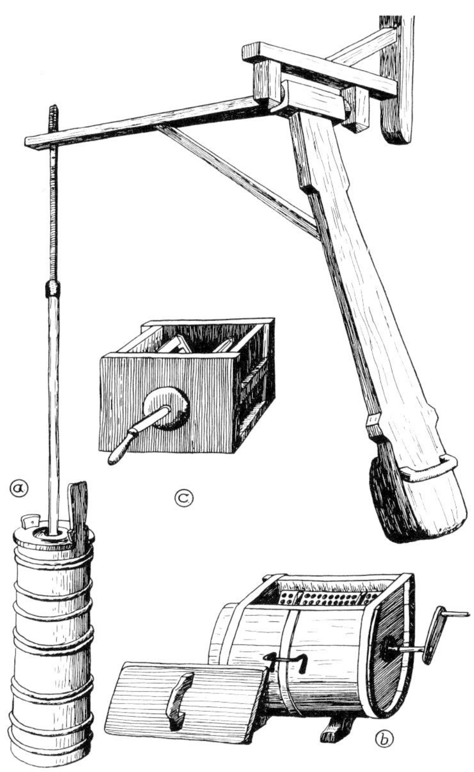

196 Butterwippe (a) und Drehbutterfässer (b, c), nach Bomann

Aus der abgerahmten Kuhmilch wird Magerkäse, aus der Vollmilch Fettkäse gewonnen. Ausschließlich als Vollmilch wird die weniger fette Ziegenmilch weiterverarbeitet. Magermilch kommt – oft zusammen mit Buttermilch – in den Käsekessel und wird dort unter Rühren erhitzt. Die Masse muß mit Lab (Kälbermagen) langsam eingedickt und gewendet (»gebrochen«) werden. Dazu benötigt man hölzerne Käserührer (»Brecher«, »Käsemesser«). Als Urform dieses Gerätes kann das entrindete Bäumchen, das in der alten Küche auch als Quirl diente, angesehen werden. Die naturgewachsenen Äste wurden entsprechend gestutzt. Aus diesem Gerät entwickelte sich der Stab, in den kurze Holzstücke eingezapft sind. Es können auch dünne Späne oder Ruten durch das untere Ende des Stabes gezogen, aufgebogen und dann ellipsenförmig zusammengesteckt sein (Abb. 197, 400). Neben diesen gibt es noch viele andere Lokalformen von Käsebrechern; allein aus den italienischen Gebieten konnten 11 Arten zusammengestellt werden[48].

Bei weiterer Erwärmung der Käsemasse beginnt sich der weiße Käsestoff von der hellgelben Flüssigkeit (»Sirte«) zu trennen. Man läßt die Käsemasse in einem Seihgerät abtropfen und gibt sie nun in Formgefäße, die – je nach Größe – Napf-, Schüssel- oder Kistengestalt aufweisen. Sie sind am Boden mit Abflußlöchern ausgestattet.

Seih- und Ablaufgeräte spielen bei der Käseverarbeitung eine große Rolle. Auf ein hohes Alter (mittelalterliche Belege) kann das »Kaskar« zurücksehen, ein konisch nach unten verjüngtes, kleineres Gefäß, das Löcher am Boden und oft auch an den Wänden besitzt. Damit die Flüssigkeit besser ablaufen kann, ist das Gefäß durch kurze Füße vom Boden abgehoben. Während das Kaskar in ganz Europa verbreitet gewesen zu sein scheint, blieb der Topfenseiher in Form einer Wiege (»Kasleiter«, »Schottenwiege«) nur auf die Länder mit altbayerischer Bevölkerung beschränkt: Zwei halbrunde Brettchen sind an ihren Rändern durch hölzerne Sprossen verbunden. In die so geschaffene Mulde (Wiege) legt man ein Seihtuch.

Größere Käsemassen umschließt man auch mit einem elastischen Holzreif (schweiz. »Järb« oder »Werb«) und gibt sie in ein Bettergestell. Vermutlich waren ursprünglich Rindenstücke in Verwendung, wie sie gelegentlich heute noch in abgeschiedenen Alpentälern als Formreifen eingesetzt werden. Sie sind mit einem Verschluß versehen, der ein Zusammenziehen des Reifens ermöglichen kann.

Bei der Fettkäsebereitung wird die Käsemasse zunächst in ein Tuch eingeschlagen und in das »Järb« gelegt. Ein Käsebrett dient ihm als Boden, ein anderes wird obenauf gelegt. Den Vorgang des Entwässerns beschleunigen Pressen. »Als Presse benutzt man in den Sennhütten einen mit großen Steinen beschwerten Balken, der mittelst einer einfachen Hebelvorrichtung gehoben werden kann. Auf

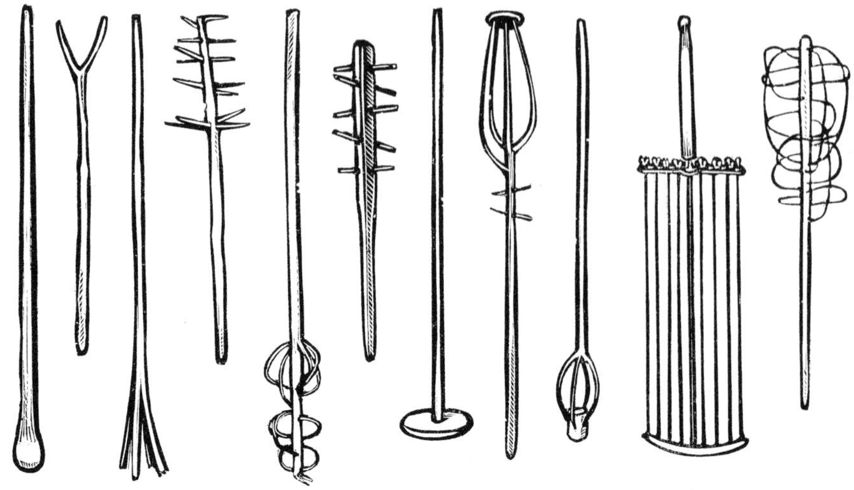

197 Käsebrecher aus Italien, nach Scheuermeier I

das obere Käsbrett kommt zunächst ein starkes Querholz, darauf ein starker Stab, der unter den Querbalken, nachdem derselbe durch einen Zug am Hebel gehoben wurde, gestellt wird. Auf dem ruht die Last des ganzen Balkens, und er preßt so auf das obere Käsbrett und dadurch auf die Käsemasse. Mehrmals am Tage wird der Käse aus dem Järb genommen, gewendet, mit trockenen Tüchern umgeben und nachher wieder unter die Presse gelegt[49].«

Hat man eine Reihe von Käseformen aufzustellen, so gibt man sie auf einen »Käsetisch« (»Käsebank«) mit Preßgewinde. Das Unterlagebrett besitzt eine Ablaufrinne für das Käsewasser (»Schotten«), das in einen untergestellten Eimer rinnt. Dieses System ist in Milchwirtschaftsgebieten allgemein gebräuchlich, nicht nur in der Schweiz, sondern auch im Marschengebiet an der Nordsee, wie im Allgäu.

Die nach der Entnahme der Käsemasse im Kessel verbliebene Flüssigkeit (Käsemilch, Sirte), wird durch Zugabe von saurer Schotte (»Milchessig«) einer erneuten Erwärmung unterzogen. Der Zieger, eine schaumige, weiße Masse, schwimmt nun obenauf. Er wird mit einer langstieligen, durchlochten Kelle herausgehoben und in ein Abtropfgefäß gegeben oder einfach nur in einem Seihtuch aufgehängt. Auf den Almen erfährt der oft in großen Mengen anfallende Zieger eine Sonderbehandlung: »Manchmal wird er auch während der ganzen Alpzeit in einem großen Sammelgefäß, das aus Tannenrinde verfertigt sein kann, aufbewahrt und festgestampft. Der gelagerte Rohzieger kommt zu Ende der Alpzeit mit dem sog. Alpnutzen zu Tale, wo er weiterverarbeitet wird. Er wird in einer Ziegermühle oder Ziegerpresse zerkleinert ...[50]« Diese Geräte sehen wie ein umgedrehter Zuckerhut aus und ruhen auf drei dünnen Beinen. Eine hölzerne Kurbel reicht ins Innere. Nach dem Würzen muß die Masse in einem speziellen »Ziegerstöckli« geformt und getrocknet werden.

Der weitgehend getrocknete, gesalzene und gewürzte Käs wurde bei Alm- und Hirtenvölkern früher oft noch in einen Käse-Model gegeben, der — ähnlich der Butter- oder Lebzeltermodel — seinem eingegebenen Gut eine Verzierung aufprägte. In Rumänien sind bis zur Gegenwart Käsemodel von geringer Tiefe in Gebrauch: Zwischen zwei rechteckige oder runde Formbretter wird der flache Käse gelegt und erhält durch die flächenfüllenden Schnitzereien seine Verzierung. Die Motive sind meist geometrischer oder floraler Art, tief eingeschnitzt oder gekerbt (Abb. 398). Als Hölzer werden Linde, Ahorn und Buche bevorzugt. Aus Ahornholz geschnitzt sind auch die Formen, in die polnische Almhirten ihre Käse gaben. Ein zylindrischer Hohlkörper besteht aus zwei Längshälften, die durch einen hölzernen Deckelaufsatz geschlossen und mit einer Schnur umwunden werden. Das Innere und der Deckel sind reich beschnitzt. Des weiteren wurden flache Herzformen mit Deckel und Tierformen benützt, bei denen Enten, Bären, Schafe usw. ziemlich grob aus einem Stück herausgearbeitet waren[51].

Käsedeckel

Nicht zu verwechseln mit den Käsemodeln sind die Käsedeckel, die ohne Griff und weniger tief gearbeitet sind. Die runden Bretter benützte man zum Abdecken der in den Formreifen (»Järb«) trocknenden jungen Käsemasse; dies war vor allem dann wichtig, wenn man einen längeren Weg von der Almhütte zu einem eigens für die Käselagerung geschaffenen Speicherraum zurücklegen mußte. Im 18. Jh. kam der Brauch auf, die Oberseite der Käsedeckel mit Kerbschnitzereien zu verzieren. Kreisgebilden mit Sternen und Rosetten gesellen sich pflanzliche und tierische Motive bei. Jahreszahlen und Umschriften in Fraktur- oder Antiquaschrift weisen häufig hervorragende künstlerische Qualität auf (Abb. 404)[52].

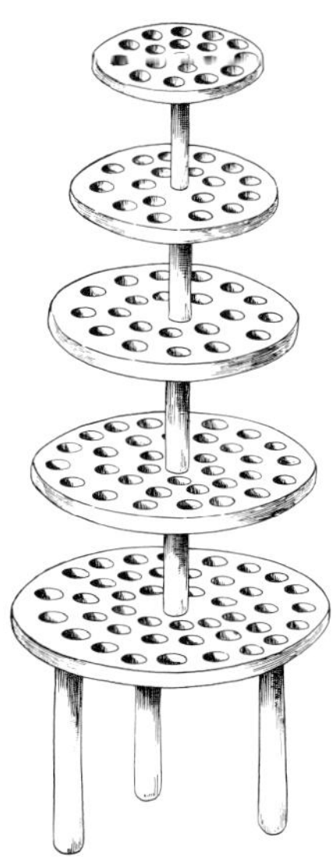

198 Eierständer für 123 Stück, Niedersachsen, vermutlich 19. Jh., Zeichnung aus dem Museumsdorf Cloppenburg

Arbeiten in Hof und Feld

Bis zu Beginn unseres Jahrhunderts beruhte das ländliche Wirtschaften weitgehend noch auf Selbstversorgung. In armen und abgelegenen Gebieten, wo man weit von Markt und Stadt entfernt lebte, wurde diese Wirtschaftsform besonders lang beibehalten. So besorgte z. B. in bäuerlichen Betrieben des Walliser Bezirkes Goms (Schweiz) noch viele Arbeiten, die anderweits Handwerker ausführten, bis etwa 1920 ein Mitglied der Familie. Abgeschlossenheit und Geldmangel waren die Ursache[1]. In Tirol galt es als ungeschriebenes Gesetz, daß die Jungbauern vor der Hofübernahme ein Handwerk — meist Zimmerei oder Tischlerei — erlernten, um später Haus und Hof in Ordnung halten zu können. In den teilweise sehr einsamen Gebieten der deutschen Mittelgebirge und des skandinavischen Nordens mußten die Bauern oft ganz auf sich gestellt leben. Hier hielt sich der Gedanke der Selbstversorgung noch, als im übrigen Europa längst Arbeitsteilung und handwerkliche Spezialisierung üblich war[2].
Es war ein Gebot der Notwendigkeit, daß das für solcherlei Arbeit nötige Werkzeug auf dem Hof vorhanden war: Hacken, Beile, Sägen, Hobel, Bohrer, Messer, eventuell auch Drechslereisen, Zirkel, Hohleisen, Senkblei u. a. m.

Heinzelbank, Spangeiß, Dengelstock

Eines der wichtigsten Geräte für alle Bastelarbeit war die Heinzelbank[3] (bayerisch-österr. Hoanzlbank, Hanslbank, Schnitzlbank), im nördlichen deutschen Sprachraum auch Werkbank, Ziehbank oder Zugbank genannt. Das Gerät besteht aus einer einfachen etwa 1½ m langen Bank mit vier Füßen. Es besitzt eine verstellbare Klemmvorrichtung (Gesamthöhe ca. 1 m), die man mit einem Fuß bedienen kann (Abb. 408, 412). So bleiben die Hände zur Arbeit frei. Das Fußbrett ist mit einer Hebelstange verbunden und schwingt frei im Schlitz eines schräg aufgesetzten Brettes. Gearbeitet wird im Reitsitz. Für den Klemmkopf eignet sich besonders ein Holzstück mit natürlicher Krümmung. Das dicke Ende dieses Holzstücks ist in vielen Fällen zu einem Kopf mit menschlichen oder tierischen Zügen geformt. Darunter gibt es vielfach groteske Gebilde, grinsende oder die Zunge reckende Gesichter, aber auch ganz »auf fein« gemachte Männer oder Frauen in Tracht, im Soldatengewand usw. Häufig trifft man Pferde- und Ziegenköpfe an, gelegentlich auch ornamentale Zutaten wie Sterne, Wirbel und Flechtbänder.
Manche Heinzelbank ist für besondere Herstellungstechniken eingerichtet: zum Schindelputzen, zur Fertigung von Holzschuhen, von Faßdauben usw. Der Herstellung von Spänen (Leuchtspäne vgl. S. 19) diente eine primitive Drehbank (im bayer. Sprachge-

brauch »Spangoaß« oder »Spanbock« genannt)[4]. Diese Drehbänke scheinen im östlichen Alpen- und Voralpengebiet beheimatet gewesen zu sein. Ein Stück Holz — in der Regel Birke — wurde eingespannt und während des Drehens durch ein scharfes Messer »abgezogen«. Die genaue Beschreibung eines solchen Gerätes ist aus dem Bayerischen Wald überliefert: »Eine Spandrehbänk fand ich in Oberried bei Drachselsried, Kreis Viechtach, heute als Drehbank eines Wagners. (Die Zeichnung zeigt nur ihr eigentliches Werk, das mit Latten und Bohlen an das Zimmerwerk des Schuppens angeschlagen war, in dem der Wagner arbeitet.) Ihre höchst einfache Bauart erklärt ihre Benutzung von selbst. Am Handgriff des Schwungrades wurde ein Faulenzer (F) angebracht, so daß mehrere Leute an dem langen Stiel mit vereinter Kraft drehen konnten. (Müllner trieben ihre Spandrehbänke auch mit der Mühle an.) Sinnreich ist die Gestalt des Draheisens. Seine um die Achse (A) drehbare Schneide (S) ist mittels der Schraube (X) zu verstellen. Der Handgriff (H) dient zum Auflegen auf das Querholz (Q) und zum festen Andrücken an den Birkenstock (St.). »Spandrah is a Kunst, wannst net recht hihoitst, des wirft di aso, daß d' net hörst und net segst. De birkan Stock han in Bo'ofa (Bachofen) bacha worn, de han hoaß o'draht worn, da is am bessern ganga. Oa (manche) han Spastock in Mist einitoa, wann der hoaß gwen is. Oa hans kocht, aber wer hat an sou an groußn Kessl für meterlang' Stöck?![5]«
Erwähnt seien noch jene »Bänke«, »Böcke« oder »Stöcke«, meist in der Scheune oder im Geräteschuppen aufbewahrt, die zum »Dengeln« der Sensen dienten. Der »Dengelstock« besaß keine Klemmvorrichtung, hatte aber mit der Heinzelbank den bankartigen Sitz gemeinsam. Dieser war an einem Holzbock von etwa einem halben

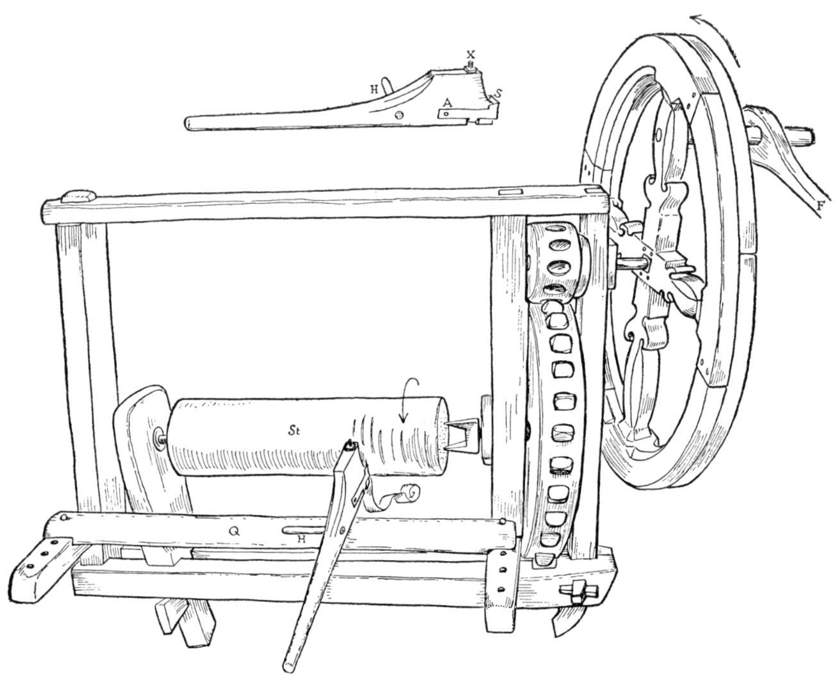

199 Spandrehbank, nach v. Zaborsky

Meter Höhe befestigt. Auf einen kleinen, viereckigen Eisenpfropfen, der in das Holz eingesetzt war, wurde die Sense gelegt und mit dem Hammer bearbeitet, bis alle Scharten beseitigt waren[6]. Ähnliche »Stöcke« — häufig aus Massivholz — dienten als Unterlage beim Beschlagen der Pferdehufe.

Arbeitsgabel

An der Heinzelbank entstanden nicht nur Stiele für Werkzeuge aller Art, sondern auch einfachere Geräte. So verstanden sich nicht wenige Bauern darauf, ihre Rechen und Gabeln selbst zu fertigen, obwohl in aufgeschlossenen Landstrichen eigene Rechenmacher oder Zimmerleute auf den Märkten bzw. im Wanderhandel ihre Produkte feilboten. Auch Gabeln, wo sie nicht in Heimarbeit hergestellt wurden, stammten vom Rechenmacher. Als Stroh-, Mist-, Heugabeln usw. fanden sie vielseitige Verwendung. Hier sollen nur die ganz aus Holz gefertigten Gabeln, die zum Sammeln, Wenden, Schlichten, Reichen, Streuen dienten, betrachtet werden.
In Kalendarien und Gebetbüchern des ausgehenden Mittelalters sind diese Geräte schon bezeugt. Das Kalenderblatt des Juli stellt meist die Heuernte dar mit Frauen, die sich solcher Gabeln bedienen.
Die aus natürlichem Wuchs geschnittenen einfachen zweizinkigen Gabeln waren sehr massiv und haltbar. Sie wurden vorzugsweise aus Buchenholz gewonnen und auf eine Länge von 1½ m gebracht. Im deutschen Tiefland trifft man sie noch heute an. Dieser »Strohgaffeln« bediente man sich hauptsächlich beim Dreschen, um die Garben zu wenden und wegzuräumen sowie zum »Kehren« des Flachses. Sie finden auch am Balkan, in Polen und auf der Iberischen Halbinsel noch Verwendung[7].
Mehrzinkige Holzgabeln als Naturprodukt sind selten. Auf einem Holzschnitt aus Montevillas »Reise ins Heilige Land« 1481 ist eine solche Gabel belegt. In den slawischen Ländern hielt man jahrhundertelang an diesen sehr haltbaren Geräten fest. Das war allerdings nur in waldreichen Gebieten möglich, wo man entsprechende Naturgebilde auffinden konnte; war dies nicht der Fall, so mußte eine Zinke eingesetzt oder angenagelt werden. Meistens läuft der Stiel in die Mittelzinke aus; seitlich sind 1—2 Zinken eingesetzt, die durch Querverstrebungen Halt gewinnen. Eine Verstärkung durch Eisenbänder an den Gabelungen und durch Eisenspitzen tritt hinzu. Die Gesamtlänge beträgt durchschnittlich 170 cm, die Länge der etwas aufgebogenen Zinken 60—70 cm (Abb. 413).
Nach der Fertigstellung werden die Gabeln meistens gebäht, damit sie härter und widerstandsfähiger werden[8].
Hölzerne »Kunstgabeln« sind in allen Gebieten Europas belegt, je nach Verwendungszweck etwas unterschiedlich in der Gestalt. Die polnischen Rübengabeln z. B. haben flachere Formen und breite Zinken mit eisernen Querverbindungen. In Südgalizien (Spanien)

200 Bauer mit Heugabel, Holzschnitt, 1481, aus: Montevilla, Reise ins Heilige Land

201 Bäuerin mit Heurechen, Zeichnung von Josef v. Führich, Mitte 19. Jh.

bedient man sich zum Aufladen von Ginster einer aus einem Stück geschnittenen mehrzinkigen Holzgabel[9].

Die hölzerne Kartoffelwaschgabel scheint nur im süddeutsch-österreichischen Raum gebräuchlich zu sein. Ein Stiel von ca. 150 cm Länge ist vorne etwas nach oben gebogen; an diesem Ende sind hölzerne Rundstäbe (Sprossen) durch Bohrlöcher gesteckt, die an den Seiten in Brettchen eingelassen sind. Der vordere Teil der Schaufel gleicht einer Schottenwiege. Die Kartoffeln konnten mit dieser Gabel geschöpft und zur Entfernung der Erde unter fließendes Wasser gehalten werden.

Eine Sonderform stellen die großen hölzernen Forken dar, die zum Verladen von Torfstücken, der Soden, dienen. Ihr Vorderteil, der auf einen massiven Stiel aufgenagelt wird, gleicht einem Lattenrost.

Rechen

Wie die hölzerne Arbeitsgabel so zeichnet sich auch der Rechen durch Einfachheit der Herstellung und Handhabung aus, eine Eigenschaft, die ihn Jahrhunderte überdauern ließ. Die vielfältige Verwendung als Laub-, Heu-, Stroh-, Kohlen-, Stein-, Garten- usw. Rechen macht ihn zum unentbehrlichen Helfer in der bäuerlichen Wirtschaft.

Bestimmte Grundformen haben sich herausentwickelt, wobei sich eine eindeutige Bindung an einen jeweils ortsgebundenen Gerätetyp feststellen läßt: es wird also fast durchweg in einer bestimmten (Klein-) Landschaft nur eine Form verwendet; selten kommt es zur Vermengung der Grundtypen[10].

Die Formen der Rechen unterscheiden sich hauptsächlich durch die Anbindung des Stielansatzes, d. h. durch die Art, wie der Querbalken (»Kamm«, »Bank«, »Joch«), der die Zähne (Zinken) trägt, mit dem Stiel verbunden ist. Den Blattrechen (Blattstiel-, Schaftrechen) findet man sowohl in Teilen Österreichs und Italiens, wie in Deutschland (z. B. in Oberbayern), Jugoslawien und Schweden. Der runde Stiel ist ca. 20–45 cm unter dem Rechenbalken deutlich abgesetzt, verflacht und verbreitert. In der Mitte des Kammes ist das Blatt eingezapft und verkeilt. Der Kamm selbst besteht aus einem kantig zugeschnittenen Holzstück, das sich zum Stiel hin verbreitert. In manchen Gebieten ist er leicht geschwungen und an den Enden jochartig eingebogen. Die Zinken, deren Zahl zwischen 18 und 25 schwankt, sind in spitzem Winkel zum Stiel eingesetzt. An Holzarten nahm man für den Schaft in der Regel Fichte, für den Balken Laubhölzer (Buche, Esche, Ulme, Ahorn) und für die Zähne das elastische Holz der Berberitze oder des Haselstrauches. »Die Herstellung von Rechen verstehen manche Bauern sehr gut, die dann auch den gesamten ›Rechnzoig‹ (Werkzeug) besitzen und sich das nötige Holz beschaffen: Buchen- oder Eschenholz für das Joch und ›Poaslbamholz‹ (von der Berberitzenstaude) für die ›Zähnt‹; der Stiel ist aus Fichtenholz[11].«

Die relativ breite Fläche des Stielblattes bietet Platz für Auszier, die hauptsächlich mit Hilfe von Brandstempeln geschieht, manchmal auch eingeritzte Ornamente, die mit Ölfarbe in Rot, Grün oder Blau ausgefüllt sind, aufweist. Man nimmt an, daß die auffallende Zierfreude, die an den Blattrechen Kärntens zu beobachten ist, wenigstens zum Teil dem Bedürfnis entsprungen ist, einzelne Geräte voneinander zu scheiden und für ihre Eigentümer und Benützer zu kennzeichnen[12].

Neben dem Blattstielrechen ist in Europa der Zwieselrechen der gebräuchlichste; in Nord-, Ost- und Südosteuropa steht er an erster Stelle. Auch in Bayern trifft man ihn häufig an. Grundprinzip ist die naturgewachsene Astgabel (Zwiesel), auf der ein Rechenbalken befestigt ist. Diese Form kommt dreizinkig als Heurechen vor: Dazu wird die besondere Wuchsart junger Birken, die im Wipfel gegenständige Astpaare aufweisen, genutzt. Man rühmt diesen großen, schweren Gabelrechen ungemeine Haltbarkeit nach. Gewichtsmäßig leichter und auch einfacher herzustellen ist der Rechen, bei dem die Zwieselung künstlich durch Spalten des Schaftendes herbeigeführt ist. Der anspruchslose Böhmerwälder Zwieselrechen wird folgendermaßen beschrieben: »Der Rechen besteht aus zwei Teilen: aus der ›Furtl‹ oder ›Furchl‹, wie der Stiel heißt, weil er vorne gegabelt (Forke = Gabel) sein muß, um das ›Haupt‹, welches die Zähne trägt, festhalten zu können. Der Stiel besteht immer aus einer schwachen Fichtenstange, wie sie als Dürrlinge beim Durchputzen der jungen Bestände in hinreichender Menge gewonnen werden ... Sie werden mit dem Reifmesser geputzt und dann mit einem eigenen Rundhobel geglättet. Zur Aufnahme des Hauptes wird das Ende mit der Säge geschlitzt[13].«

Eine dritte Grundform von großer Streuweite (östliches Alpenvorland, Teile Österreichs, alemannisch-schwäbische Länder, Pyrenäenhalbinsel, Frankreich, England, Südschweden, Baltikum) stellt der Bügelrechen dar. Bei ihm ist der Stiel mit dem Kamm folgendermaßen verbunden: elastische Gerten oder Bügel sind durch ein Loch im Stiel gezogen, mit ihren Schenkeln symmetrisch hochgebogen und im Querbalken befestigt. Als Bügel verwendet man Fichtenzweige, die in grünem Zustand in die gewünschte Form gebracht und vor dem Einsetzen entrindet werden.

Es gibt einige Übergangsformen, z. B. vom Gabel- zum Bügelrechen: seitlich sind zwei gekrümmte Spreizhölzer (unsymmetrisch) eingesetzt, während der Stiel ein naturgewachsener Ast ist.

Eine Sonderkonstruktion erhielt der Doppelrechen, der dazu geschaffen ist, beim »Nachgehen« abgeernteter Getreidefelder eine möglichst breite Fläche abrechen zu können. Er ist in der Regel aus leichterem Holz gefertigt als die gewöhnlichen Heurechen. In Norddeutschland kennt man ihn unter der Bezeichnung »Hungerrechen«. An einem Stiel sind im oberen Drittel Querleisten angebracht, in die wiederum nach außen hin je ein kurzer Rechenstiel mit Kamm eingelassen ist[14].

Dreschwerkzeuge

Bei näherer Betrachtung des Wortes »dreschen« erschließt sich uns ein bemerkenswertes Kapitel Kulturgeschichte: eine vorgerm. Wortwurzel »tresk« (erhalten in aslov. »tresku« = Krach, lit. »traszketi« = rasseln, stampfen) zeigt an, auf welche Weise bei den indogermanischen Völkern zunächst die Körner aus dem Getreide gelöst wurden: durch Treten, Stampfen und Schleifen (von Tieren oder Menschen ausgeführt). Von den Südgermanen entlehnt, kam das Wort »tresche« (Springtanz) ins Altfranzösische; auch im ital. »trescare« = trampeln, tanzen versteckt sich noch die urtümliche Dreschmethode. Als Hilfsgeräte wurden Dreschsteine, -tafeln, -wagen und -walzen hinzugenommen.

Die Römer kannten daneben auch schon den Dreschstecken, einen Stock mit stumpfwinkeliger Biegung, wie er bis vor wenigen Jahrzehnten noch in den Abruzzen, in Unteritalien, Sizilien und der französischen Schweiz benützt wurde. In kurzer, gerader Prügelform, wird er hin und wieder noch zu verschiedenen Spezialzwecken verwendet: in Unteritalien zum Ausklopfen der Gerstenkörner, am Po für die Entsamung der Rapsstauden, anderweitig für das Ausschlagen von Buchweizen, Flachssamen, Hülsenfrüchten, Mais[15].

Das lat. flagellum, zunächst in der Bedeutung »Geißel« (vgl. Flagellant!), erhält in christlicher Zeit den Inhalt »Dreschflegel«. Die Westgermanen lernen durch romanische Vermittlung diese Art des Dreschens kennen und nennen das neue Gerät ahd., asächs. »flegil«, ags. »fligil«. Diesem Fremdwort nachgebildet ist dann das heimische »Drischel« (ahd. driscil), das mundartlich bis heute fortbesteht[16]. Ob allerdings die Nordgermanen nicht doch schon ein knüppelartiges Hilfsgerät kannten, das nicht erst von den Mittelmeerländern importiert wurde, ist die Frage. Es existiert nämlich auch im gegenwärtigen Sprachgebrauch noch die Bezeichnung »Bengel, Penkel«, die der Familie altnord. »banga«, engl. »bang«. nd. »bangen« = klopfen, mhd. »bunge« = Trommel angehört und eventuell auf ein Dreschen mit dem Stock hinweist[17]. Im Zillertal hat es im 19. Jahrhundert ein als »Bengel« bezeichnetes Dreschgerät gegeben, das ist »ein Zylinder aus Ahorn, an dessen einem Ende ein durchgesteckter krummer Stab unbeweglich festsitzt[18]«.

So zeigt sich am Beispiel der Benennung Flegel, Drischel und Bengel, wie man mit Hilfe der Wortbedeutung das Auftreten eines Gerätes, seine Übergabe von einem Volk zum andern, sein Beharren und sein Wandern zu verfolgen vermag.

Neben die weitverbreitete Form des Dreschsteckens aus naturkrummem Holz traten die Flegel mit beweglichem Oberteil. Stiel und Schwengel sind durch Lederstreifen oder durch ineinander ver-

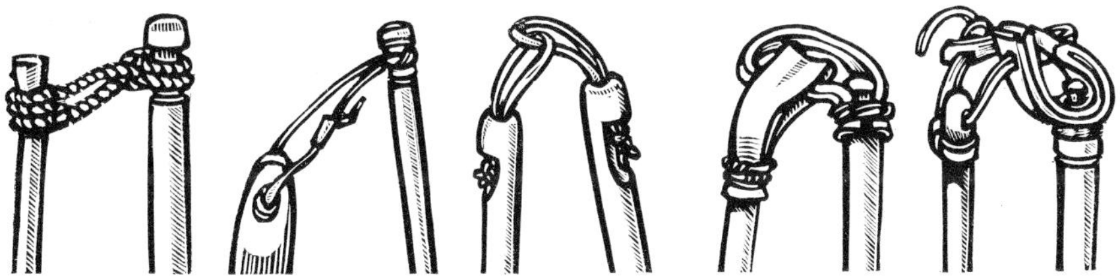

202 Bindung von Dreschflegeln, nach Scheuermeier I

schlungene Ringe verbunden (Abb. 202, 418). Eine größere Beweglichkeit wird erreicht, wenn die beiden fest angemachten Ringe durch einen dritten zusammengehalten werden. Verschiedenheiten in der Gestaltung der Einzelteile und im Material sind von Landschaft zu Landschaft zu beobachten. Beim sogenannten Kappendreschflegel erfolgt die Verbindung des Stieles mit dem Flegel durch eine drehbare Schlaufe aus Rindsleder, die von einer Haube oder Kappe überdeckt ist. Während der Stiel (Länge 130—160 cm) aus leichtem Holz (meist Fichte) besteht, muß der Flegel selbst (Länge 45—60 cm) möglichst schwer sein, weshalb man zu seiner Herstellung Eichen- oder Buchenholz verwendet. In weiten Teilen Deutschlands war diese Art des Dreschwerkzeugs die gängigste; sie ist aber auch in Frankreich, Spanien und in Osteuropa bekannt. Beim böhmischen »Drischel« ist vorne am Stiel ein Bogen aus einer festen Salweidenschiene festgenagelt, in dem der Schwengel schwingt. »Dieser hat an seinem oberen Ende Einschnitte, mit deren Hilfe die lederne Drischelhaube durch Nähriemen am Flegel befestigt wird[19].« In den norddeutschen Küstengebieten wurde als Verbindungsmaterial oft auch Aalhaut gewählt. In Ostholstein kannte man im 19. Jh. noch eine drehbare Holzbügelbindung. Die Stiele der Elbmarschen fallen durch ihre Kürze auf; sie sind häufig gedrechselt. Überhaupt sind die Proportionen der Flegelteile recht unterschiedlich; es gibt kurze, keulenartige Klöppel (z. B. in Graubünden) und extrem lange, dünne Flegel (z. B. in Süditalien), bei denen der Stiel nicht einmal zwei Drittel der Flegellänge erreicht. Nach der Art der Bindung und den Abmessungen der Teile richtet sich die Handhabung des Gerätes.

Das Dreschen war wesentlich weniger ermüdend, wenn es in einem bestimmten Rhythmus erfolgte. Da gab es — je nach Anzahl der Drescher — den Dreier-, Sechser-, Achter- usw. Takt. Drescher, die aus dem Takt kamen, fielen gern dem Gespött der Nachbarn anheim.

Nach dem Ausdreschen mußte man das Korn von der Spreu sondern. Ehe die Putz- oder Staubmühlen aufkamen, warf man das Korn einfach in die Höhe, wenn möglich gegen den Wind. Dazu benützte man einfache hölzerne Wurfschaufeln (Worfeln) mit kurzem Stiel und flachem Boden.

Kleienkotzer

Es würde den Rahmen dieser Darstellung sprengen, die verschiedenen Holzgeräte, die der Müller bzw. der Getreide verarbeitende Bauer zur Mehlgewinnung benötigte, hier zu behandeln. Ein Geräteteil jedoch soll kurz vorgestellt werden, der an Mühlen angebracht war: der Kleienkotzer, auch Kleienspeier oder Kornmaul genannt. Diese fratzenhaften, grotesken Gesichter sitzen bei kleineren Hofmühlen am Auslauf der Mahlkästen, und zwar so, daß die Kleie durch das aufgerissene Maul in den Kleienkasten geleitet wird, während das feine Mehl zurückbleibt. Die durchschnittliche Größe der Kleienkotzer beträgt 30 cm im Quadrat. Hin und wieder hängt eine Lederzunge aus dem Maul, die wie eine kleine Schütte wirkt. Die oft gräßlichen, grell bemalten Gesichter ähneln weniger dem Antlitz von Menschen, als Fastnachtsmasken mit ihren aufgerissenen Augen und Mäulern, stark stilisiertem Haar- und Bartschmuck, riesigen Ohren. Sie gehen auf uralte Vorbilder zurück und haben apotropäischen Sinn: böse Geister sollen von dem lebenswichtigen Ernteprodukt abgewendet werden (Abb. 411).

Sensenscheide und Sichelständer

Die Erforschung der Ernteschneidgeräte hat in den letzten Jahrzehnten neuen Aufwind erhalten, sowohl was die chronologische Entwicklung als auch was die geographische Verbreitung anlangt. Sensen mit langem Stiel und Kurzstielgeräte werden bereits bei antiken Schriftstellern erwähnt und sind in der mittelalterlichen Literatur mehrfach belegt[20]. Nicht bekannt ist, ob es damals schon Schutzvorrichtungen für die Schneidgeräte gab und wann diese aufkamen. Heute scheint ihr Gebrauch auf wenige europäische Kleinlandschaften beschränkt zu sein.

Ab Mitte des 18. Jh. sind Sensenscheiden in Südtirol nachzuweisen; die meisten erhaltenen Stücke stammen aus dem Eisacktal, dem Vintschgau und der Umgebung von Bozen (Abb. 421). Von hier aus haben sie sich — vermutlich durch Wanderhändler — verbreitet. Zu bestimmten Jahreszeiten kamen Händler aus den Herstellungsgebieten der Sensen (Oberösterreich, Tirol) nach Bayern, in die Schweiz, nach Württemberg und weiter bis ins Elsaß. In Norddeutschland versorgten Hausierer, die meistens aus den westfälischen Sensenschmieden stammten, das Land mit Schneidblättern. Die hölzernen Teile wie Griff und Stiel fertigten einheimische Stellmacher, die Klingenschützer machte man sich selbst (»Sensenschuh«). Auch im baltischen und skandinavischen Raum war die Selbstanfertigung von Sensenscheiden üblich. »Damit man nicht so oft zu schleifen braucht, erhält auf Saare und Hiiumaa jeder Mäher 3—6 Senssen, die er in einem Futteral aus Birkenrinde oder Holz mitnimmt[21].« Sichelscheiden konnten in Südfrankreich und den Pyrenäen nachgewiesen werden. In manchen Hochtälern der französischen Alpen sind sie noch in Gebrauch[22].

Während die Geräte in der Regel kaum verziert wurden, hat man sie in manchen Landstrichen mit großer volkskünstlerischer Aufmerksamkeit bedacht. Vor allem in den Alpenländern, wo die Heuarbeit einen breiten Raum einnimmt, und die Sensen oft über größere Strecken unwegsamen Geländes getragen werden mußten, kam dem Schutzgerät eine besondere Bedeutung zu. Es handelt sich um schwach gebogene, gehöhlte Zylinder von Sensenlänge (L 75 bis 90 cm, B und H 7 cm). Sie sind aus einem Stück Buchen- oder Zirbelholz geschnitzt, entweder ganz geschlossen oder nach oben geöffnet. Dort, wo die Sense eingesteckt wurde, befindet sich ein kastenförmiger Behälter mit Schiebedeckelverschluß. Riemen hielten die Klinge in der Scheide fest.

Häufig enden die Sensenscheiden — vor allem die Südtirols — in einem tierkopfähnlichen Gebilde, meistens in einem Drachenkopf. In vollplastischer Ausführung sieht man aufgerissene Mäuler, abstoßende Zähne und Zungen, verdrehte Augen, gesträubte Kämme usw. Dazu kam häufig noch Kerbschnitzerei auf der Seite von Kopf und Hals, im 19. Jh. auch figürliche Bemalung (Mäher, Senner-Paare, Hirsch und Gemse u. a.) auf grünem oder blauem Grund sowie Inschriften. »An der Schneid hat es mir nie gfählt«, besagt ein doppelsinniger Spruch, den man auf die Sense und ihren Besitzer beziehen kann. Mit den Drachenköpfen soll nicht nur die Schneidkraft verkörpert, sondern auch eine magische, abwehrende Wirkung erzielt werden. Besonders die Schlangen als gefährlichste Feinde des Mähers mußten abgeschreckt werden[23].

In der Regel brachten die zur Ernte angeworbenen Schnitter ihre Geräte selbst mit; selten stellte der Bauer das Werkzeug. Aus dem Berner Land wird eine Brauchübung mitgeteilt, derzufolge der Bauer mit einem hübsch verzierten, wohlbestückten Sichelständer auf den Markt zieht, um seine Ernteleute anzuwerben: für jeden Mäher, den er dingen will, hängt eine Sichel in einem der Schlitze des ruderähnlichen »Sichelladens«[24].

Wetzsteinbehälter

Josef Schlicht, der feinsinnige Kenner bayerischen Volkslebens (1875) schildert die Heuernte im Straubinger Gäuboden:

»›I hab koa Schneid mehr!‹ schallt's gerade durchs Feld. Der Bursch geht nun den halben Weg zurück, die Maid den halben Weg vor, inmitten begegnen sie sich. Das ist Gäubrauch. Der Oberknecht hat der Oberdirn die Sichel zu wetzen, der Anderknecht der Anderdirn, der Drittelknecht der Dritteldirn, der Erntekerl (angeheuerter Saisonarbeiter) dem Erntemensch. Der Bursch erhält von der Maid als Wetzsold ein seidenes Halsbindlein aus der Dult oder ein blankes Guldenstücklein, dagegen sie bekommt von ihm eine prächtige Sichelschneide und, wer sollte es glauben, zärtliche Hochzeitsreden unter den rauhen Wetzklängen[25].«

Den Wetzstein trug der Mäher rechts hinten am Hosengürtel in einem eigens dafür geschaffenen Behälter, dem Wetzsteinfaß oder Kumpf. Er war bis zur halben Höhe mit Wasser gefüllt. Das Gerät ist aus Rinderhorn oder aus Holz gefertigt, hat unten eine Spitze, damit man es auch in die Erde stecken kann, und an der abgeflachten Rückseite einen angeschnitzten oder angebundenen Traghaken. Fast immer ist es aus dem vollen Holzblock geschnitzt oder gedrechselt (H 25—30 cm, Durchmesser ca. 8 cm). Zur besseren Haltbarkeit ist der Rand des Gefäßes mit einem Eisenband gefaßt.

Die Form des Hohlkörpers ist unterschiedlich: Die prismatische Form mit geradem, kantigem Seitenabschluß und abgerundetem Boden ist mehr im Westen der Alpen und Voralpen zuhause; die zylindrische, walzenähnliche Form mit stark abgesetzter kleiner Spitze findet man in ganz Bayern und Österreich. Eine eigenartig, gebauchte, beutelartige Gestalt — nach unten hin eingezogen zu einem langen Steckdorn — findet man in Südtirol, in Kärnten, der Steiermark und Friaul vor. Im Gadertal, einem Seitental des Südtiroler Pustertales mit überwiegend ladinischer Bevölkerung, verwendet man beim Kornschnitt besonders lange Behälter, die man als »Setzkumpf« in den Boden stößt[26]. Besonders prachtvolle Kumpfe kennt man aus dem Südtiroler Fassa- und Fleimstal: Die Bauchung ist oft als reliefiertes Gesicht gestaltet; hin und wieder sind auch ländliche Szenerien oder Tiere eingeschnitten. Die (Nord-) Tiroler Kumpfe sind häufig Drechslerarbeit, durch Rillen, Bänder und Kannelierung profiliert (Abb. 419, 424). Selten fehlt das Monogramm des Besitzers.

Die kroatischen Kumpfe gehören dem Typ des Zylinders mit spitzer Verlängerung oder dem Beuteltyp an. Auf der Rückseite haben sie nicht die übliche Zunge, sondern sind mit Löchern versehen, durch die man einen Riemen oder eine Schnur zieht[27].

Gelegentlich tritt ein rötlicher Anstrich auf; farbige Bemalung weisen nur die Südtiroler und die Ausseer (Salzkammergut) Kumpfe auf.

Bindnagel und Heuknebel

Ein kleines Ernte-Hilfsgerät soll nicht unerwähnt bleiben: der Bindnagel (Bindepflock, Bindeknüppel, »Knewelsticken«). War das Korn gemäht und auf dem Feld abgetrocknet, so wurde es zu Bündeln zusammengefaßt und aufgestellt. Ehe man dazu Hanfseile oder abgepaßte Stricke zur Verfügung hatte, benützte man selbstgedrehte Strohseile, die mit einem Bindnagel zugeknebelt wurden. Im Umkreis von Celle ging dies folgendermaßen vor sich: »Während man heute die Garben mit frischem Stroh, dessen Ähren noch Körner enthalten, bindet, wurden früher die Seile im Haus aus ausgedroschenem Stroh hergestellt, indem man zwei kleine Hände voll Stroh am Ährenende durch einen Knoten miteinander verband. Auf dem Felde wurden dann die Seile von einem Arbeiter zunächst auf die Garben gelegt. Damit nun das Binden ermöglicht wurde, war es nötig, daß durch Umdrehung der Garbe das Seil unter die Garbe zu liegen kam. Beim Umdrehen schon führte eine Hand den Bindeknüppel unter die Garbe, damit alle Halme erfaßt wurden. Das Seil lag also nun unter der Garbe. Aufgabe eines zweiten Arbeiters war es jetzt, eine zweite Garbe (Wreske) in das Seil zu legen, damit ein recht dickes Bund entstand... Die dritte und letzte Tätigkeit war das Binden selbst, das meistens von Frauen ausgeführt wurde. Hierbei spielte nun der Bindeknüppel seine Hauptrolle. Zunächst zog man das schon erwähnte Strohseil mit den Händen lose an, und drehte es etwas; nun wurde der Bindeknüppel mit seiner Spitze unter das Seil gesteckt, und durch mehrmaliges Umdrehen erhielt man ein ganz festes Bund[28].«

Während die meisten Geräte nur schlichte Holzstöcke mit langer Spitze (L ca. 30—40 cm) sind, erweisen sich die Bindeknüppel in manchen Gegenden als hervorragende Stücke der Volkskunst, die gerne unter Brautleuten als Geschenk ausgetauscht wurden. Die Herstellung besorgte der Drechsler oder der Verbraucher selbst. Das obere Ende (Dicke etwa 3 cm) war knopf- oder griffartig abgerundet, dann folgte meist eine Profilierung durch Wülste und Rillen; die untere Hälfte nahm die Spitze ein. Als Material eignete sich Obstbaumholz; am haltbarsten und wegen der schönen rotbraunen Farbe am meisten geschätzt war das Holz des Zwetschgenbaumes (Abb. 417).

Besondere Beachtung verdienen die Bindeknüppel des volkskünstlerisch geschlossenen Gebietes von Weizacker (zwischen Greifswald — Stargard — Pyritz — Stettin): die hier »Pojstöcke« genannten Geräte sind mit Kerb- und Flachschnitzerei oder Ritzornamenten verziert, auch mit Nägeln oder Zinn beschlagen[29].

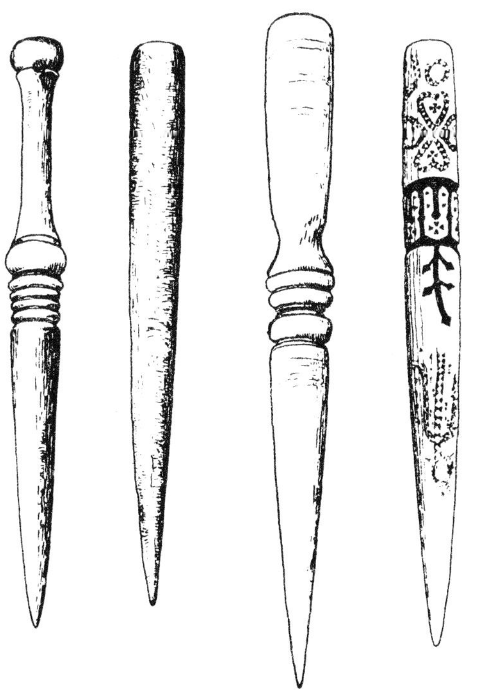

203 Bindeknüppel aus Niedersachsen, nach Bomann

Einem ähnlichen Zweck wie der Bindnagel bei der Getreideernte, diente der Heuknebel (Knobel, Spal, Triegel) bei der Heuernte, vornehmlich im Alpenraum. Für den Bergbauern ist die Gewinnung des Heues von Steilhängen oder Almbereichen, die durch weidendes Vieh nur schwer abzugrasen sind, von Bedeutung für die Winterfütterung. Nach dem Almabtrieb beginnt daher die mühsame Arbeit des »Almheuführens«: die »Bergfuder« werden mit Seilen gebündelt und auf dem Rücken von Mensch oder Tier bzw. mit Hilfe von Netzen und Schlitten zu Tal gebracht. Damit das Seil um das Heu recht festgezogen und zugleich befestigt werden kann, bedient man sich eines kleinen Knebels aus Holz (L 15 bis 30 cm). In der Regel ist er längsoval oder rechteckig und besitzt einen Ausschnitt zum Durchziehen des Seils. Die Form dieses Kleingeräts ist oft recht lustig abgewandelt, sie ähnelt einem Schuh oder trägt animalische Züge.

Allerlei Werkzeug

Handwerkszeug, wie es der Tischler, Zimmermann, Kistler, Büttner, Holzhauer, Schindelmacher u. a. als spezielles Berufswerkzeug benützten, soll hier nicht besprochen werden (vgl. S. 8). Manches Gerät jedoch benötigte der bäuerliche Hauswerker genauso wie der zünftige Handwerker. Auch bei den Museumsbeständen läßt sich eine Grenze zwischen bäuerlicher oder handwerklicher Herkunft mancher volkstümlicher Instrumente kaum ziehen.

In beiden Bereichen finden wir eine Anzahl von Hobelgeräten, die je nach Verwendungszweck und Bauart als Nut-, Grund-, Falz-, Kreis-, Profil-, Rund-, Span- usw. Hobel bezeichnet werden (Abb. 440, 446). Die durchschnittliche Länge kann man zwischen 15 und 30 cm ansetzen. Die Erfindung des Hobels reicht in prähistorische Zeit zurück; erhalten haben sich nur Geräte aus den letzten 300 Jahren. Der alten Tradition zufolge finden sich auf ihnen Sinnbilder aus vorchristlichem und christlichem Bereich, Segenszeichen wie Christus- und Marienmonogramm, Lebensbäumchen, Tulpen usw. Mit Kerb- und Flachschnitzerei sind oft die Längsseiten verziert, während der Griff sich zur Ausgestaltung plastischer Gedanken eignet: Aus dem Holzblock wachsen Tier- und Menschenbüsten hervor, Hunde und Hanswursten, die sich der hobelführenden Hand in zweckdienlicher Weise einfügen (Abb. 439). Ähnlicher Phantasiereichtum waltete auch bei der Gestaltung der Handhaben volkstümlicher Sägen, wobei auch wieder Tiergestalten, z. B. ein liegender Hund oder Fuchs, bevorzugte Motive sind (Abb. 443, 444).

Älter als die Säge ist das Beil, das ursprünglich zur Grundbearbeitung des Holzes benützt wurde. Bei Holzfällern, Handwerkern und im bäuerlichen Hausbetrieb erfreut es sich großer Wertschätzung, auch als Minnegabe, und wird deshalb gern in den Kreis der verzierten Geräte miteinbezogen. Reich mit Kerbschnitt versehen sind vor allem die Hüllen zum Schutz der Beilscheiden: in die aus Obstbaum- oder Ahornholz gehöhlten, schmalen Gefäße sind vor allem geometrische Muster eingeschnitten.

Längenmaße

Zu jeder Art handwerklicher Fertigung mußten die Materialien von zweckentsprechender Größe sein, also gemessen werden. Maßeinheiten benützten die Menschen seit babylonischen Zeiten, doch waren sie von Land zu Land verschieden. Noch um die Mitte des 19. Jh. gab es allein in Deutschland ca. 30 unterschiedliche Ellenmaße. Als Einheit galten die im menschlichen Körper vorgegebenen Längen wie Fuß (ca. 30 cm) oder Elle (40–60 cm). Ein einheitliches, nach dem Erdmeridian orientiertes Maßsystem wurde in Frankreich 1792 eingeführt; in Deutschland erhielt dieses Metermaß erst hundert Jahre später Geltung. Bis weit ins 19. Jh. herein wurden also in Mitteleuropa »Ellen«-Maßstäbe hergestellt (Abb. 427, 429).

Vermessen werden mußte nicht nur von den Mannsleuten in ihrer Werkstatt, sondern auch von Frauen, z. B. die im Haus gesponnene Leinwand, Bänder, Seile usw. Gerne schenkte daher der Bursche – schon im Hinblick auf den künftigen Hausfleiß seiner Erwählten – dem Mädchen eine hölzerne (seltener eine eiserne) Elle zur Aussteuer. Natürlich durfte das nicht ein gewöhnlicher glatter Stab sein: Ein längliches Stück Obstbaumholz wurde sorgfältig bearbeitet. Besonders der Griff erfreute sich regen Zuspruchs der Schnitzerhand; da waren Kugeln, Schlaufen, Ringe, kleine Hände, Eicheln und Glöckchen angebracht. Oft ähnelten die Ellen einem Degen mit scharf abgesetztem Griff. Die »Scheide« war teils mit Ranken- und Gitterwerk bedeckt, teils mit sinnvollen Sprüchen, die von Blumen oder geometrischen Mustern eingefaßt waren, versehen. Die niederdeutschen Ellen weisen häufig – wie die dort gefertigten Mangelhölzer – Inkrustierungen mit farbigem oder schwarzem Wachs auf. Schäfer brachten in schwieriger Geduldsübung prächtige Stücke zustande.

Inschriften einiger Ellen:

»Was ich von Gott tu beten,
das soll die Elen meten.«
»Hin get die Zeit, her kommt der Todt.
Gottlieb Holzhüter. Groß-Schönenfeldt Anno 1791 Stüwingken.«
»Jungfer Dorothee Marie Böckers Lettnin 1812. Diss ist ein klein Geschenk zu einem Angedenk.«[30]

Hohlmaße

Wie die Längenmaße so hatten auch die Hohlmaße in alter Zeit ihre volkstümlichen, regional unterschiedenen Festsetzungen und Bezeichnungen. Vor Einführung des Litermaßes im Gefolge der Aufklärung gegen Ende des 18. oder im Laufe des 19. Jh. war die kleinste Maßeinheit der Löffel. In diesem Sinne verlangt z. B. das »Vollständige Koch-, Back- und Konfiturenlexikon« (Ulm 1786), dessen Suskribentenliste Bezieher aus verschiedenen Ständen und Ländern Europas aufweist, in einer Kochanweisung »zwey bis drey Löffel voll Rosenwasser, zwey Löffel Wein[39]«. Auch im »Neuen Nürnberger Kochbuch« von 1820 ist »ein Löffelvoll« (Mehl) offensichtlich als Maßeinheit genommen. In einem anderen Rezept ist die Rede von »ein Schöpflöffelvoll Fleischbrühe[32]«. Das Maß einer Schöpfkelle lag zwischen 1/4 bis zu einem Liter. Bei dem »Gatzl« war damals die Einheit »Viertel-Maß« (Maß = 1 oder 2 Liter) gegeben; die Ausdrücke »Biergatzen«, »Milchgatzen«, »halbe Gatzen«, »Maßgatzen« waren im südlichen deutschen Sprachraum geläufig[33]. Wenn man sich auf ein bestimmtes Fassungsvermögen einigte, konnte jede beliebige Gefäßart zugleich als verbindliches Maß aufgestellt werden (vgl. S. 18) (Abb. 62, 428). Im Bereich der almwirtschaftlichen Milchgefäße war es unter anderem das mit »Stotzen« bezeichnete, traditionsreiche Aufrahmgeschirr, das nicht selten als Milchmaß diente[34]. Ein ebenfalls recht altes Maßgefäß ist der »Sechter«, dessen Namen sich aus lat. sextarius herleitet: es ist wahrscheinlich über die klösterlichen Wirtschaften in die bayerisch-österreichische Almwirtschaft gelangt. »Uralte Beziehungen wirken dabei nach, wenn man Mutt zu modius, Sechter zu sextarius stellen darf und wenn etwa die am Ritten vorkommende Bezeichnung für Rückentragkübel (für Trauben) ggonsel (= Zumme) mit dem ma. südtiroler Weinmaß cunz = 4 ster mit dem latein. Weinmaß congius zusammenhängt (1 congius = 1/8 amphora)[35].«

Das gereinigte Korn wurde in »Scheffeln« abgemessen und in Säcke gefüllt. Bis ins 18. Jh. waren verschiedene Scheffelmaße üblich, dann wurde die Größe der Gefäße von den Behörden festgesetzt und ein Normscheffel im Rathaus aufbewahrt. Unter den bereits im Mittelhochdeutschen belegten Maßbezeichnungen sind »Metze« und »Stübich« heute noch bekannt. (In Südtirol faßt ein »Stiwich« 2 Metzen.)

Stempel

Was in der modernen Marktwirtschaft Warenzeichen oder Handwerkermarken sind, bedeuteten früher Eigentums- und Hauszeichen. Sie waren auf Türen und allerlei Geräten angebracht; besonders Gegenstände, die zeitenweise außer Haus gebracht wurden, mußten mit solchen Kennzeichen versehen sein. Diese Zeichen konnten eingeritzt oder aufgeprägt sein, aus Punkten, Strichen oder gezeichneten Wirtschaftsobjekten (Stuhl, Eimer usw.) bestehen.

Wo das Brot nicht im eigenen Hof gebacken, sondern in den Gemeindebackofen oder zum Müller gebracht wurde, prägte man den Laiben vor dem Backen einen Stempel auf, damit man sie nachher auch sicher wiedererkannte. Die dazu benützten Brotstempel waren in der Regel nur vierkantige Holzklötze, in die auf einer Seite ein bestimmtes Zeichen, auch die Besitzerinitialen und häufig ein IHS, eingeschnitten waren. Manche Stücke sind überdies auf den Seiten mit Rillen oder Kerbschnittmustern geschmückt. Zur bequemeren Handhabung verlängerte man den eigentlichen Stempel in einen Griff bzw. in ein gut zu umgreifendes Schnitzornament (Abb. 434). In Rumänien sitzen den kleinen Stempelwürfeln (ca. 4 × 4 cm) Kreuze von beträchtlicher Größe (H 20 bis 25 cm, B 5—8 cm) auf; sie sind obendrein mit religiösen Segenszeichen in altrumänischer Schrift versehen und fanden vor allem für Festtagsgebäck (Osterbrot) schmückende Verwendung. Fromme Schutzsymbole sind fast allen Brotstempeln eingeschnitten, wie zahlreiche Beispiele, auch aus außerdeutschen Ländern, im Deutschen Brotmuseum Ulm belegen. Die Getreidesäcke, die der Bauer zur Mühle brachte, mußten ebenfalls gestempelt sein. Der Bauer beauftragte einen Handwerker oder schnitzte selbst in den Wintermonaten Schablonen, die dann in Farbe getaucht und dem Leinen aufgedrückt wurden. Die gebräuchlichsten Motive sind: Namen, Wappenschilder, Kreuze, Kronen, Rosetten, Kränze. Der durchschnittliche Durchmesser der — meist runden — Stempelmarken beträgt 20 cm[36].

Bienenstockbrett

Bienenhaltung, Honig- und Wachsgewinnung standen bei den germanischen Einwanderern schon lange vor der Jahrtausendwende in Blüte, wie aus zahlreichen Orts- und Flurnamen hervorgeht. Altüberlieferte Rezepte für Honiggebäck bezeugen die Hochachtung des Naturprodukts ebenso wie Traditionen im Gerätebestand und Brauchtum der Imker, die heute allerdings immer mehr in Vergessenheit geraten. Die alten Strohkörbe und Bienenstöcke sind in der Praxis längst dem System der Magazinstöcke gewichen. Spät ist man darangegangen, die ehemaligen Bienenwohnungen, die sich als volkskünstlerische Fundgruben erwiesen, zu sammeln.

Der größte Teil Mitteleuropas gehört dem Gebiet der Bienenkörbe oder Strohstülpen an, die hier außer Betracht bleiben. In Niedersachsen, namentlich in der Lüneburger Heide, wo früher die größte Honigmenge in ganz Europa erzeugt wurde, gibt es eine Erscheinung, die uns auch in diesem Zusammenhang interessiert: der Bannkorb, der in keiner Gruppe von Körben fehlen durfte. Es war dies ein Bienenkorb, der auf der Vorderseite ein menschliches Gesicht mit strengen Zügen trug, teils realistisch, teils fratzenhaft abstrahiert ausgeführt. Er sollte Krankheiten, Verhexungen und auch Diebe »bannen«, d. h. von den Bienenvölkern fernhalten[37] (Abb. 437).

Die ursprünglichen Bienenwohnungen waren wohl hohle Bäume im Wald. Ihnen entnahm der Mensch zunächst die Waben; dann ging er dazu über, selbst Holzklötze, die aus Teilen ausgehöhlter Bäume bestanden, in den Wald zu stellen oder aufzuhängen. In manchen abgeschiedenen Landstrichen gibt es noch solche Bienenstöcke aus gehöhlten Baumstücken; in Nordspanien und Portugal kennt man sie unter der Bezeichnung »cortizo« (nach lat. corticea = Rinde). Auch in Osteuropa trifft man noch solche urtümlichen Bienenwohnungen an[38]. Eine derartige Übergangsform ist im Museum Schloß Trautenfels (Steiermark) ausgestellt: Vorne ist der Baumstamm mit Rinde erhalten, während auf der Rückseite ein Brettchen mit Schiebeverschluß angebracht ist. Aus solchen Anfängen entwickelte sich der ganz aus Brettern gefügte »Rauchfangstock«. Die viereckig ausgeschnittenen Fluglöcher mit Flugbrettchen stehen der Wetterseite abgekehrt. Oft ist über dem Standort der Bienenstöcke noch ein schützendes Dach errichtet, oft finden sie auch auf dem geschützten Balkon des Hauses Platz. Trotzdem sind sie der Witterung ausgesetzt und nicht über längere Zeit haltbar, weshalb die alten verzierten Stücke Seltenheitswert besitzen. Sie reichen nicht über das 18. Jh. zurück. »Rauchfangstöcke« nennt man diese Bienenwohnungen wegen ihrer Ähnlichkeit mit den alten, prismatisch gebauten, nach oben verjüngten Bretterkaminen. Ihr Verbreitungsgebiet reichte einst von der Linie Salzburg—Wien nach Osten ins Mühl- und Waldviertel, nach Westen ins Salzburger und Berchtesgadener Land und ins Steiermärkische.

Auf der Oberseite der Stöcke ist ein Deckel mit Zapfen angebracht, im Innern ein Sprossenkreuz zum Ansetzen der Waben sowie das Fluglochbrett, das bis zur Rückwand reicht. Die Höhe beträgt ca. 110 cm. Manche Kästen zeichnen sich durch vielfarbige, oft künstlerisch wertvolle Bemalung aus. Der Farbe kam überdies Bedeutung als Orientierungshilfe für die Bienen und für die Kennzeichnung der Völker zu. Nicht nur Laienkünstler versuchten sich recht und schlecht an der Bemalung der Vorderbretter, auch Möbelmaler (Tischler) oder ausgebildete Freskanten (hauptsächlich Kirchenmaler) befaßten sich mit dieser Kleinkunst. Dementsprechend erfolgte auch die Auswahl der Dekorationsmotive: Einfache Stücke tragen die von Volkskünstlern gern verwendeten Sechssterne, Herzen, Blumenzweige sowie Initialen und Jesus-Maria-Monogramme. Die figuralen Malereien sind im 18. Jh. fast durchweg geistlichen Themen gewidmet: sie stellen die Heiligen Georg oder Florian dar, die Schutzmantelmadonna, den Kampf Davids mit Goliath, die Verspottung Jobs usw. Häufig trifft man den hl. Ambrosius, der als Imkerpatron verehrt wurde, an. Ab 1800 nehmen Bemalungen mit weltlichen Motiven zu: Jagdtiere, Pferde, Landschaftsszenerien (Abb. 436).

Neben diesen »stehenden« gibt es vor allem in Kärnten und Krain eine weitere Art hölzerner Bienenstöcke, die »liegenden Bauernkästen« oder »Ladlstöcke«. Sie scheinen aus dem slowenischen Nachbargebiet zu stammen und haben sich am Südrand des deutschen Sprachgebietes bis zur Schweiz hin, aber auch bis nördlich der Tauern, ausgebreitet. In Slowenien wurden sie gründlich erforscht und gesammelt. Größere Sammlungen befinden sich im Wiener Volkskundemuseum (über 200 Stück) und in der »Intensivstation« für Holzgeräteforschung im Schloßmuseum Trautenfels (Steiermark). Charakteristisch ist die Bemalung der kleinen Stirnbrettchen der Bienenstöcke, die der Vorderseite von Schubladen ähneln. Sie beschränkt sich manchmal auf eine leuchtende Farbe und Kennzeichnung durch Jahreszahl oder ein religiöses Symbol. Oft aber sind diese Bretter durch eine Fülle schwungvoller, farbiger Zeichnungen hervorgehoben, die vor figurenreichen Szenerien nicht zurückschrecken. Geistliche und weltliche Motive halten sich die Waage. Diese bringen alte Bilderbogenmotive, Schwänke und Tiererzählungen (Fuchs und Hase verspotten den Jäger; Bär trägt Bienenkasten weg), Alltägliches und Zeitgeschichtliches in humorvoller Sicht (Dampferfahrt, Eisenbahn, Porträts; Dreschen, Schlachten). Unter einer lustigen Darstellung ist der deutsche Spruch zu lesen:

»Was het der Bok gespeist
Daß er lauter Schneider scheist« (Museum Schloß Trautenfels)

Beerenkamm

In den ausgedehnten Wäldern Nord-, Mittel- und Osteuropas gedeihen eine Unmenge von Pilzen und Beeren, die zur Ergänzung der Nahrung gesammelt, verzehrt und gehandelt werden. Namentlich in dürftigen Waldgebirgslandschaften ist das Beerensammeln, durch Frauen und Kinder ausgeübt, ein willkommener Nebenverdienst.

Zum Abstreifen der Heidel- und Preißelbeeren bediente man sich gern eines Kammes, der etwa die Gestalt eines Kistchens ohne Deckel hatte. Das Bodenbrett war zu einer Reihe von Zähnen verlängert, zwischen denen die Beeren hängenblieben, wenn die Sammlerin damit durch das Beerenkraut fuhr (Abb. 449). Die Zähne des Kammes, ursprünglich durch Ausschneiden des Holzbrettes gebildet, wurden später durch Eisenstifte ersetzt. Die Beeren rollten in den rückwärtigen, geschlossenen Teil des Behälters, aus dem sie von Zeit zu Zeit in den Korb geschüttet wurden. »Die Kämme erleichtern das Sammeln sehr; ... im Sommer 1912 sammelte eine Frau aus Andreasberg mit Hilfe eines solchen Kammes täglich 25 kg Heidelbeeren[39].« Weil bei dieser Methode viele Blätter abgerissen, die Stauden also beschädigt wurden, war dieses Kämmen zeitenweise verboten.

Traggeräte

Auf den bequemen Straßen und Wegen in ebenen Landschaften erfolgte der Transport der Nahrungsmittel und Handelswaren mit Hilfe von Wagen und Tieren; wo aber wegen der Bodengestalt weder Rad noch Lasttier eingesetzt werden konnten bzw. aus Ersparnisgründen nicht vorhanden waren, wurde der Mensch selbst zum Lastenträger. »Je weniger sich eine Gegend für Fahrzeuge eignet infolge der Steilheit der Berge, der Zerklüftung und Zerrissenheit der Täler, der Entfernung der weit abgelegenen Ortschaften, desto häufiger trägt dort der Mensch selber und desto mannigfaltiger sind die Formen der verschiedenen Tragegeräte[40].«

Wie bereits bei den Trögen und Gefäßen der Vorratshaltung und Milchwirtschaft besprochen (s. S. 90 und S. 103), kannte man Tragejoche in ganz Europa (Abb. 453). Sie dienten hauptsächlich zum Transport von Eimern auf kürzeren Strecken. Die Last wurde gleichmäßig verteilt und nicht nur von den Armen, sondern auch von Nacken und Schultern getragen, was vor allem dem weiblichen Körper zuträglicher ist. Seltener stößt man auf eine Art des Tragens, bei der eine Holzstange oder -latte über einer Schulter balanciert wurde: man befestigte vorne und hinten die Lasten, wobei die Schulter als Waagebalken fungierte.

War das Transportgut nicht allzu schwer, so konnte es auch an den Griff des Gehstockes gehängt werden, wie es auf romantischen Bildern mit Wanderburschen zu sehen ist. Der geschulterte Tragstock wurde mit Vorliebe aus einem naturgekrümmten Ast (Wacholderhaken) oder einem Wurzelstock zurechtgeschnitten bzw. in feuchtem Zustand zurechtgebogen. Sollte das Korn in Säcken zum Speicher oder Abtransport gebracht werden, so benützte man gern sog. Sacktragen, bei denen zwei Leute anfassen mußten. Sie bestanden aus zwei starken Griffen, die durch Querhölzer verbunden oder auch aus einem Holzstück geschnitzt waren.

Händler zogen mit Traggeräten oft weite Strecken durchs Land. In Münster (Westfalen) ist so einem Wanderhändler, dem »Kiepenkerl«, ein Denkmal gesetzt vor dem gleichnamigen Gasthof. In dieser Gegend waren es vor allem die Produkte der Landwirtschaft, die verhandelt wurden. Im Hessischen und in den mitteldeutschen Gebirgsländern zogen die Wanderhändler mit den Erzeugnissen der Hausindustrie, vor allem Holz- und Irdenware, zu den Märkten. Selten waren es Frauen, die mit einer »Kraxe« hausierend über Land gingen. Peter Rosegger, der steiermärkische Dichter, erzählt, daß die »Kramer-Thresel«, eine alte Wanderhändlerin, zu den acht Seligkeiten seiner Kindheit gehört habe: »Und als aus ihrer Kraxe die Schubladen mit den Taschenfeiteln und den Mundharmoniken, und den Tabakspfeifen, und den hellrot angemalten Spielkästlein, und den messingenen Hosenknöpfen und Hafteln, und den bunten Zwirnsträhnen und Nähzeug, und den feingeschnitzten Holzlöffeln, und den Stehaufmandeln und allem, allem auf unserem Tische ausgestellt waren und wir Kinder mit Poltern und Stoßen ringsumher die Bänke besetzten und Augen und Mund auftaten, da sah ich erst ein, was dieser Tag für ein grauenhaftes Loch gehabt hätte, wenn die Kramer-Thresel nicht gekommen wäre[41].« Handwerker trugen ihr Werkzeug in einer »Kraxe«, wenn sie auf »Stör« (Arbeit in fremden Häusern) gingen. Bauern in Gebirgsgegenden benutzten das Gerät zum Heutransport. Aus Holzbrettern gefügte, nach oben sich weitende Tragebutten sind in Weingegenden bekannt, wurden aber auch für den Transport flüssiger und fester Produkte (Wasser, Eier) verwendet. Um ein Bienenvolk zu einem anderen Standort zu verfrachten, gab es besondere Körbe, die man auf eine Rückentrage stellte und so bequem transportieren konnte. Diese Tragkraxen zum Bienenwandern besaßen ein rundes Holzbrett am Boden und waren im übrigen wie die anderen Geräte dieses Namens gebaut. Vor allem im Alpengebiet ist die offene Kraxe (im Alemannischen »Reff« genannt), ein hölzernes Traggestell mit zwei breiten Riemen, noch heute in Gebrauch (Abb. 454, 455). An einem senkrechten Rückenbrett, das oft über den Kopf hinausragt, ist in halber Höhe ein mit einem in rechtem Winkel abstehendes Tragbrett befestigt; es kann durch Streben abgestützt sein. Benützt wird es zum Abliefern der Almprodukte im Tal, vor allem zum Transport der Käselaibe. Im Schweizer Kanton Wallis kannte man für den Transport von Holzprügeln Kraxen, die man als »Traggabeln« bezeichnete: zwei naturgewachsene Astgabeln werden durch ein Rückenbrett zusammengehalten. Das von der Konstruktion her sehr einfache Gerät erfährt durch allerlei Zierat eine Steigerung ins Volkskünstlerische.

Lärmgeräte und Signalinstrumente

Es ist bekannt, daß in den Kartagen die Glocken der katholischen Kirchen schweigen; der Volksmund sagt, sie seien nach Rom geflogen und kämen erst zur Feier der Auferstehung des Heilandes in der Osternacht zurück. In diesen Tagen bedient sich die Meßliturgie zum Anzeigen besonderer Höhepunkte (Wandlung, Segen) hölzerner Geräte, der »Ratschen«. Ein dünnes Oberbrett, das an einem Ende mit einem massiven Unterbrett verbunden ist, wird durch Rollen oder ein hölzernes Zackenrad hochgespreizt. Eine Handkurbel setzt das Rad in Bewegung, wobei das Oberbrett rasch hintereinander auf die Zacken aufschlägt; so entsteht ein knarrendes Geräusch (Abb. 451).

Gemeinden, die über keine Kirchenglocke verfügten, betätigten solche Geräte das ganze Jahr über, um die Gläubigen zum Gebet zu rufen. In Niedersachsen (u. a. Ländern) gab es standartenförmige Handknarren, die nicht durch Kurbeln, sondern durch heftiges, kreisendes Schwingen bewegt wurden[42]. In Schleswig-Holstein wurden die Gläubigen einiger Gemeinden mit solchen Holzklappern zur Betstunde gerufen. »In Eitzum benutzte von 1854 bis 1895 der Gemeindediener Andreas Schliephake eine solche Klapper beim Ausrufen von Gemeindeankündigungen[43].«

Neben dieser öffentlichen Funktion dienten Klappern und Knarren in allen erdenklichen Varianten auch im Bereich der privaten Gemeinschaft als Signalinstrumente, vor allem um die Leute zu den Mahlzeiten zusammenzuholen, oder auch um das Vieh zu warnen. Das weitreichende Signal der Kugelklappern (»Glöckltruhe«, »Klebern«) ließ sich bis zum Beginn unseres Jahrhunderts im nördlichen Alpengebiet vernehmen[44]. Die an einem Ende des Gerätes mit einer dünnen Schnur oder einem Lederriemchen befestigte Holzkugel schlug beim Hin- und Herschwingen an den Außenseiten des durchbrochenen Holzklötzchens auf (Abb. 450).

In der Schweiz betätigten Hirten gelegentlich »Rätschen« oder »Schnarren«, die den niederdeutschen Handknarren ähneln, um das Vieh besonders bei Nacht, von gefährlichen Stellen der Alpweide zu verscheuchen[45]. Dem gleichen Zweck dienten in den Bergländern einfache Blasinstrumente: Das hölzerne, rindenumwundene Alphorn war ursprünglich zur Verständigung der Alpleute untereinander bestimmt, zum Warnen bei Gefahren, zum Herbeiholen oder Besänftigen des Viehs. »Das Alphorn ist 7–8 Fuß lang und aus gegenseitig verzapften Tannenholzstücken gemacht, es hat wenige, langezogene Töne, die man fast ein Seufzen der Natur nennen könnte[46].« Das Vieh höre die einfachen Tonfolgen gern, behaupten die Hirten. Das Alphorn wurde von den einheimischen Bläsern aus Tannen- oder Holunderholz selbst hergestellt.

Das kürzere, trompetenförmige »Wurzhorn« hat sich in der Gegend von Schladming (Salzkammergut) bis um 1930 erhalten[47]. Gerade oder an der Stürze sanft aufgebogene Trichter waren auch die Holz- oder Rindenschalmeien, mit denen Ziegen- und Schafhirten ihre Sammelrufe ausstießen. In der Fränkischen Alb um Hersbruck war man gewohnt, morgens und mittags das Horn des Gemeindehirten, der die Herde für den täglichen Austrieb zusammenholte, zu hören[48]. In das »Burhorn« oder »Dorphorn« stieß der Gemeindevorsteher in den niedersächsischen Dörfern, wenn Gefahr (Brand, Hochwasser) drohte. Das Signalinstrument bestand jahrhundertelang aus dem an der Spitze abgesägten Horn eines Rindes oder in einigen Gegenden, z. B. im hannoverschen Wendland, auch aus Holz, das von Drechslern bearbeitet war. Der Trich-

204 Burhörner, nach Bomann

ter wies gelegentlich auch Ornamente auf. »Wer die Stube eines Bauern betritt und in ihr das Burhorn an der genannten Stelle [über dem Lehnstuhl des Bauern] hängen sieht, erkennt, daß er sich im Hause des Dorfgewaltigen, des Vorstehers, befindet. Wünscht dieser die Gemeindemitglieder aus irgendeinem Grunde zu einer Besprechung bei sich oder im Kruge zu vereinigen, so tritt er vor den Torweg seines Hofes und läßt von dort den langgezogenen Ton seines Burhorns nach allen Richtungen hin erklingen[49].«

Abrechenhölzer

»Etwas auf dem Kerbholz haben« — die volkstümliche Redensart weist auf eine uralte Einrichtung hin, die aus einer Zeit stammt, in der ein Großteil der Bevölkerung des Lesens und Schreibens nicht mächtig war. Zahlen und Schrift wurden durch in Holz geschnittene Zeichen ersetzt. Kerbhölzer stellen oft Dokumente von großer Wichtigkeit für die Ordnung der wirtschaftlichen und gesellschaftlichen Verhältnisse dar. Sie regeln gewisse Pflichten (Nachtwachen, Bittgänge, Regulierungsarbeiten, Bewässerung u. a.) oder kontrollieren Abrechnungen (z. B. von Milchleistungen auf den Almen). Teilweise dienten sie auch als eine Art Grundbuch, indem sie Anteile am Gemeindewald, am Alpterrain usw. festhielten. Bei den rumänischen Schafzüchtern gibt es regelrechte »Register« in Kerbholz; sie sind noch in Gebrauch, wenn mehrere Familien sich zur Zeit der Gebirgsweide zusammenschließen und ihre verschiedenen Leistungen gegenseitig abrechnen müssen[50].
Bis heute bekannt ist bei den Pecharbeitern der früher weit verbreitete Zählstab oder »Rohwisch«. Mit Vorliebe wurde er aus dem Ast eines Weißdorns oder aus Hartriegelholz geschnitten und kantig zugehackt. Verzeichnet wurde die Anzahl der angezapften Bäume[51]. Ein »Kerbscheit« oder einen »Bierspan« benützten früher manche Brauern oder Gastwirte, und sogar in der Großstadt Wien kannte man Abrechenhölzer mit Kerbzeichen (»Robisch«) für Schneefuhren. Lange hielten sie sich auch in Böhmen, Mähren und Siebenbürgen[52]. In der Toscana konnte 1924 ein ganzes Abrechnungssystem mit Kerbhölzern notiert werden: Auf abgelegenen Höfen wurde es für die Leistungen der Landarbeiter, in den Orten für Lebensmittel praktiziert; jede Leistung wurde auf Broteinheiten umgerechnet[53].
In der Schweiz standen zwei Arten von Alprechthölzern in Benützung: Auf den längeren »Alpscheitern« (L bis 100 cm) waren sämtliche Rechte aller Alpgenossen eingetragen. Die wesentlich kleineren Einzelhölzer sind handlange Brettchen und verzeichnen den Besitz jedes Alpgenossen gesondert. Es bedeutet z. B. ein Querstrich, ein Längsstrich, ein Kreis usw. jeweils ein ganzes, ein halbes oder ein Viertel Kuhrecht. Auf der Rückseite dieser Holztäfelchen waren die Hauszeichen oder Initialen des Besitzers, oft auch das Jahr, in dem die »Tessel« (von lat. tessera = die Marke) erstellt worden war, eingetragen (Abb. 457).
In einzelnen Hochtälern hielt sich dieses Abrechnungssystem bis ins 20. Jh., mancherorts wurde es wesentlich früher durch Beurkundung auf Papier verdrängt. »Gegenwärtig sind wie gesagt die Alpscheiter obsolet und ersetzt durch die heute noch gebräuchlichen Krapfentesslen, eine weithin in Europa wenigstens früher verbreitet gewesene Tesslenform. Die Krapfentessle besteht aus einem flachen 9—10 cm langen und 2½ cm breiten Knebel aus Hartholz, der oben ein Loch hat, um an einer Schnur aufgehängt zu werden, und am andern Ende einen Ausschnitt zeigt, welcher die Beitessle darstellt, die aber genau in jenen Ausschnitt passen muß.
Durch jene Kerben, welche über die Beitessle und Krapfentessle gezogen werden, wird die Anzahl der Kuhrechte dokumentiert. Die Krapfentesslen behält an einer Schnur aufgereiht der Alpvogt, die Beitessle der Eigentümer, der diese oft einen Wert von Tausenden von Franken repräsentierenden Hölzchen sorgfältig in oft hübsch geschnitzten Schachteln aufbewahrt. Durch diese noch einfachere Tesselform ist ebenfalls jeder Betrug unmöglich[54].« Neben den verschiedenen Arten von »Tesselen« gibt es noch andere Systeme von Abrechenhölzern, etwa die in Obersimmental verwendeten »Beilen«. Vom Sennen wurden soviele Hölzer angelegt, wie Anteilhaber an der Milch da waren. Er schnitt sie mit dem Taschenmesser aus einem astfreien Scheit Tannenholz auf 30 bis 40 cm Länge und 3—4 cm Breite zu[55]. Die Eintragungen wurden mit Rotstift in römischen Buchstaben gemacht. Alle diese Abrechnungshölzer sind in erster Linie Zweckinstrumente und nur selten verziert. Berühmt wegen ihrer kunstvollen Schnitzereien sind nur die Milchtausch-Hölzer von Tavetsch (Schweiz), »stialas da lat« genannt. »Die Stialas waren achtseitige, fingerlange Hölzchen, auf denen in 16 Feldern das Hauszeichen und der Milchanteil jedes Alpgenossen eingetragen wurden. Eine solche Stiala machte der Großhirt für jeden Bauern, der zur Milchverarbeitung auf die Alp kam, zuerst auf einem groben Holz, von dem er die Aufzeichnung dann, wenn er auf der Weide Muße hatte, auf die kunstvoll geschnitzte eigentliche Stiala übertrug. Die Spitze dieses Hölzchens wurde mit allerlei kleinen Holzskulpturen, Köpfen, Vögeln, Kapellen und Türmchen mit beweglichen Kügelchen darin verziert... und wenn der Hirt den Töchtern des Bauern Eindruck oder seinen Kindern, welche die Stiala nach der Abrechnung als Spielzeug bekamen, eine Freude machen wollte, so gab er sich besondere Mühe. Nach 1900 ist das alte Milchabtauschverfahren auf den Tavetscher Alpen aufgehoben worden, und damit ist auch die Kunst, Stialas zu schnitzen, verlorengegangen[56].«

205 Verschiedene Holzgeräte: Wetzsteinkumpfe, Schöpfer, Tragebutte, Spanschachtel, Tabaksdose, Apfelquetsche, Löffel, Butterstempel, Butterform und Kästchen, Privatbesitz ▷

Speisenbereitung und Vorratshaltung

206 △

207 ▽

206 Kohlhobel,
Salzgitter-Ohlendorf/Niedersachsen, 19. Jh.,
L (gesamt) 115 cm, B 22 cm
Braunschweig, Landesmuseum

207 Krauthobel, Sachsen/DDR, 1818,
Unterseite mit Zapfen zum Auflegen am Faßrand,
herzförmig ausgeschnittene Handhabe
Taucha, Heimatmuseum

208 Krautschneider,
Salzkammergut/Österreich, 1622,
L der Lade 50 cm
Linz, Oberösterreichisches Landesmuseum

209 Brotschneider, Chur/Schweiz, 1678, Eiche, Griff und Vorderteil des Brettes mit Kerbschnittdekor, L 68 cm, B 32,5 cm, H 10 cm
Chur, Rätisches Museum

210 Brotschneider (»Brotgrammel«), vermutlich Tirol, 18. Jh. (?),
Nußholz, oben geschnitzte Fratze, das Messer am Scharnier mit umgestülpten Blattenden befestigt, L 64 cm, B 35 cm
Innsbruck, Tiroler Volkskunstmuseum

211 Brotschneider (»Brotgrammel«), Tirol, 18./19. Jh. (?),
halbkreisförmig gewölbter Deckel mit ausgeschnittenem Mondgesicht, Fichte, Boden aus Ahorn, Messer im Boden mit einem Scharnier fixiert. Sporen von schwarzer Farbe. Kerbschnittverzierung, L 41 cm, B 28 cm, H 16 cm
Innsbruck, Tiroler Volkskunstmuseum

212 Tabak- bzw. Brotschneider, Herkunft unbekannt, 2. Hälfte 18. Jh., L 44,5 cm, B 25,5 cm
Altonaer Museum in Hamburg, Sammlung Reemtsma

213 Maisstampfer,
Sieu, Maramures, Transsilvanien/Rumänien, 19. Jh., Buchenholz, aus einem Stamm gehöhlt, zum Abriffeln der Körner von den Maiskolben verwendet, H 91 cm, Ø 45 cm
Sighetul Marmatiei, Museum

214 Apfelquetsche, Oberösterreich, 19. Jh., L 20 cm, B 9,5 cm, H 7,5 cm
Privatbesitz

215 Apfelquetsche, Oberösterreich, um 1800, mit ausgeschwungenem Quetschbrett, L des Hebels 30 cm, Dicke des Quetschmessers 2 cm
Vöcklabruck, Heimatmuseum

214

215

216 Apfelschälmaschine, Graubünden/Schweiz, 19. Jh., Kirsch- und Nußbaumholz, Holzschrauben zum Befestigen am Tisch, L 38 cm, B 26 cm, H 43 cm
Chur, Rätisches Museum

217 Stampfe mit Stößel,
Volovat Suceava, Moldau/Rumänien, 19. Jh., Pappel, aus dem vollen Holz gehauen, zum Enthülsen von Getreide verwendet, L des Stößels 71 cm, H der Stampfe 85 cm, ∅ 27 cm
Radauti, Volkskundemuseum

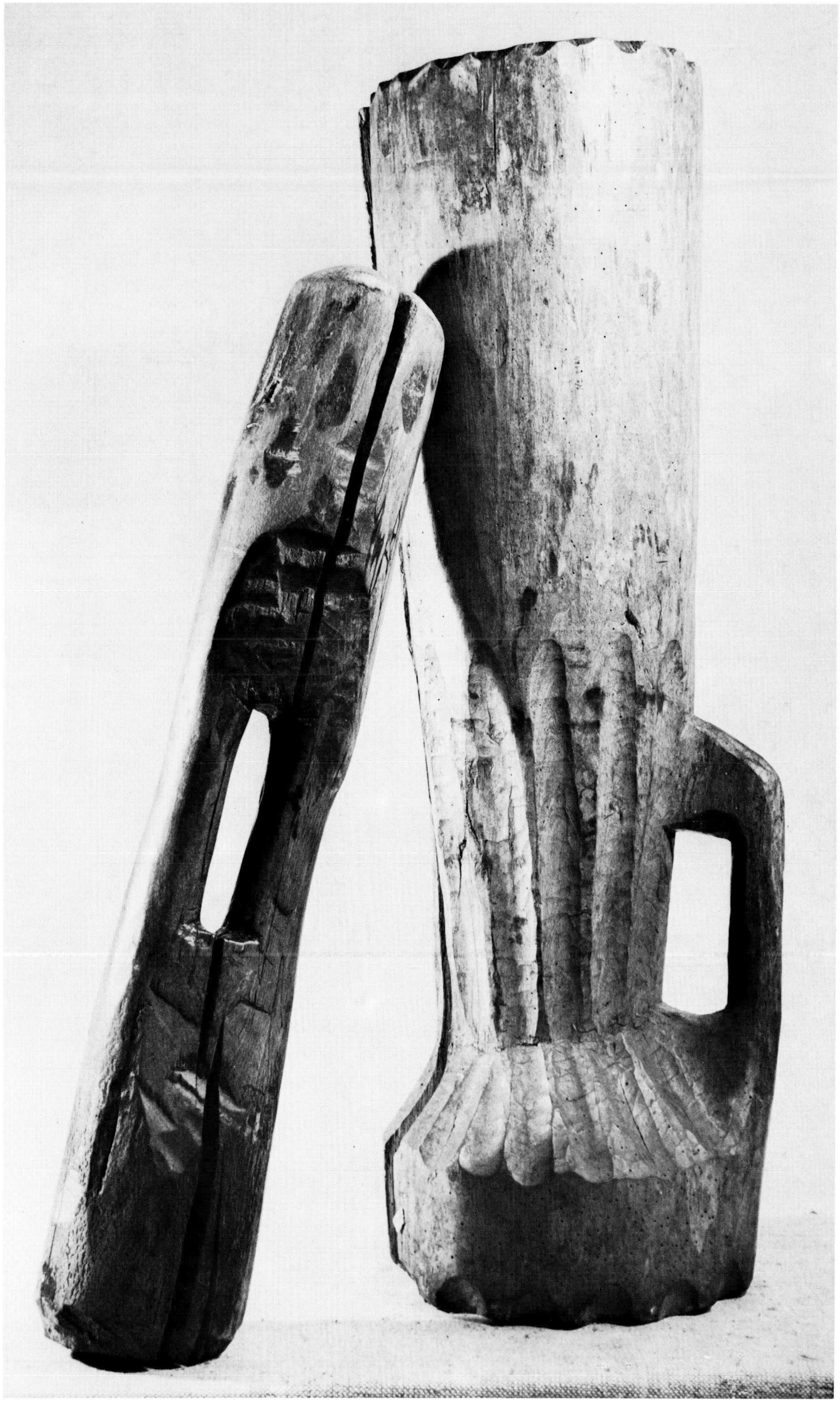

218 Mohnstampfe, Tirol/Österreich, 1867, Fichte, H 111 cm, Ø 19 cm
Nürnberg, Germanisches Nationalmuseum

219 Stampfe, Perigod/Frankreich, vermutlich 18. Jh.
Bordeaux, Musée d'Aquitaine

220 Mohnstampfer, Kaunertal, Tirol/Österreich, 1694 (?), Hartholz, H 70 cm
Innsbruck, Tiroler Volkskunstmuseum

221 Pfefferstoßer,
Fratautii Vechi, Suceava, Moldau/Rumänien, 20 Jh., Buchenholz gedrechselt,
H 14 cm, Ø 6 cm, L des Stößels 14 cm, Ø des Stößels 5 cm
Radauti, Volkskundemuseum

222 Mörser mit Stößel (»Pistill«), Chur/Schweiz, 18. Jh.,
Mörser Eiche, Stößel Ahorn,
H 28 cm, Ø 11 und 12,5 cm
Chur, Rätisches Museum

219 △

221 △

220 ▽

222 ▽

223 Kaffeemühle, Oberinn am Ritten/Südtirol, vermutlich 19. Jh., geschnitzt und bemalt, H 74 cm, B 23 cm, T 23 cm
Innsbruck, Tiroler Volkskunstmuseum

224 Gewürzmühle, Tittmoning/Oberbayern, vermutlich 17./18. Jh., Rotbuche, gedrechselt, H (ohne Griff) 18 cm, Ø 11 und 5,5 cm
Tittmoning, Heimathaus des Rupertiwinkels

225 Kümmelmühle, Großschönau, Kr. Zittau, Sachsen/DDR, vermutlich 18./19. Jh., Kasten mit Kurbeln auf zwei Seiten
Großschönau, Museum

226 Kaffeemühle am Tisch anschraubbar, Pustertal/Österreich
Privatbesitz

227 Fruchtkelter,
Ruhlkirchen, Kr. Ahlsfeld/Hessen, 18. Jh.,
Eichenholz,
H 172 cm, B 132 cm, T des Kastens 43 cm
Marburg, Universitätsmuseum

228 Gerät zum Entkernen der Maiskolben (»Woazrößl«), Umgebung von Graz/Österreich, vermutlich 19. Jh., Aufschlagbrett mit Eisenzinken versehen
Schloß Stainz, Landesmuseum Joanneum, Außenstelle

229 Nudeldrucker, Tirol/Österreich, 2. H. 19. Jh. (?),
Brett Fichte, Stampfer und Beine Buche,
H 48 cm, B 21 cm, L 54,5 cm
Nürnberg, Germanisches Nationalmuseum

230 Heidengreißmühle, Steiermark/Österreich, vermutlich 19. Jh., verwendet zum Schälen der Heidenkörner (Buchweizenkörner) und der Kolbenhirse
Schloß Stainz, Landesmuseum Joanneum, Außenstelle

231 Ölpresse,
Oantu, Dîngarati, Moldau/Rumänien, 19. Jh., zylinderförmiges Gerät mit vier eingesetzten Füßen und steilwandiger Höhlung, in welche die Preßkeile senkrecht geschlagen werden,
L 95 cm, H 42 cm
Iasi, Volkskundemuseum der Moldau

232 Kartoffelquetsche, Franken, vermutlich 19. Jh., Weichholz,
zum Herstellen von Kartoffelbrei aus gekochten Kartoffeln verwendet
Hersbruck, Deutsches Hirtenmuseum

233 Zitronenpresse, Basel/Schweiz, 20. Jh.
Basel, Schweizerisches Museum für Volkskunde

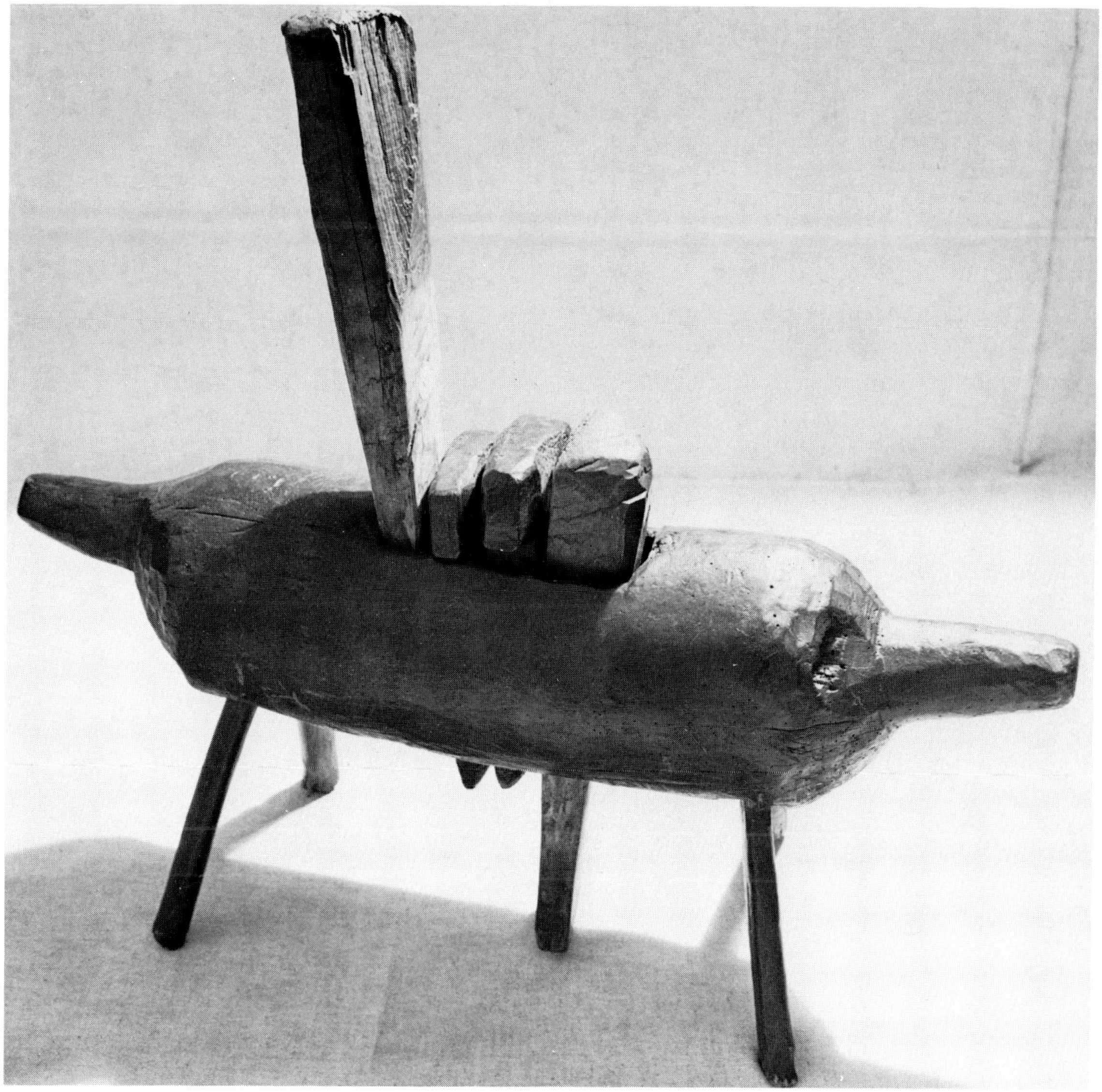

231 △

230 △

233 ▽

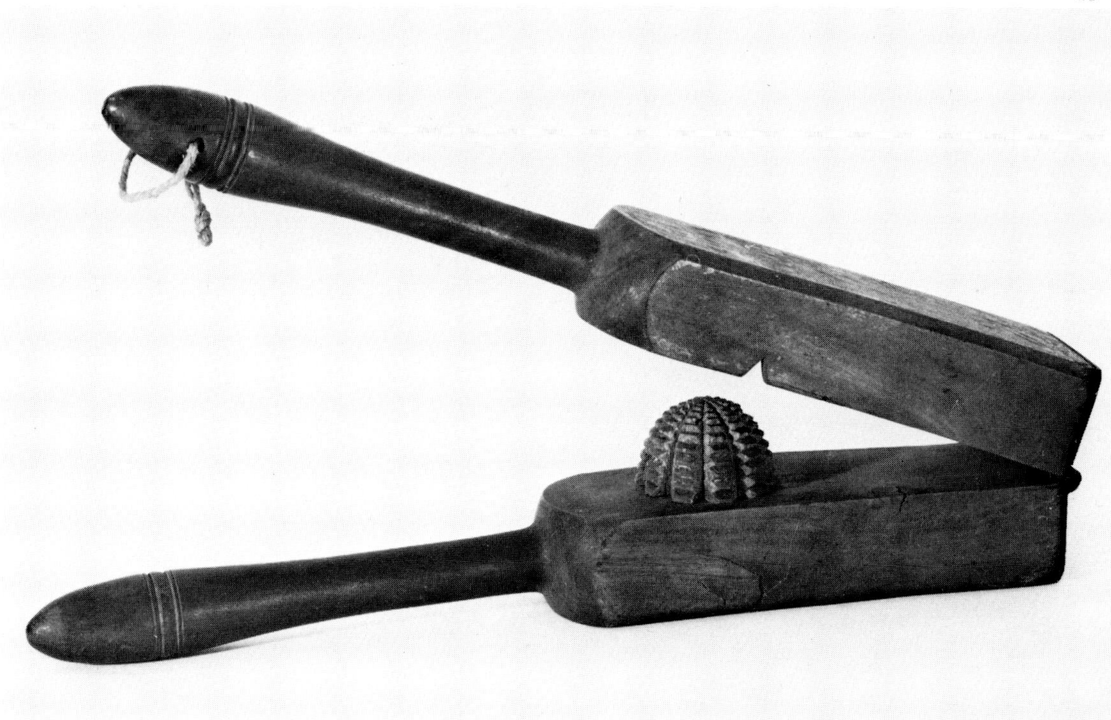

232 ▽

234 Hausierer mit Holzgeschirr, 1. H. 20. Jh.

235 Mehlschaufel, Tittmoning/Oberbayern, vermutlich 19. Jh., Ahorn, angeschnitzter Hakengriff, L 40 cm, B 21,5 cm
Tittmoning, Heimathaus des Rupertiwinkels

236 Rührlöffel, Oberägeri/Schweiz, 20. Jh.; Krautgabel, Ostschweiz, 20. Jh.; Eßlöffel, San Angelo, Apulien/Italien, 20. Jh,; Fischlöffel, Kalundborg/Dänemark, 20. Jh.
Basel, Schweizerisches Museum für Volkskunde

237 Schöpflöffel aus einem Kramladen, Altona/Hamburg, 1. H. 19. Jh., L 25 cm, H 5,5 cm, Ø 14,5 cm
Altonaer Museum in Hamburg

238 Schöpfer, Norwegen, vermutlich 18./19. Jh., L 32 cm, B 15 cm, H 5 cm
Privatbesitz

239 Löffelhalter mit Quirlen und Kochlöffel, Steiermark/Österreich, 1790, Halter datiert und beschriftet, Quirle mit eingesetzten Brettchen
Schloß Trautenfels, Landschaftsmuseum

234 △

236 △

237 △

238 △

239

235 ▽

240 Löffelschnitzer aus der Rhön,
Gemälde von Johann Andreas Herrlein
(1720–1786)
Würzburg, Mainfränkisches Museum

241 Teigwanne,
Gegend von Tittmoning/Oberbayern,
vermutlich 18./19. Jh.,
Pappelholz, L 131 cm, B 48 cm, H 19 cm
Tittmoning, Heimathaus des Rupertiwinkels

242 Gestell für Fladenbrote, alpenländisch,
19. Jh.
Ulm, Deutsches Brotmuseum

243 Backtrog, Mittelfranken, 1795,
kastenförmig, Längsseiten horizontal profiliert,
Schmalseiten ringsum mit Bandeisen beschlagen,
Besitzerinschrift, L 166 cm, B 59 cm, H 46 cm
Ulm, Deutsches Brotmuseum

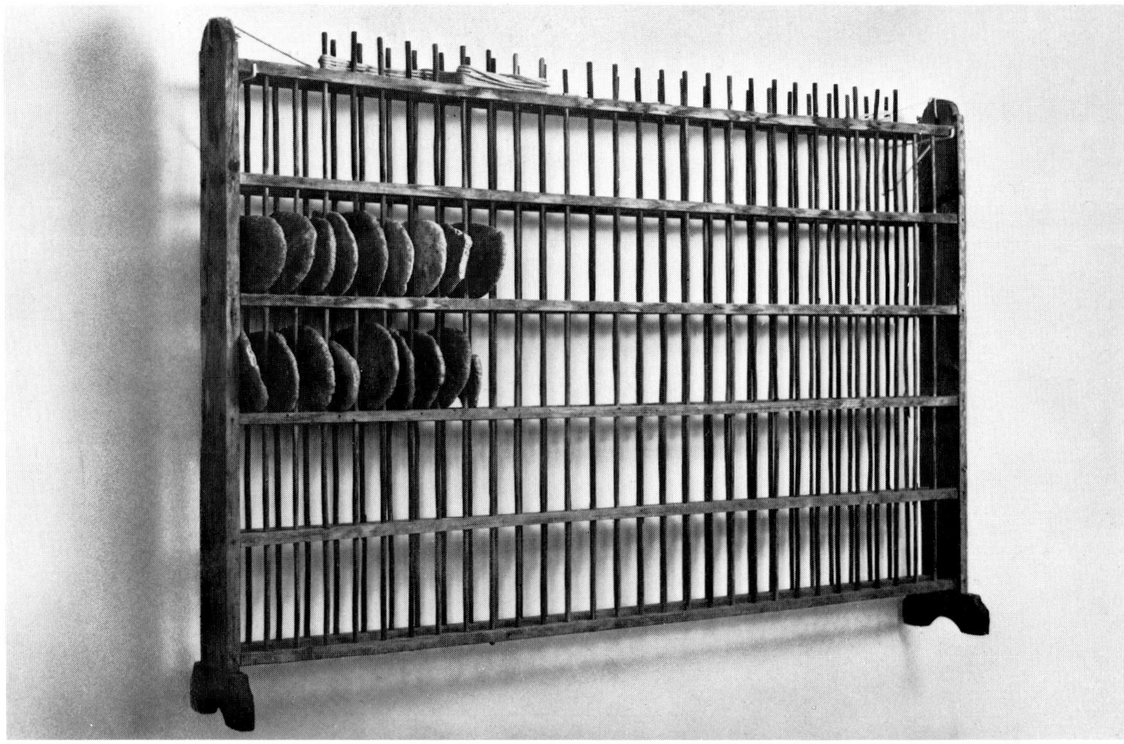

244 Brothenke, Wallis/Schweiz, 19. Jh.
Ulm, Deutsches Brotmuseum

245 Nudelwalger (»Walholz«),
Freiburg i. Br./Baden, 1760, Nußbaum,
auf dem gebogenen Querholz Besitzerinschrift,
Seitenteile mit gekerbten Rosetten und doppelten
Zick-Zack-Linien, H 15 cm, B 21 cm
Freiburg i. Br., Augustinermuseum

246 Wallholz mit zwei Walzen,
Prättigau/Schweiz, 19. Jh., Ahorn,
seitlich Initialen, am Griff Rillendekor,
Walzen beweglich, mit Holzzapfen in die
Seitenhalter eingelassen,
L 27 cm, H 12,5 cm, B 9 cm
Chur, Rätisches Museum

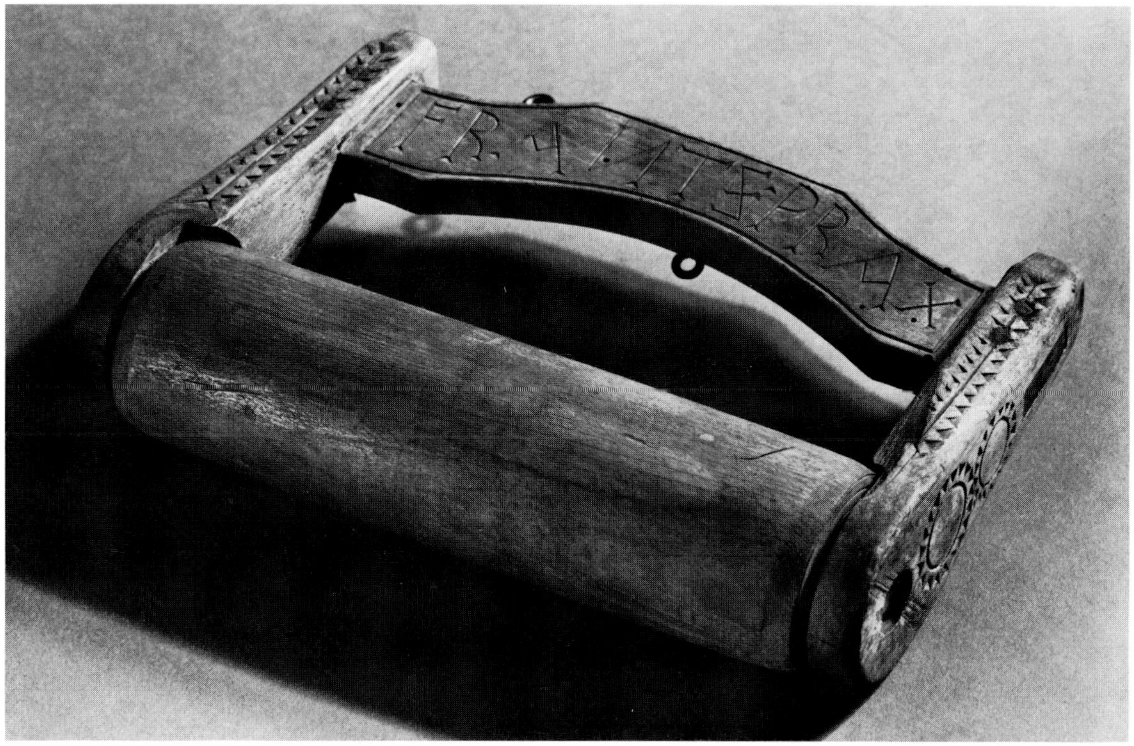

247 Fischbehälter (»Fischlagel«),
Umgebung von Berchtesgaden/Oberbayern,
vermutlich 19. Jh.,
von Holzknechten zum Verwahren von Fischen benützt
Berchtesgaden, Heimatmuseum

248 Holzflaschen, Oberbayern, 19. Jh.,
links und Mitte Ahorn, rechts nicht bestimmbar,
da mit Pech verstrichen,
Ø (ohne Verschluß) 25–28 cm
Tittmoning, Heimathaus des Rupertiwinkels

249 Tragebutte mit Deckel,
Starnberg/Oberbayern, 1745, ovaler Grundriß,
an einer Längsseite Henkel,
Kerbschnittdekor blau und rot gefärbt,
Inschrift »Peter Bader is hier 1745«,
H 25 cm, B 25 cm, T 17 cm
Starnberg, Städtisches Museum

250 Pökelwanne (»Soltküben«), Niedersachsen,
Holz mit Eisenreifen, H 58 cm, B 63 cm, L 83 cm
Celle, Bomann-Museum

Zu Seite 135:
253 Holzflasche,
Moldavita, Suceava, Moldau/Rumänien, 20. Jh.,
Ahorn, gedrechselt, bei Gastmählern verwendet,
H 22 cm, Ø 14 cm
Gura Humorului, Volkskundemuseum

251 Wasserkanne, Sachsen/DDR, vermutlich 19. Jh., verschließbarer Deckel, Bindung mit Weidenruten
Privatbesitz

252 Schöpfeimer, Sachsen/DDR, vermutlich Anfang 19. Jh., verlängerte Griffdaube, mit Weidenruten gebunden, bemalt
Plauen, Kreismuseum

253 ▷

254 Daubengefäß, Rumänien, 20. Jh.,
Tannenholz, Brandmalerei, H 27 cm, ∅ 30 cm
Cîmpulung Moldovenesc, Museum

255 Mostfaßl, Tittmoning/Oberbayern, vermutlich 19. Jh.,
Bindung mit Weidenruten (links) und mit Eisenreifen (rechts)
Tittmoning, Heimathaus des Rupertiwinkels

256 Gefäß für Osterkuchen,
Costisa, Suceava, Moldau/Rumänien, 20. Jh.,
Tannenholz, eingebrannter Dekor in Form von Mäandern und stilisierten Blumen,
H 33 cm, ∅ 34,5 cm
Suceava, Kreismuseum

257 Bäuerin am Markt mit beerengefüllten Rückentragen, Rumänien

258 Sauerkrautfaß, Appenzeller Land/Schweiz, 20. Jh., Tanne und Ahorn,
Weißküferarbeit von Bruno Fässler,
H 62 cm, T 31 cm
Appenzell-Zürich,
Sammlung Bruno Bischofsberger

259 Daubengefäß für Osterkuchen,
Vama, Suceava, Moldau/Rumänien, 20. Jh.,
Tannenholz,
Brandmalerei in Form von Rhomben, Dreiecken und Sternen, H 27 cm, ∅ 30 cm
Cîmpulung Moldovenesc, Museum ▷

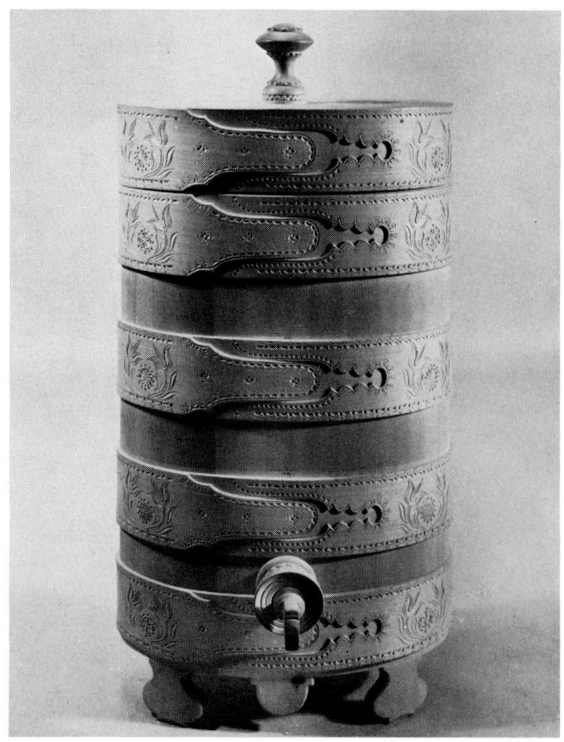

260 Salzfaß, Suceava, Moldau/Rumänien, 19. Jh., aus Birkenrinde gefertigt, mit dem Schnitzmesser ist der Kampf eines Helden mit einem Drachen eingeschnitten, H 19 cm, Ø 7,5 cm
Cîmpulung Moldovenesc, Museum

261 Salzfaß, Achim/Niedersachsen, 19. Jh., Schwenkverschluß mit Sechsstern, Kerbschnitzerei und ausgesägte Fabeltiere, 2. H. 18. Jh., Eichenholz, H 43 cm, B 35 cm, T 24 cm
Bremen, Focke-Museum

262 Salzbehälter, Thedinghausen, Lkr. Braunschweig/Niedersachsen, Eichenholz, H 60 cm, B 44 cm, T 30 cm
Braunschweig, Landesmuseum

263 Salzmetze, Sachsen/DDR, vermutlich 19. Jh., Holz bemalt, Böttcherarbeit vortäuschend
Glauchau, Museum

264 Salzbehälter, Graubünden/Schweiz, 18./19. Jh., Arvenholz, Holznägel, Kerb- und Linienschnitt, Klappdeckel mit Sechsstern, Seiten mit Wirbel- und Sechssterndekor, H 15 cm, B 15 cm, T 15,5 cm
Chur, Rätisches Museum

265 Salzmetze, Sachsen/DDR, vermutlich 19. Jh., grob behauener Deckel, eine Daube verlängert, mit Loch zum Aufhängen, derbe Bemalung
Zwickau, Museum

266 Mausefalle, Braunau/Österreich, 1910,
eine durch das Gewicht der Maus sich selbst spannende Falle. Die Maus steigt durch das Drahtrohr und fällt in einen Wasserbehälter
Braunau, Heimatmuseum

267 Mausefalle, Schleswig-Holstein,
1. H. 19. Jh.,
Klotzfalle: wenn die Maus den Faden abbeißt, um an den Speck zu gelangen, fällt das Türchen aus Blei herab
Schleswig,
Schleswig-Holsteinisches Landesmuseum

268 Mausefalle, Osttirol/Österreich,
vermutlich 18./19. Jh., Kerbschnittdekor
Privatbesitz

269 Mausefalle, Braunau, Innviertel/Österreich,
vermutlich 19. Jh.
Braunau, Heimatmuseum

Textilarbeit und Wäschepflege

270 Flachsreffe, Wehrla, Kr. Marburg/Hessen, 1760, Hartholz,
Besitzerinitialen und Blüten eingeschnitten,
H 84 cm, B 81 cm
Marburg, Universitätsmuseum

271 Flachsbreche (»Brake«),
Wendeburg, Braunschweig/Niedersachsen,
vermutlich 19. Jh., Buchenholz,
L 106 cm, B 30 cm, H 65 cm
Braunschweig, Landesmuseum

272 Hanfhecheln mit Hilfe einfacher Bänke,
Siebenbürgen/Rumänien, 1939

273 Flachshammer, Alfeld/Niedersachsen, vermutlich 19. Jh., gerillte Schlagflächen, zum Weichmachen (»Boken«) der Stengel, 13×21 cm, L des Stiels 36 cm
Alfeld, Heimatmuseum

274 Bauer beim Flachsbrechen, Siebenbürgen/Rumänien, 1. H. 20. Jh.

275 Flachsbreche mit Walzen (Leierbreche), Rehau/Oberfranken, um 1850, H 160 cm, B 110 cm
Schwerin/DDR, Staatliches Museum

276 Flachshechel,
Hotteln, Hildesheim-Marienburg/Niedersachsen,
L 55 cm, B 12 cm, H (mit Eisenzinken) 17 cm
Hotteln, Heimatmuseum »Stümpelhof«

277 Flachshechel, Zillertal/Österreich, 1737,
Inschrift, Jahreszahl und Jesus-Maria-Monogramm am ausgeschnittenen Brett, L 66 cm
Innsbruck, Tiroler Volkskunstmuseum

278 Spinnrocken, Wologda/Rußland,
2. H. 19. Jh.
Moskau, Staatliches Historisches Museum

279 Flachshechel, auf ein Gestell montiert,
Schleswig-Holstein, um 1760,
Hechelstuhl gedrechselt,
mit Rillen und Wülsten versehen,
H 126 cm, B 63 cm, T 45 cm
Altonaer Museum in Hamburg

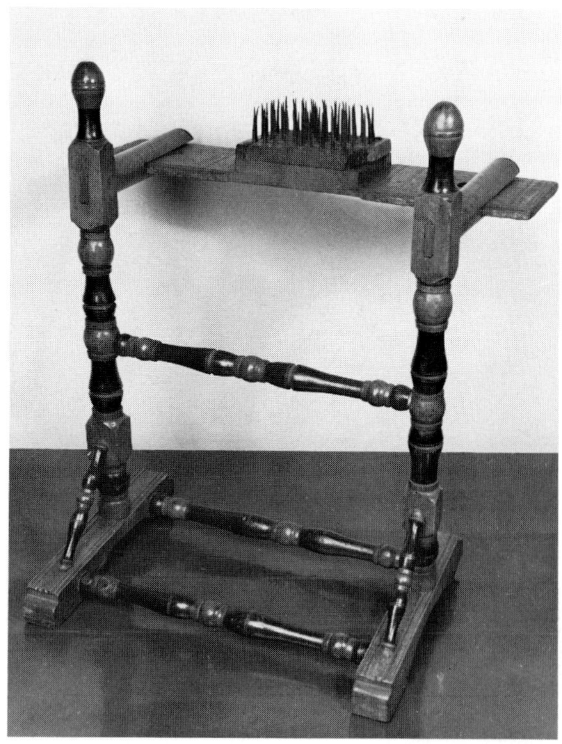

280 Flachsschwinge, Falster/Dänemark, 1830,
blaugrundig, rot-weiß bemalt und beschnitzt,
H 74 cm, B 19,5 cm
Kopenhagen, Dansk Folkemuseum

281 Flachsschwingbock,
Lkr. Celle/Niedersachsen, vermutlich 19. Jh.,
H 55 bzw. 102 cm, B 29 bzw. 32 cm, L 40 cm
Celle, Bomann-Museum

282 Bäuerin beim Flachshecheln,
Siebenbürgen/Rumänien, 1. H.20. Jh.

283 Flachsschwinge
Lkr. Celle/Niedersachsen, 1817,
am oberen Ende ausgesägter Tierkopf,
H 106,5 cm, B 27,5 cm, L 36,5 cm
Celle, Bomann-Museum

284 Flachsschwingen
in Siebenbürgen/Rumänien, 1. H. 20. Jh.

285 Bandlweber, Vöcklabruck/Oberösterreich, vermutlich 19. Jh.,
Vorderteil (H 29 cm, B 12 cm) mit sieben Fadenschlitzen; im kistenförmigen Hinterteil (H 8,5 cm) sind Spulenständer angebracht, quer über diesen liegt eine Spule mit Rädern und Kurbeln, Sperrholz zum Feststellen der Kurbel; links vorne Webergabel
Vöcklabruck, Heimatmuseum

286 Tundeln, Altenwerder/Hamburg, Ende 19. Jh., benützt zur Litzenherstellung, einer zwischen Klöppeln und Flechten stehenden Handarbeit, L 15 cm, ∅ 3,5 cm
Altonaer Museum in Hamburg

287 Bandwebstuhl, Bruneck, Südtirol/Italien, um 1800, Zirbelholz, bunt bemalt, Kammbrett in Empirestil geschnitzt, reich dekorierter Giebel,
L 44 cm, B 29 cm, H 46 cm
Innsbruck, Tiroler Volkskunstmuseum

288 Wollkorb, Dalarna/Schweden,
16./17. Jh. (?), altartige Durchbruchsschnitzerei
Stockholm, Nordiska Museet

289 Frau am Bandlwebstuhl,
Steiermark/Österreich, 20. Jh.

290 Frau beim Kardieren der Wolle

291 Mädchen beim Kardieren der Wolle,
Tirol/Österreich, 1. H. 20. Jh.

292 Wollkratzer-Paar, Blankenese/Hamburg,
1815, Sechssterne, Rosetten und Blumen in
Kerbschnitt, Inschrift »Jungfer Margreta Brerwolt
– Peter Brerwolt – Anno 1815«,
L 23,5 cm, B 22 cm, Brettstärke 1 cm
Altonaer Museum in Hamburg

288 △

289 ▽

290 △

291 △

292 ▽

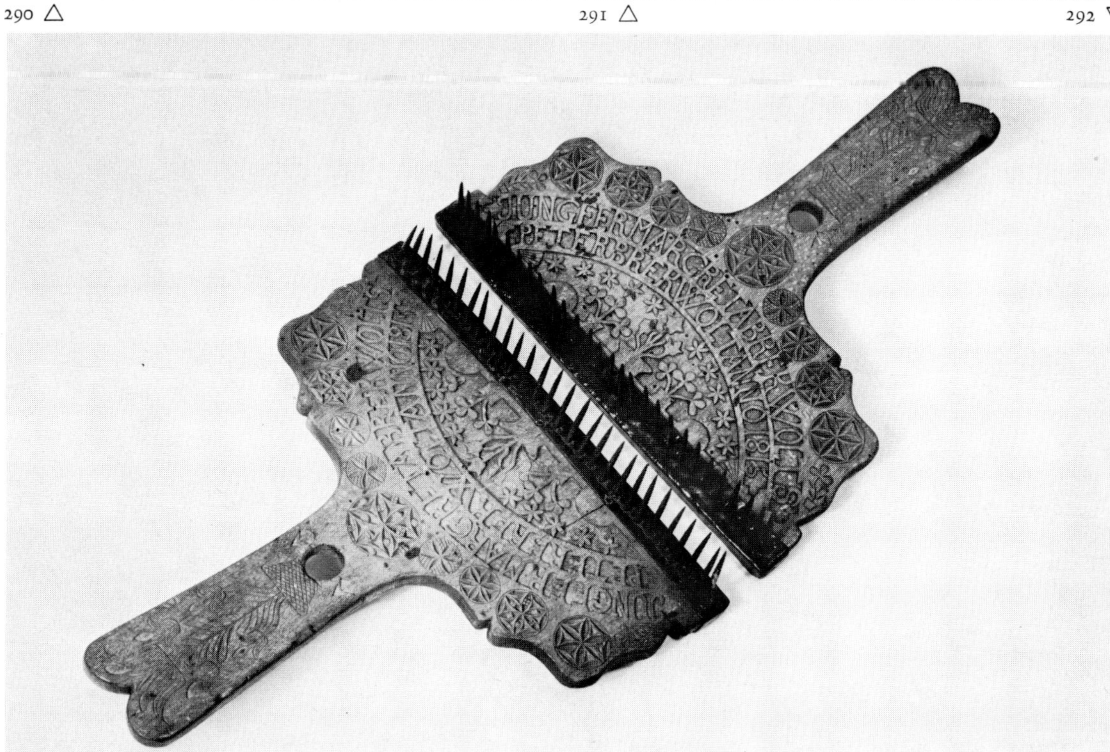

293 Spinnrad,
Munsala, Südostbottnien/Finnland,
vermutlich Anfang 19. Jh., gedrechselter Dekor,
auf der schräg gestellten Bank Rockenaufsatz mit
flacher Reliefschnitzerei
Helsinki, Nationalmuseum

294 Bankspinnrad, Pommern/DDR, 19. Jh.,
mit aufgestecktem Spinnrocken,
H 120 cm, B 80 cm
Schwerin, Staatliches Museum

295 Langspinnrad, Thedinghausen,
Lkr. Braunschweig/Niedersachsen, 19. Jh.,
H 109 cm, B 46 cm, L 78 cm
Braunschweig, Landesmuseum

296 Salzkirchen, Südtirol/Italien,
18. und 19. Jh., Bozen, Stadtmuseum ▷

297 Spulenhalter,
Pirttikyla, Südostbottnien/Finnland, 1862,
Kerbschnitt- und Durchbruchsarbeit
Helsinki, Nationalmuseum

298 Damenspinnrad, Herkunft unbekannt,
um 1780, zum Einstecken in den Gürtel
München, Deutsches Museum

299 Blattwocken,
Munsala, Südostbottnien/Finnland,
Kerbschnitt und Halbreliefschnitzerei mit zwei
Engelsgestalten
Helsinki, Nationalmuseum

300 Bockspinnrad, Sachsen/DDR, 19. Jh.,
gedrechselt, teilweise beschnitzt, H 90 cm
Dresden, Staatliches Museum für Volkskunde

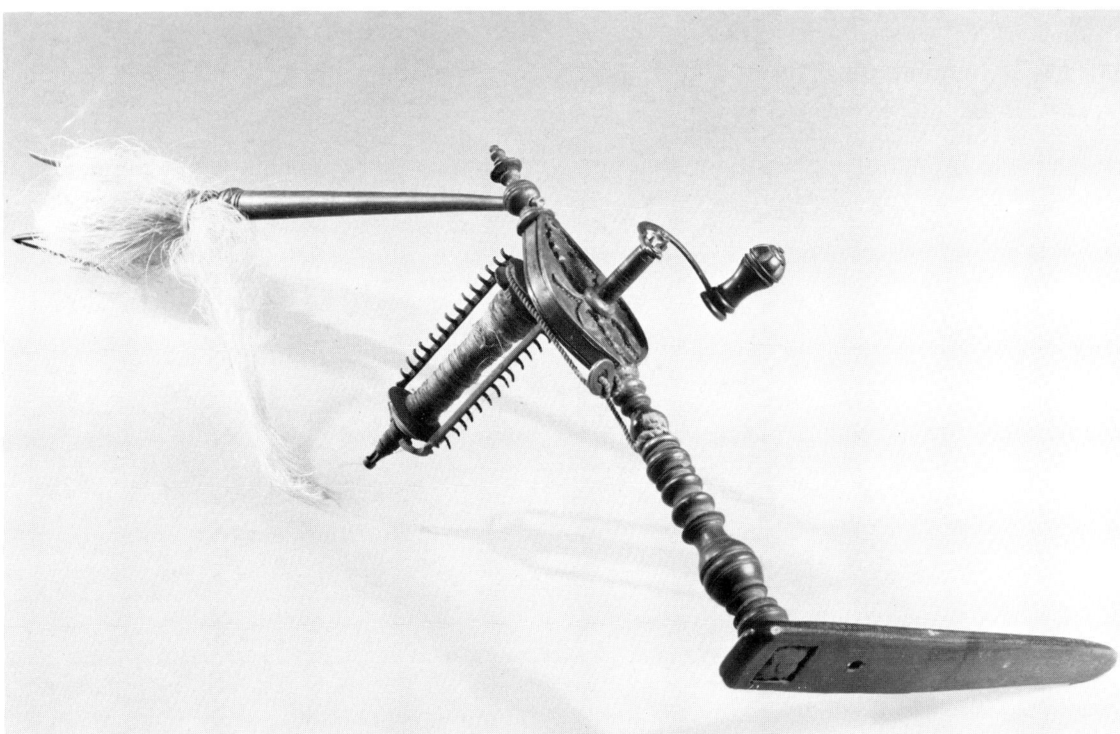

301 Rockenständeraufsatz,
Quenouville/Griechenland, Anfang 20. Jh.,
Durchbruchs- und Reliefschnitzerei,
hl. Georg und hl. Barbara
Athen, Historisches Museum

302 Alter Bauer beim Spinnen,
Tannheimertal, Tirol/Österreich, 1. H. 20. Jh.

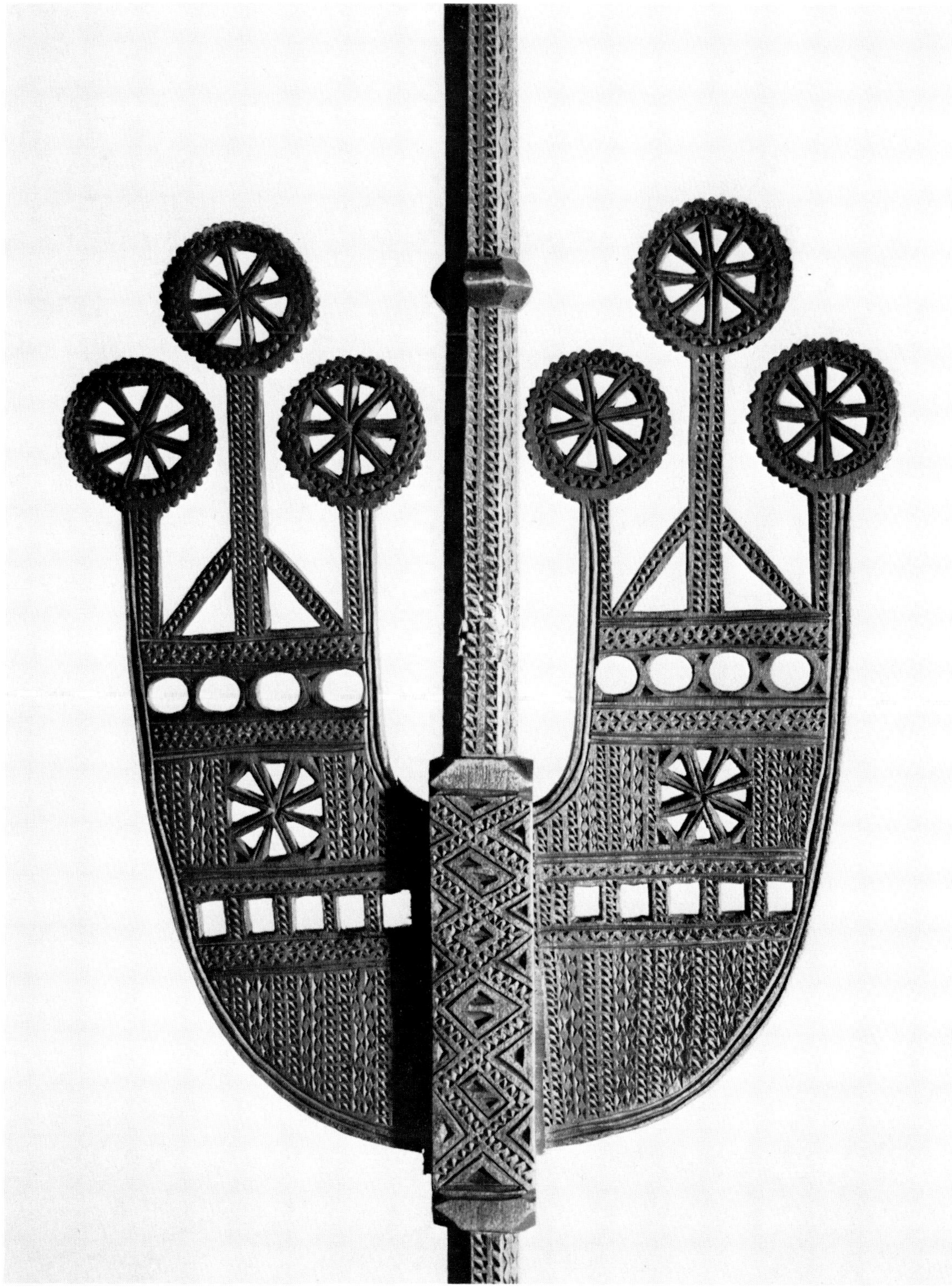

303 Spinnrocken,
Poiana, Transsilvanien/Rumänien, 19. Jh.,
Ahornholz, Kerbschnitt- und Graviertechnik,
L 122 cm, B 18 cm
Sibiu, Brukenthalmuseum

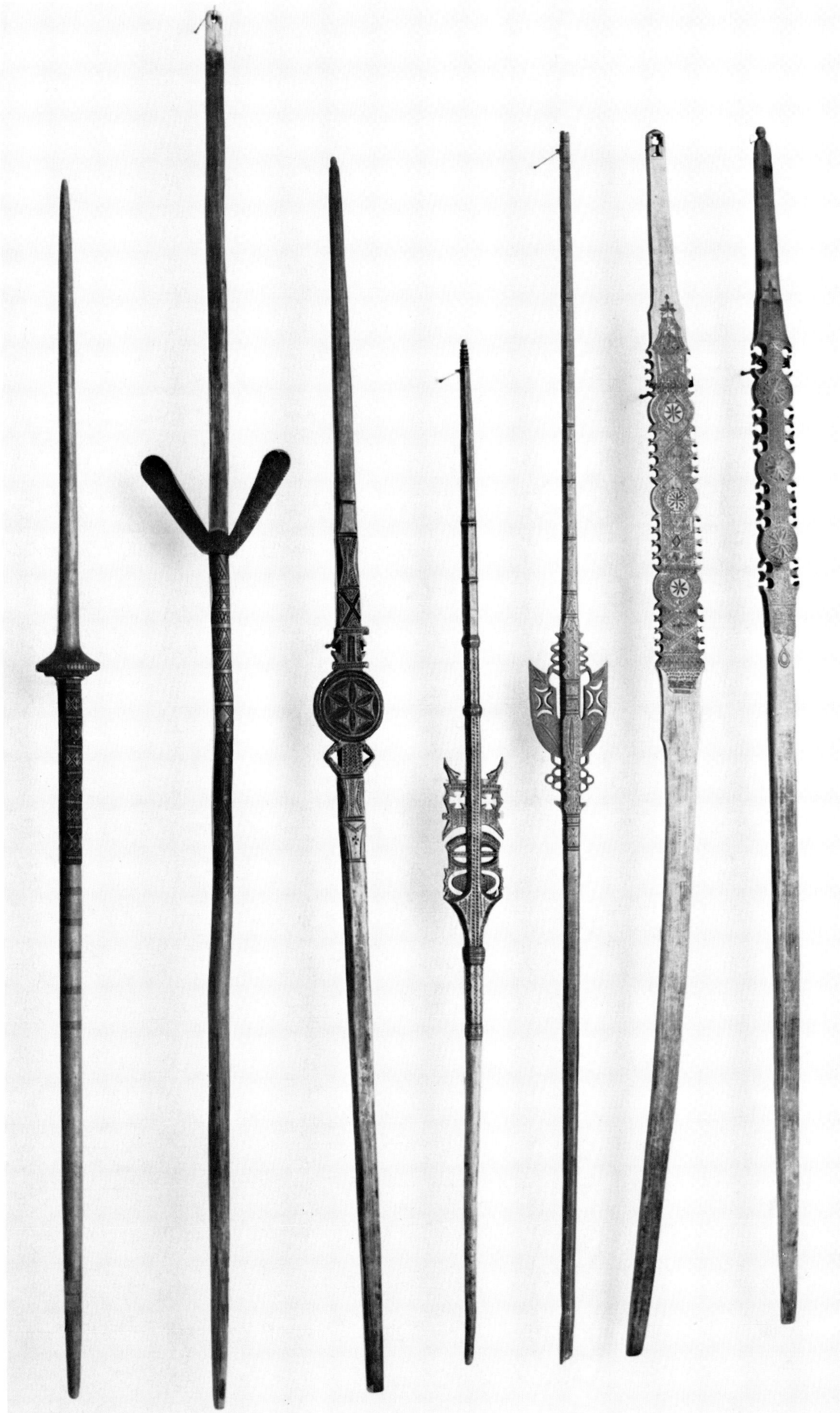

304 Spinnrocken, Rumänien, 19. und 20. Jh., mit geometrischen und figürlichen Schnitzereien versehen, L zwischen 124 und 165 cm
Museen in Suceava, Alba Julia, Sibiu, Cluj und Orasti

305 Frauen beim Spinnen und Aufspulen, Semelje, Esseg, Osseg/Jugoslawien, 1939, donauschwäbischer Hof

306 Spinnrocken, russisch, 19. Jh.
Moskau, Staatliches Historisches Museum

307 Spindel und Garnspulen,
Siebenbürgen/Rumänien, 20. Jh.
Basel, Schweizerisches Museum für Volkskunde

308 Rockenständer, Sachsen/DDR, 19. Jh.,
H 141 cm
Dresden, Staatliches Museum für Volkskunst

309 Rockenaufsätze, Quenouville/Griechenland,
Anfang 20. Jh.,
Athen, Historisches Museum

310 Rockenständer, Tittmoning/Oberbayern,
vermutlich um 1800, Rotbuche, gedrechselt,
an der Spitze laternenartige Durchbruchs-
schnitzerei, farbig gefaßt,
H 173 cm, Ø 4 cm, Ø Fußplatte 30 cm
Tittmoning, Heimathaus des Rupertiwinkels

307 ▷
308 ▽

309 ▽

310 ▷

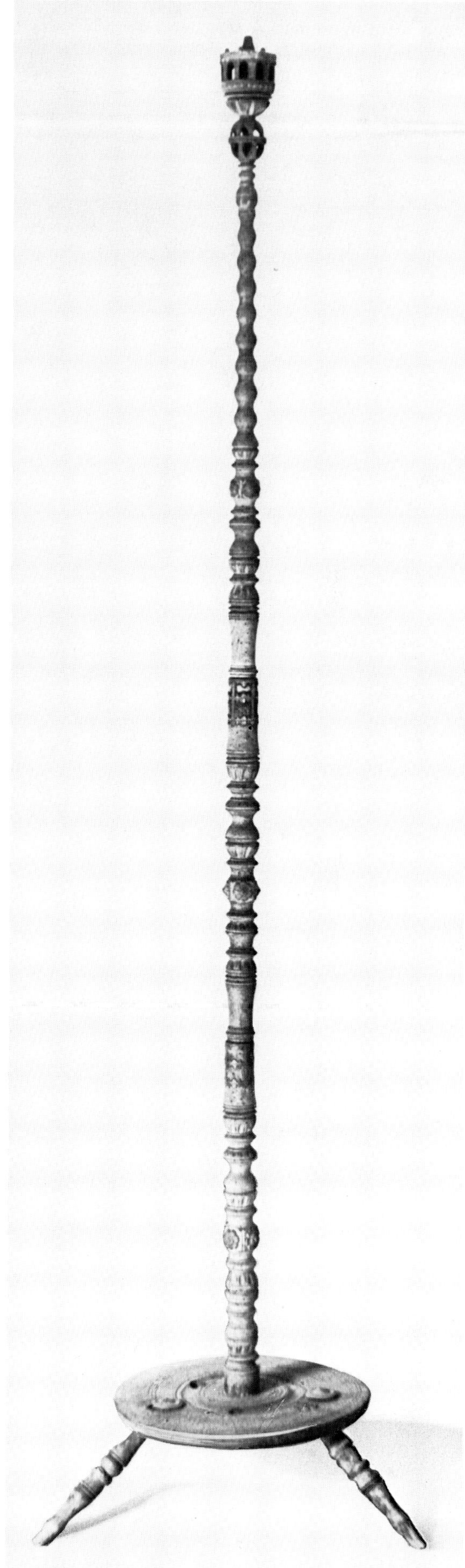

311 Garnwinde, Lkr. Celle/Niedersachsen, 19. Jh., H 43 cm, B (des Fußes) 34 cm, Ø 68 cm
Celle, Bomann-Museum

312 Handweife, vermutlich Sachsen/DDR, 1826, zum Aufwickeln des Garns
Standort unbekannt

313 Garnweife, Sachsen/DDR, 19. Jh., H 128 cm
Dresden, Staatliches Museum für Volkskunst

314 Garnwickler, Schleswig-Holstein, vermutlich 18. Jh.,
Eichenholzbrett an der Wand hängend, zwei abstehende Stäbe, diese gedrechselt, Brett mit flachen Reliefschnitzereien, Alcanthusrahmen, Spiegelmonogramm,
H 16 cm, B 15 cm, L 31 cm
Flensburg, Städtisches Museum

316 Aufwickeln des Hanfgarns,
Matrei, Osttirol/Österreich, Anfang 20. Jh.

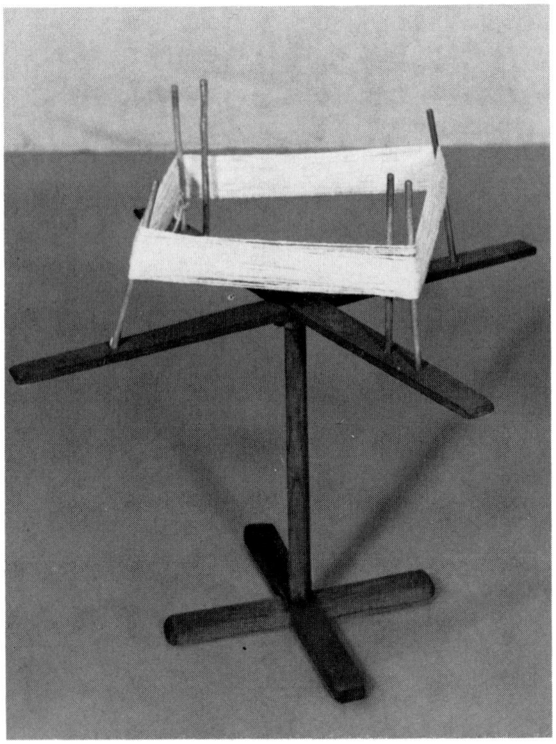

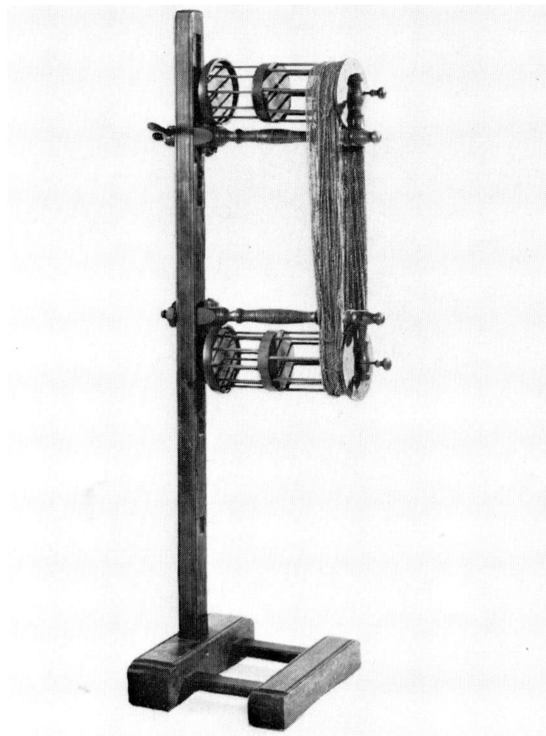

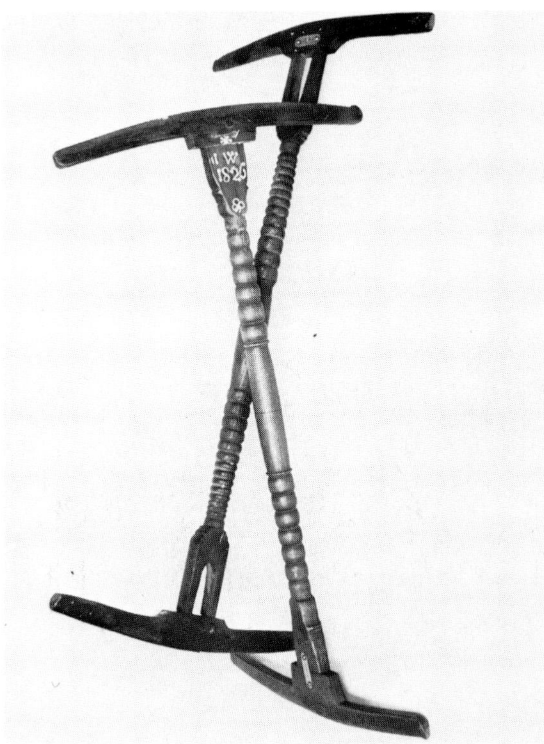

315 Spulrad, Lkr. Celle/Niedersachsen, L 51 cm
Celle, Bomann-Museum

317 Garnhaspel, Oberbayern, 1847,
Zählwerk in Form einer Kirche
Tittmoning, Heimathaus des Rupertiwinkels

318 Garnwickler, Holstein, 2. H. 18. Jh.,
gedrechselt, H 113 cm, T 40 cm, ∅ 86 cm
Altonaer Museum in Hamburg

319 Spulrad mit Kurbel, Sachsen/DDR, 1852,
beschnitzt, H 103 cm
Dresden, Staatliches Museum für Volkskunst

320 Wäscheklopfer, Schneeberg, Sachsen/DDR, 1816, Kerbschnittdekor
Schneeberg, Heimatmuseum

321 Wäscheschleuder (»Waschmaschine«)
Tetenbüttel bei Garding,
Eiderstedt/Niedersachsen, um 1840,
H 65 cm, B 94 cm, T 69 cm
Altonaer Museum in Hamburg

322 Wäsche am Fluß, Slowenien/Jugoslawien, 1. H. 20. Jh.,
Holzmulde zum Aufschlagen der Wäsche

323 Wäscheklopfer (Bükholz),
oben: Nordfriesland, 1780, L 40 cm, B 18,5 cm;
unten: Itzehoe, 1837, L 34 cm, B 16,5 cm;
Buchenholz, beschnitzt
Altonaer Museum in Hamburg

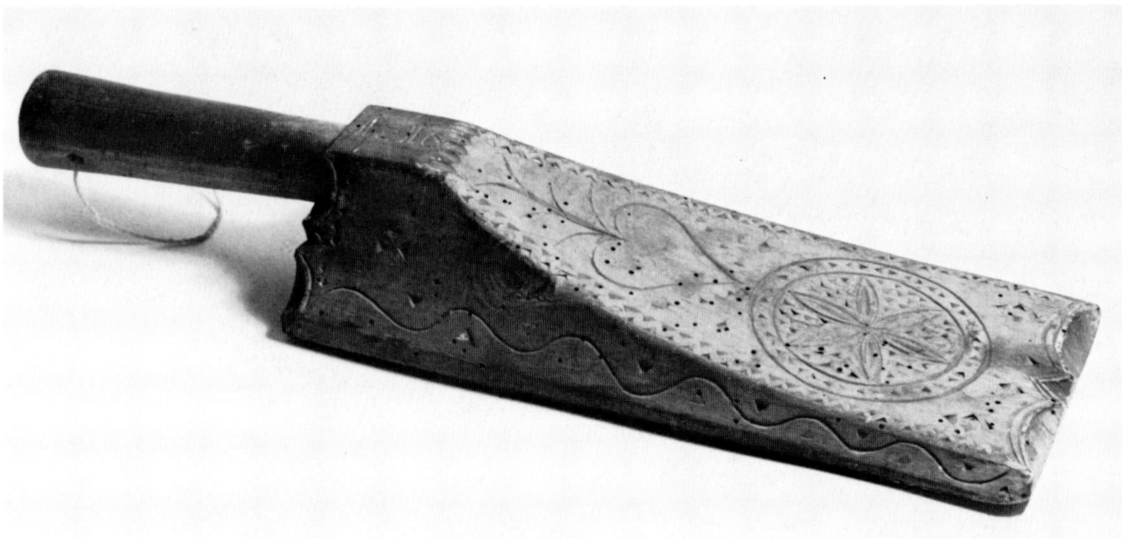

325 △

326 ▽

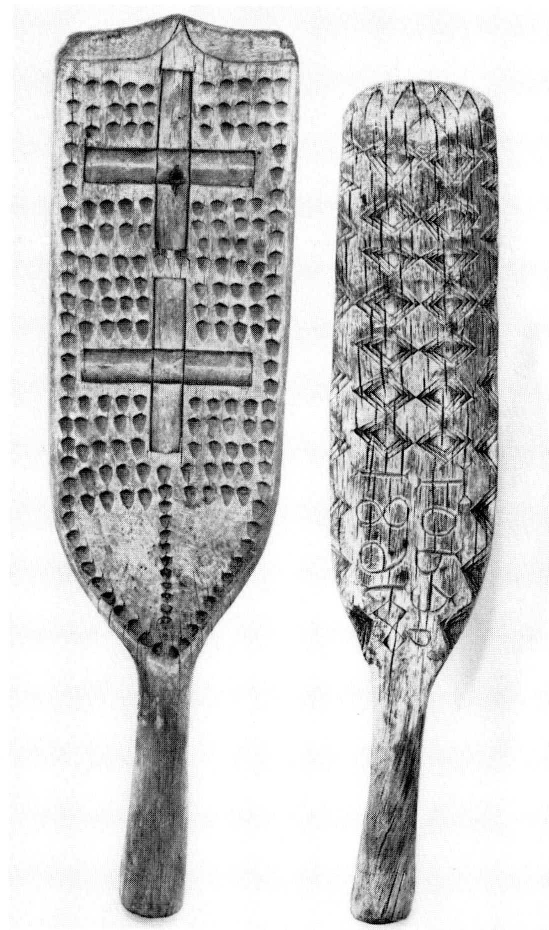

324 Wäscheklopfer, Marburg/Hessen,
Ende 18. Jh., Buchenholz, flache Reliefschnitzerei,
L 36 cm, B 16 cm
Marburg, Universitätsmuseum

325 Wäscheploi, Tittmoning/Oberbayern, 1763,
Rotbuche, L 38 cm, B 13 cm
Tittmoning, Heimathaus des Rupertiwinkels

326 Wäschebleuel, Westfinnland, 19. Jh.
Helsinki, Nationalmuseum

327 △

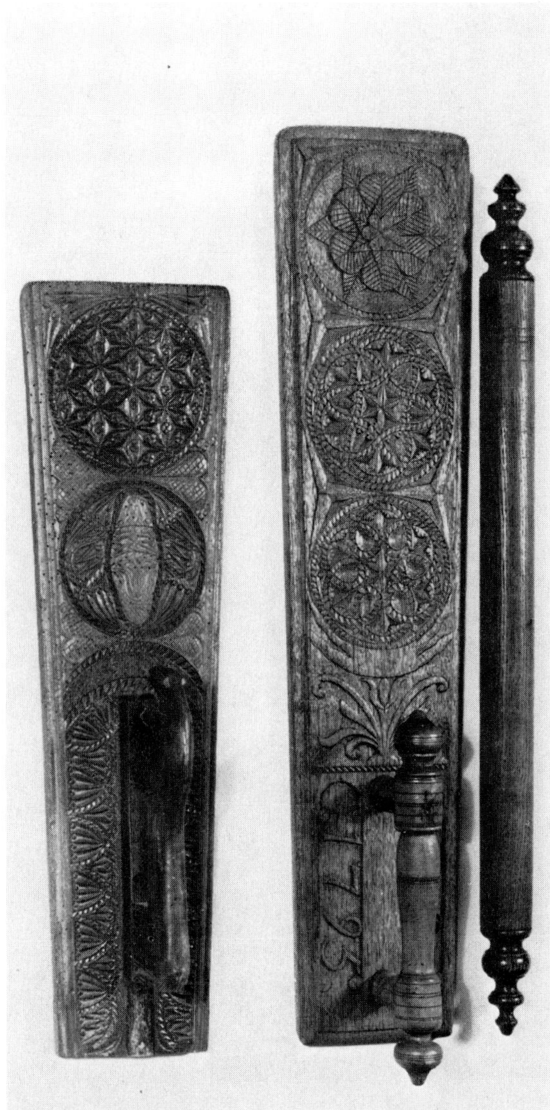

328 △

327 Mangelbretter, links: Nordfriesland, um 1730, H 82 cm, B 12 cm; rechts: Umgebung von Husum, Schleswig-Holstein, 1750/60, H 64 cm, B 12,5 cm; Buche, reicher Kerbschnittdekor, bekrönender Abschluß durch Rosettenpyramide
Altonaer Museum in Hamburg

328 Mangelbretter, Niedersachsen, um 1790 und 1795, Hartholz, Kerb- und Flachschnitzereien, Griff links geschnitzt, Griff rechts und Rolle gedrechselt, H 68 und 70 cm, B 16 cm
Altonaer Museum in Hamburg

329 Kopftuchpresse, Vöcklabruck/Oberösterreich, 1853, zwei Bretter mit Schraubenzapfen und Schraubenflügel, Verzierungen und Inschrift in Flachschnitzerei: auf der Vorderseite des Oberbrettes der Name »Joseph«, auf der des Unterbrettes der Name »Ortner«, auf der Oberseite »Elisabeth Seiringerin zum Andenken 1853«, Vöcklabruck, Heimatmuseum

330 ▽

331 ▽

330 Wäschemangel, Hagen, Lkr. Celle/Niedersachsen, 19. Jh. (?), L 193 cm, B (gesamt) 117 cm, H 156 cm
Bergen, Heimatmuseum

331 Mangelbretter, links: Island, 1687, mit romanisierenden Ornamenten, L 60 cm; daneben: Norwegen 16./17. Jh. (?)
Stockholm, Nordiska Museet

332 Mangelbretter, Dänemark, 1826 und 1762; Wäscheklopfer, Dänemark, 1788, Relief- und Flachschnitzerei, Kerbschnitt, farbig gefaßt, Griffe der Mangelbretter in Gestalt von Pferden
Kalundborg, Museum ▷

KSLD
ANNO

333 Mangelbrett, Seeland/Dänemark, 1833, Buche, Reliefschnitzerei, bunt gefaßt in Braun, Grün, Rot und Rosa, Hochzeitsgabe mit Adam-Eva-Motiv und doppelten Pferdeköpfen, L 68 cm, B 12,5 cm Kopenhagen, Dansk Folkemuseum

334 Mangelbrett, Seeland/Dänemark, 1799, Buche, Flachschnitzerei, bunt gefaßt, H 57 cm, B 14,5 cm Kopenhagen, Dansk Folkemuseum

335 Mangelbrett, Tittmoning/Oberbayern, 1665, Wacholder, beschnitzt, L 49 cm, B 13,5 cm Tittmoning, Heimathaus des Rupertiwinkels

336 Mangelbrett mit Rolle, Starnberg/Oberbayern, 1861, Hartholz, Flachschnitzerei, Jagdszenen Starnberg, Städtisches Museum

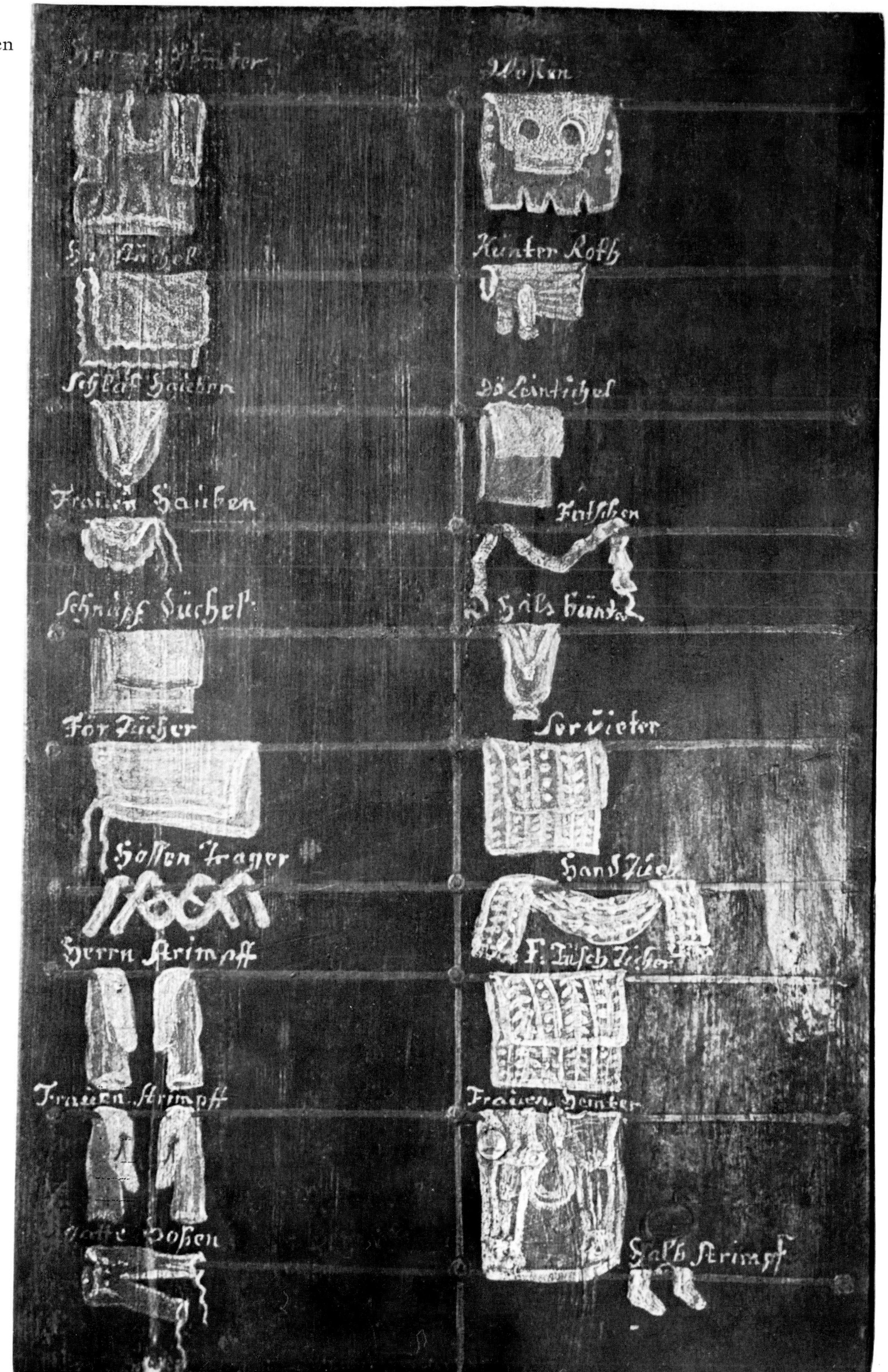

337 Wäschetafel, Oberösterreich,
vermutlich 19. Jh.,
mit aufgemalten und mundartlich bezeichneten Wäschestücken
Linz, Oberösterreichisches Landesmuseum

338 Wäschetrockner, Wilstermarsch/Hamburg, 1806, an den Seiten gedrechselte Säulen, das geschwungene Stirnbrett reich mit Ranken beschnitzt,
H (mit Eisenofen) 200 cm, B 59 cm, T 39 cm
Altonaer Museum in Hamburg

339 Nadelkissen zum Anschrauben am Tisch, Starnberg/Oberbayern, 19. Jh. (?),
gedrechselt, Rillen- und Kerbschnittdekor
Starnberg, Städtisches Museum

340 Nähkasten, Nordfriesland, 18. Jh. (?),
Eichenholz, bemalt,
mit hochklappbarem Pultdeckel und Nadelkissen,
aufgelegtes Laubwerk,
Vorderseite geschwungen in Art von Barockkommoden
Schleswig-Holsteinisches Landesmuseum

Tierhaltung und Milchwirtschaft

341 Schellenbogen,
Val d'Hérens, Kt. Wallis/Schweiz, 19. Jh.,
mit Eisenblech beschlagen
Basel, Schweizerisches Museum für Volkskunde

342 Schellenbogen, Veltlin/Italien, 19. Jh.,
mit Kerbschnitt verziert
Basel, Schweizerisches Museum für Volkskunde

343 Schellenbogen für Rinder, fränkisch, 19. Jh.,
Buchenholz, mehrfarbig bemalt
Hersbruck, Deutsches Hirtenmuseum ▷

344 Halsband für Kleinvieh,
Maienfeld, Graubünden/Schweiz, 1671, Ahorn,
auf dem Verschlußteil in Flachrelief
geschnitztes Wappenschild von Salis,
von einer Krone überhöht,
H 26 cm, Bandbreite 5 cm
Chur, Rätisches Museum

345 Glockenkampe für Ziegen oder Schafe,
Südtirol/Italien, 18./19. Jh.,
hoher Aufbau in Durchbruchsschnitzerei
Privatbesitz

344 △

345 △

346 △

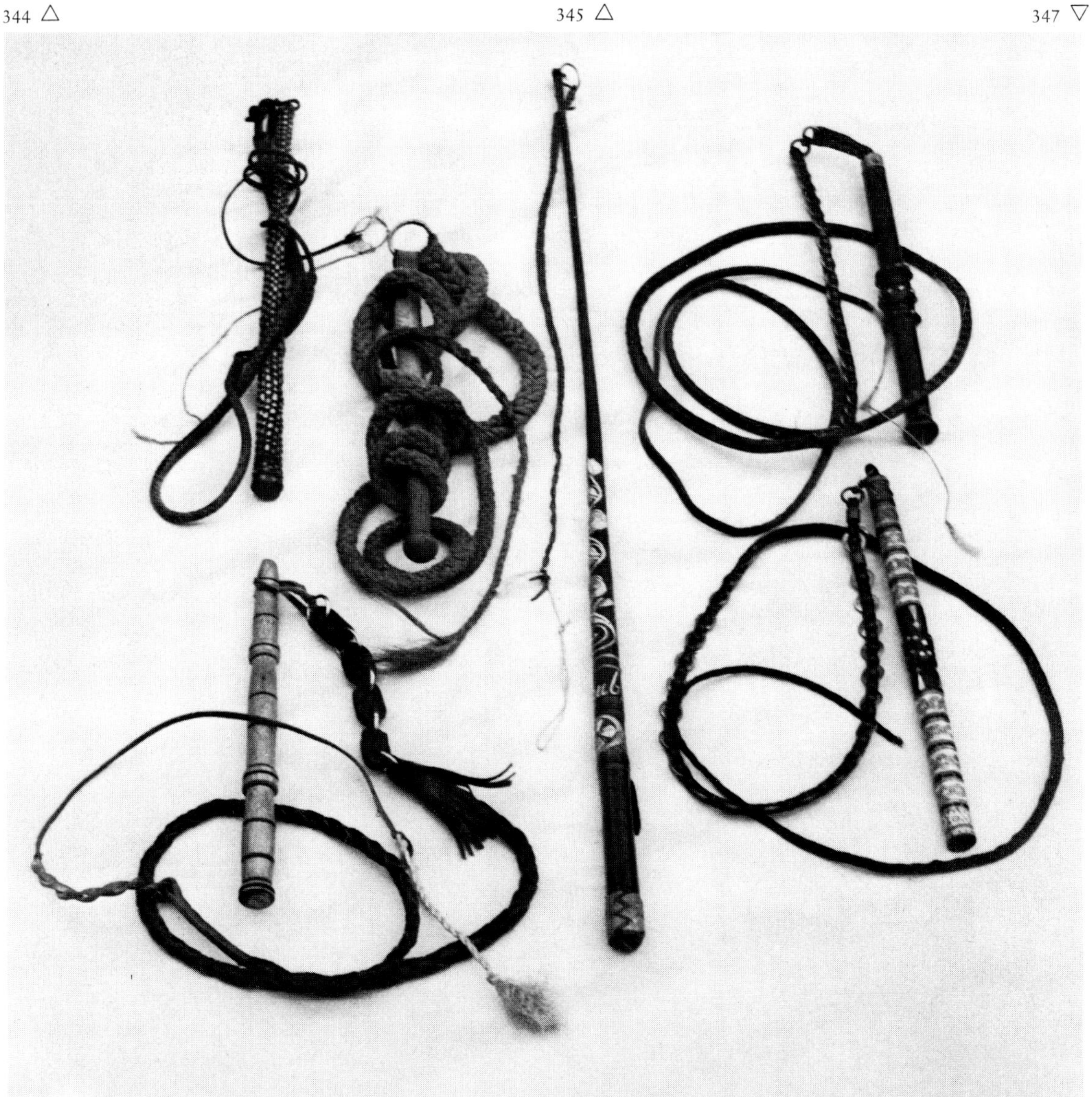

347 ▽

348 ▽

346 Breitschelle für Ziegen oder Schafe,
Livland, 19. Jh.
Hersbruck, Deutsches Hirtenmuseum

347 Hirtenpeitschen, Franken, 19. Jh. (?),
mit Rillendekor und Zinneinlagen
Hersbruck, Deutsches Hirtenmuseum

348 Peitsche, Ultental, Südtirol/Italien,
Mitte 19. Jh., mit Kerbschnittverzierungen,
verwendet zum Pfingstknallen, L 60 cm
Wien, Österreichisches Museum für Volkskunde

349 Ochsenjoch, Legoglava/Nordjugoslawien, 1. H. 10. Jh., Nackenjoch für zwei Tiere

350 Doppeljoch für Bullen, Aranjuez/Spanien, 1. H. 20. Jh., um den Hals hölzerne Schellen

351 Ochsen-Doppeljoch, Wilstermarsch/Hamburg, Ende 18./Anfang 19. Jh., H 13,5 cm, B 110 cm
Altonaer Museum in Hamburg

352 Doppeljoch, Jenins/Schweiz, 19. Jh., Birnbaum, Kerbschnittverzierung, Doppelschlaufe aus Leder,
L 120 cm, B 18 cm, ∅ 6,5 cm
Chur, Rätisches Museum

353 Stirnbänder für Rinder, Franken 19. Jh., bemalt mit Sechssternen und stilisierten Blumen
Hersbruck, Deutsches Hirtenmuseum

354 △

355 ▽

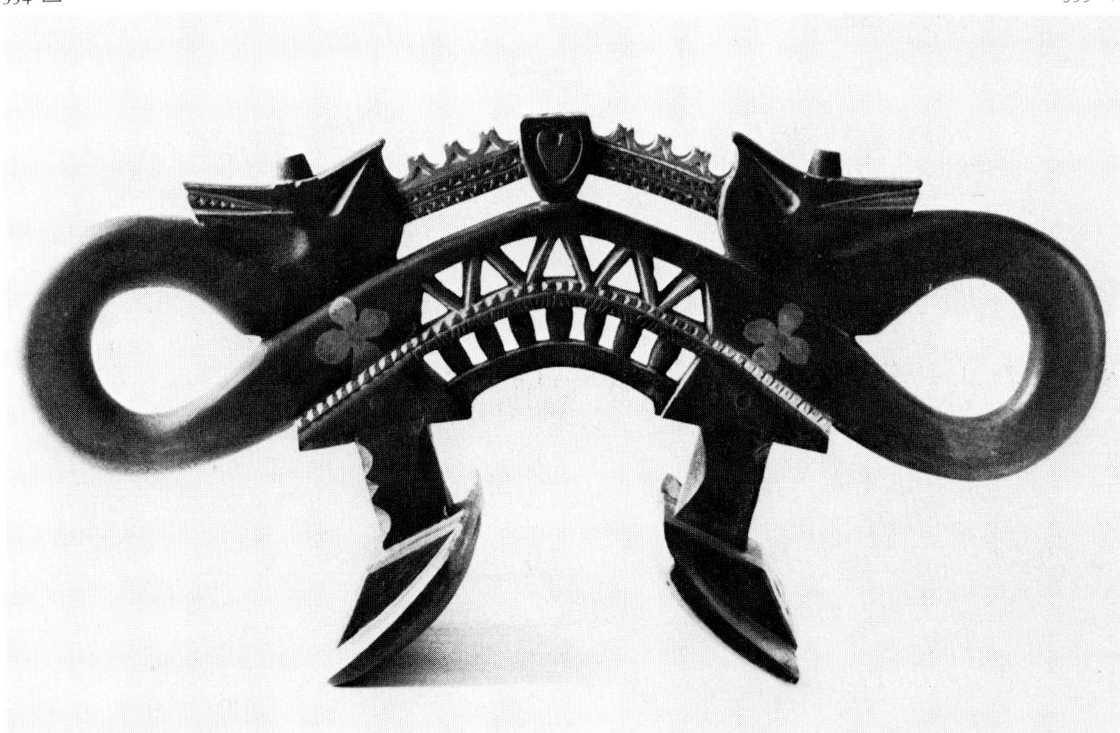

354 Holzsattel,
Bacieoel, Maramures, Transsilvanien/Rumänien, 19. Jh., Lindenholz,
mit eingeschnittenen Ornamenten,
von Bergbewohnern als Tragsattel für Pferde verwendet, L 52 cm, B 32 cm, H 30 cm,
Maramures, Kreismuseum;
Steigbügel,
Obîrsia, Hunedoara, Transsilvanien/Rumänien, 20. Jh., Weißbuche mit Beil und Schnitzmesser zugerichtet, L 17,5 cm, B 2,5 cm, H 25,5 cm,
Sibiu, Brukenthalmuseum

356 △

355 Rinderjoch-Aufsatz
Calinest, Maramures, Transsilvanien/Rumänien, 20. Jh., Ahornholz, mit eingestemmten und eingeschnitzten Ornamenten verziert, L 137 cm
Sighetul Marmatiei, Museum

356 Rinderjoch-Aufsatz,
Gradiste, Vilcea, Oltenien/Rumänien, 20. Jh., Lindenholz, Nackenholz mit Fischdarstellung, L 114 cm, H 62 cm
Craiova, Museum Olteniens

357 Pferdekummet, Tirol/Österreich, 18. Jh., Birke, gebogen, Enden der Kummetscheiter als plastische Löwenköpfe gearbeitet, weiß-grün bemalt, H 102 cm, B 69 cm
Innsbruck, Museum Ferdinandeum

358 Kummetscheiter, Finnland, vermutlich 18. Jh., Ranken in Reliefschnitzerei, Löwenköpfe vollplastisch
Helsinki, Nationalmuseum

357

358

359 Melkschemel, Ungarn, 19. Jh.,
Flachschnitzerei mit Farbspuren, H 33 cm
Budapest, Ethnographisches Museum

360 Melkschemel, Allgäu/Bayern,
vermutlich 19. Jh.,
Einbeiner mit Lederriemen zum Umbinden,
Sitz geschnitzt, Bein gedrechselt,
mit kleiner Eisenspitze
Weiler, Heimatmuseum

361 Melkschemel, Niedersachsen,
Vierbeiner mit kleiner, herzförmig
ausgeschnittener Rückenlehne, H 61 cm, B 40 cm
Celle, Bomann-Museum

362 Melkschemel, Sitzplatte (s. Abb. 360)

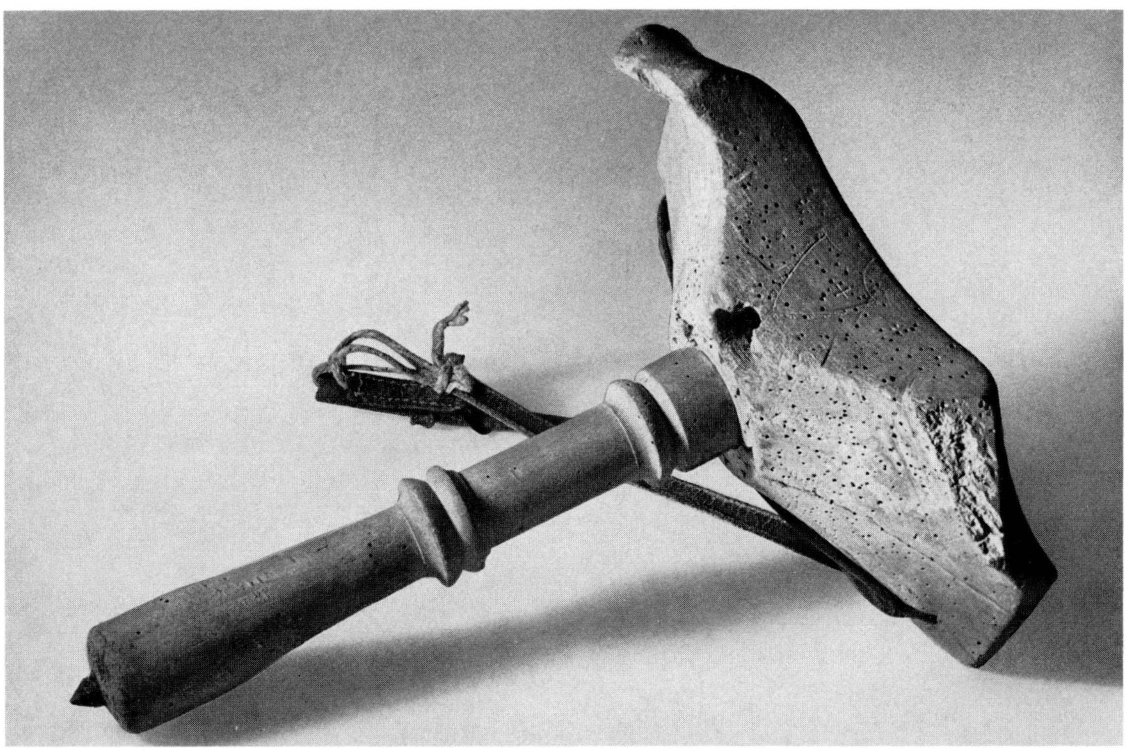

363 Melkschemel, Südtirol/Italien, um 1800,
Einbeiner, Fuß Birkenholz, Sitzbrett Zirbelholz,
flache Reliefschnitzerei, grün gestrichen,
H 53 cm, B 40 cm
Innsbruck, Tiroler Volkskunstmuseum

364 Melkschemel,
Dorna Arini, Suceava, Moldau/Rumänien,
19. Jh., Wurzelholz einer Tanne,
zwei Beine eingesetzt,
zum Melken der Schafe in Sennhütten,
H 32 cm, B 28 cm, L 37 cm
Suceava, Kreismuseum

365 Melkeimer für die Alpfahrt,
Appenzell/Schweiz, um 1895, Tanne und Ahorn,
Weißküblerei, hergestellt von Johann Jakob Frick,
H 23 cm, Ø oben 32 cm, Ø unten 23,5 cm
Appenzell-Zürich,
Sammlung Bruno Bischofberger

366 Melkeimer,
Sadava, Suceava, Moldau/Rumänien, 20. Jh.,
Tannenholz,
mit Ahornreifen zusammengehalten,
Brandmalerei, H 18 cm, Ø 23 cm
Suceava, Kreismuseum

367 Milcheimer (»Melchter«),
Emmental, Kt. Bern/Schweiz, 1749,
Arve und Ahorn,
beschnitzt mit stilisierten Blumen,
Alphornbläser und Bärenwappen (Bern),
H 46 cm, B 36 cm
Zürich, Schweizerisches Landesmuseum

366

367 ▽

368 Milchkübel, St. Stephan, Kt. Bern/Schweiz, 18./19. Jh., nach unten verjüngte Form; breite abgerundete Griffdaube, H 49,5 cm, ∅ 30,3 cm
Zürich, Schweizerisches Landesmuseum

369 Milcheimer-Boden, Inner-Rhoden, Kt. Appenzell/Schweiz, um 1875, Prunkeimer für Alpfahrten, »Bödeli« zum Herausnehmen, gemalt von Johannes Müller, H 24 cm, ∅ 34 cm
Basel, Schweizerisches Museum für Volkskunde

370 Melkeimer, Allgäu/Basel, um 1850
Weiler, Heimatmuseum

371 Abrahmmesser, Steiermark/Österreich, 19. Jh.,
halbmondförmig, drei verschiedene Griffarten,
Schrift und Dekor eingeschnitten
Schloß Trautenfels, Landschaftsmuseum

372 Rahmmesser, Oberbayern, 19. Jh. (?),
halbmondförmig, oben gezackt,
Griff als plastischer Pferdekopf, Kerbschnittdekor
Ruhpolding, Heimatmuseum

373 Rahmmesser, Ruhpolding/Oberbayern, 19. Jh. (?),
Griff mit geschnitztem Kopf eines Hahns
Ruhpolding, Heimatmuseum

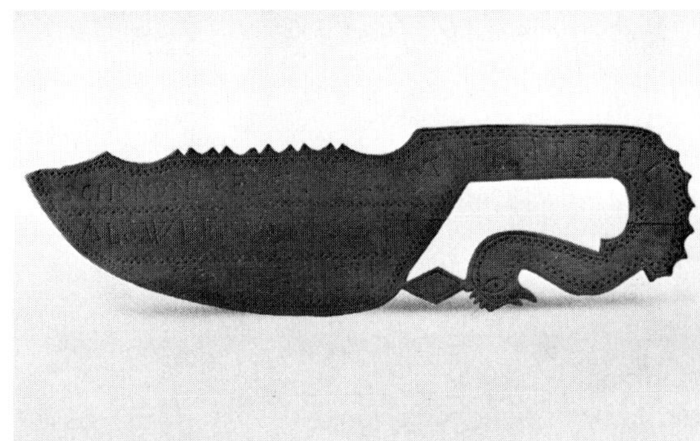

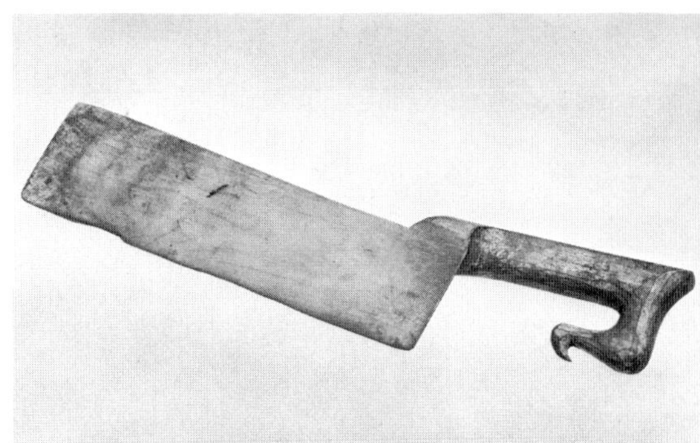

374 Buttermesser, Val de Bagner/Schweiz,
19. Jh., rechteckige, dünne Schneide,
Griff geschnitzt
Basel, Schweizerisches Museum für Volkskunde

375 Milcheimer (»Chessi«),
Urnäsch, Appenzell/Schweiz, 1925,
bei der Alpfahrt am Rücken getragen,
»Bödeli« bemalt,
Seitenteile mit Kerbschnittornamenten ▷

H.
Albert Brunner.
Z.
1925

376 Eimerkreuze, Blankenese/Hamburg, Mitte 19. Jh., Kerbschnittrosetten, Ø 28,5 cm, Dicke 4,2 cm
Altonaer Museum in Hamburg

377 Eimerkreuze (Paar), Blankenese/Hamburg, 1851, Eiche beschnitzt und bemalt, Ø 26,5 cm, Dicke 5,5 cm
Altonaer Museum in Hamburg

378 Butterfaß mit Kurbelantrieb, Südtirol/Italien, 1860, bemalt und beschnitzt: Melker mit zwei Kühen, Bozen, Stadtmuseum

379 Butterfaß, Niedersachsen, mit Rutenbindung, H 65 cm, Ø 28 cm
Nienburg, Heimatmuseum

380 Bäuerin beim Ausbuttern, Schellerhau, Erzgebirge/DDR, 1. H. 20. Jh., Mechanik mit Hebelwirkung

381 Butterrührkübel, alpenländisch, 1855, Trommel aus Ahornholz mit Messingeinlagen eingefaßt mit Eisenbändern, Ø 34 cm
München, Bayerisches Nationalmuseum ▷

376 △ 378 ▽ 377 △ 379 ▽ 380

382 Rahmkelle, alpenländisch, 18./19. Jh., L 48 cm
München, Bayerisches Nationalmuseum

383 Butterbrett, St. Stephan, Kt. Bern/Schweiz, 1809, Kerbschnitt, Flechtornament, von Blumen und Sternen umgeben, H 48 cm, B 24,5 cm
Zürich, Schweizerisches Landesmuseum

384 Gestell für Milchsatten, Schleswig-Holstein, 19. Jh., zum Aufrahmen der Milch
Schleswig,
Schleswig-Holsteinisches Landesmuseum

385 Buttermodel,
Oberinntal/Österreich (Schweiz?), Anfang 19. Jh., achtteilig mit Schraubstock, Lindenholz, mit Tiermotiven beschnitzt, oben Name Jesu, H der Wandung 11 cm, H mit Schraubstock 21 cm
Innsbruck, Tiroler Volkskunstmuseum

382 △

385 △

383 ▽

384 ▽

386 △

387 ▽

388 △

389 ▽

Zu Seite 176:
386 Butterkneter, Steiermark/Österreich, 19. Jh.
Schloß Trautenfels, Landschaftsmuseum

387 Butterformlöffel, Schleswig-Holstein, 1806, Brett gerillt,
Griffende mit plastisch geschnitzter Hand
Flensburg, Städtisches Museum

388 Milchtraggerät, Tirol, vermutlich 19. Jh., H 25 cm, B 24 cm, T 17 cm
Privatbesitz

389 Brente, Tirol, vermutlich 19. Jh.,
Gefäß zum Aufrahmen der Milch,
H 10 cm, ∅ 26 cm
Privatbesitz

390 Buttermodel, alpenländisch, 19. Jh.,
fünfteilige Klappmodel;
links: mit Riemen zusammengehalten
(wie es um die Butter gelegt wurde);
rechts: geöffnet;
beschnitzt mit Steinbock, Sennerin, Blumen u. a.
Ruhpolding, Heimatmuseum

391 Abrahmkelle, alpenländisch/Oberbayern,
18./19. Jh.,
runde Laffe mit angeschnitztem Hakenstiel,
L 60 cm
Oberammergau, Heimatmuseum

392 Butterform, Niedersachsen,
vermutlich 20. Jh., Lindenholz
Bremen, Focke-Museum

393 Butterform, norddeutsch, vermutlich 19. Jh.,
Buchenholz, runde Form, Wand innen gerieft,
Boden mit floralem Motiv verziert,
H 7 cm, Ø 7 cm
Bremen, Focke-Museum

394 Butterstempel, alpenländisch, 19. Jh.,
auf quadratischem Block geschnitztes Jesus-
monogramm, das andere Ende als Rollmodel
gearbeitet
Privatbesitz

395 Butterstempel (?), Schleswig-Holstein,
19. Jh., Griff vollplastisch als Faust mit
Manschette geschnitzt, Eichenholz, unbemalt,
H 11,5 cm, Ø 6,5 cm
Flensburg, Städtisches Museum

396 Butter-Aufdruckmodel, norddeutsch,
vermutlich 19. Jh.,
Gestalt eines Lammes mit Kreuz,
vermutlich zum Verzieren der Osterbutter,
Rand gerillt, rückwärts Griffknopf,
L 14 cm, B 7 cm, H (mit Griff) 6 cm
Privatbesitz

397 Buttermodel, Steiermark/Österreich,
vermutlich 19. Jh., Doppelfigur einer Sennerin
Schloß Trautenfels, Landschaftsmuseum

391 △

390

392 △

393 ▽

396 △

397 ▽

394 △

395 ▽

398 Käsemodel, Rucar, Muntenien/Rumänien, 19. Jh., Ahornholz, behauen und beschnitzt mit Blumenmotiven und geometrischem Dekor (hier nur je ein Teil der zweiteiligen Formen), L 26 cm, B 9 cm, H 9 cm
Golesti, Obst- und Weinbaumuseum

399 Seihtrichter mit Seihriedel, Steiermark/Österreich, 19. Jh., Seihriedel aus versponnenen und verstrickten Kuhschwanzhaaren und Baumwollfäden, H 25 cm, Ø 25 cm
Schloß Trautenfels, Landschaftsmuseum

400 Käsequirl, Frankreich, vermutlich 19. Jh., aus naturgewachsenen Zweigen hergestellt
Hersbruck, Deutsches Hirtenmuseum

401 Weißkäsepresse, Reghin, Siebenbürgen/Rumänien, Anfang 20. Jh., aus dem Block gearbeitet, Abflußloch
Basel, Schweizerisches Museum für Volkskunst

402 Quarkpresse, Niedersachsen, H 40 cm, B 45 cm, L 80 cm
Alfeld, Heimatmuseum

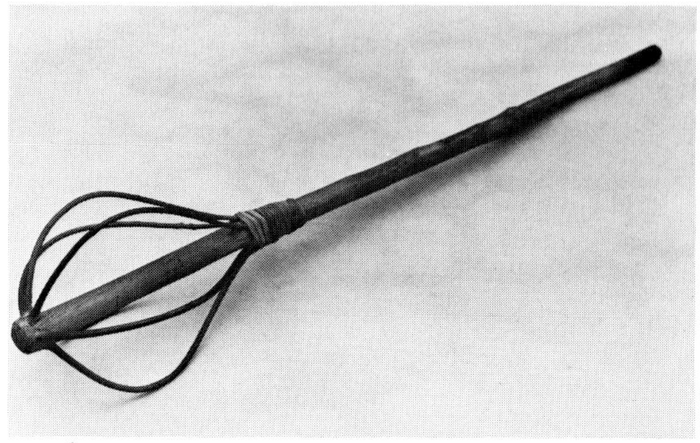
400 △

398 △

401 △

402 △

399 ▽

403 ▽

Zu Seite 180:
403 Seihtrichter, Steiermark/Österreich, vermutlich 19. Jh., zum Seihen der Milch mit Wurzelwerk (»Seihriedel«) versehen
Schloß Trautenfels, Landschaftsmuseum

404 Käsedeckel, Diemigtal, Kt. Bern/Schweiz, 1744, Tannenholz, Querleiste Ahorn, reicher Kerbschnittschmuck und Besitzerinitialien, Ø 54 cm
Bern, Historisches Museum

405 Käsestiege, Vogtland/DDR, 19. Jh., an der Hauswand aufgehängt
Plauen, Kreismuseum

406 Käsehäuschen, Sachsen/DDR, 19. Jh., zum Trocknen des Käses vor das Fenster gehängt
Löbau, Museum

407 Käsekorb, Münchhausen/Hessen, 19. Jh., Tannenholz, bemalt, H 80 cm, B 70 cm, T 36 cm
Marburg, Universitätsmuseum

404 △

405 ▽

406 △

407 ▽

Arbeiten in Hof und Feld

409 Gsottbank, vermutlich süddeutsch, 1832, zum Schneiden von Heu und Stroh zu Futterzwecken, mit Rankenmuster und Sechsstern verziert und bewirtschaftet
München, Deutsches Museum

◁ 408 Heinzelbank,
Dobrovat Iasi, Moldau/Rumänien, 19. Jh., Eichenholz, L 210 cm, H 96 cm
Iasi, Volkskundemuseum der Moldau

410 Kleienkotzer, süddeutsch, um 1740, plastisch geschnitzt, bunt gefaßt
Ulm, Deutsches Brotmuseum

411 Kleienkotzer, Elsaß, 1. H. 19. Jh. Eichenholz geschnitzt und bemalt, H 52 cm, B 40 cm, T 18,5 cm
Straßburg, Elsässisches Museum ▷

412 Heinzelbank, Tittmoning/Oberbayern, 19. Jh., Kopfhalterung Eiche, Sitz und Füße Tanne, L 158 cm, B 25 cm, H 96 cm
Tittmoning, Heimathaus des Rupertiwinkels

413 Arbeitsgabel (»Forke«), Niedersachsen, 19./20. Jh., seitlich zwei Zinken eingesetzt, Querverstrebungen, L 155 cm, B 33 cm
Göttingen, Sammlung der Landwirtschaftlichen Fakultät der Universität

414 Kartoffelschaufel, Gegend von Tittmoning/Oberbayern, 19. Jh., Tanne, L 148 cm, B 37 cm
Tittmoning, Heimathaus des Rupertiwinkels

415 Heugabel, ostdeutsch/DDR, aus gewachsenem Holz
Großschönau, Museum

416 Bauer an der Zugbank (»Schneidesel«), beim Anfertigen von Dauben für Gefäße, Vorarlberg/Österreich, 1. H. 20. Jh.

412 △

413 ▽

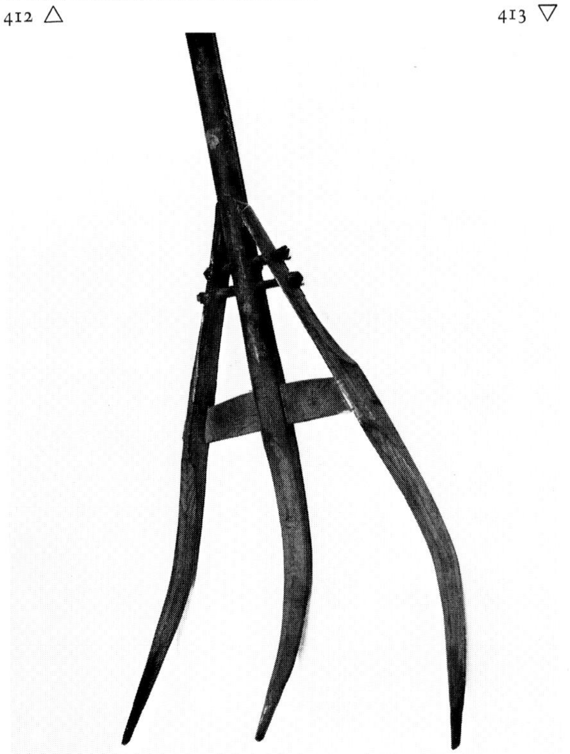

414 ▽

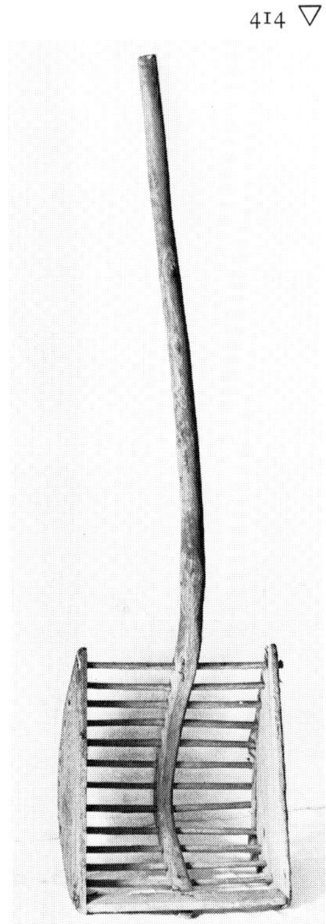

415 ▽

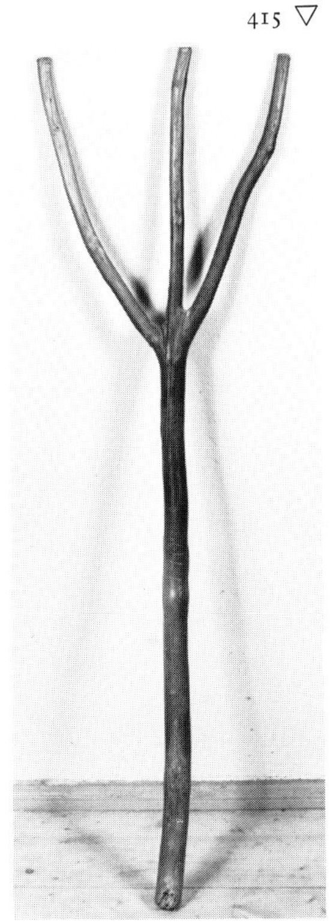

417 Bindeknüppel, Lkr. Celle/Niedersachsen, 19. Jh. (?), zum Zusammenbinden der Strohseile um die gemähten Roggenhaufen verwendet, H (rechts) 31 cm
Celle, Bomann-Museum

418 Dreschflegel,
Habach bei Murnau/Oberbayern, 19./20. Jh.
Privatbesitz

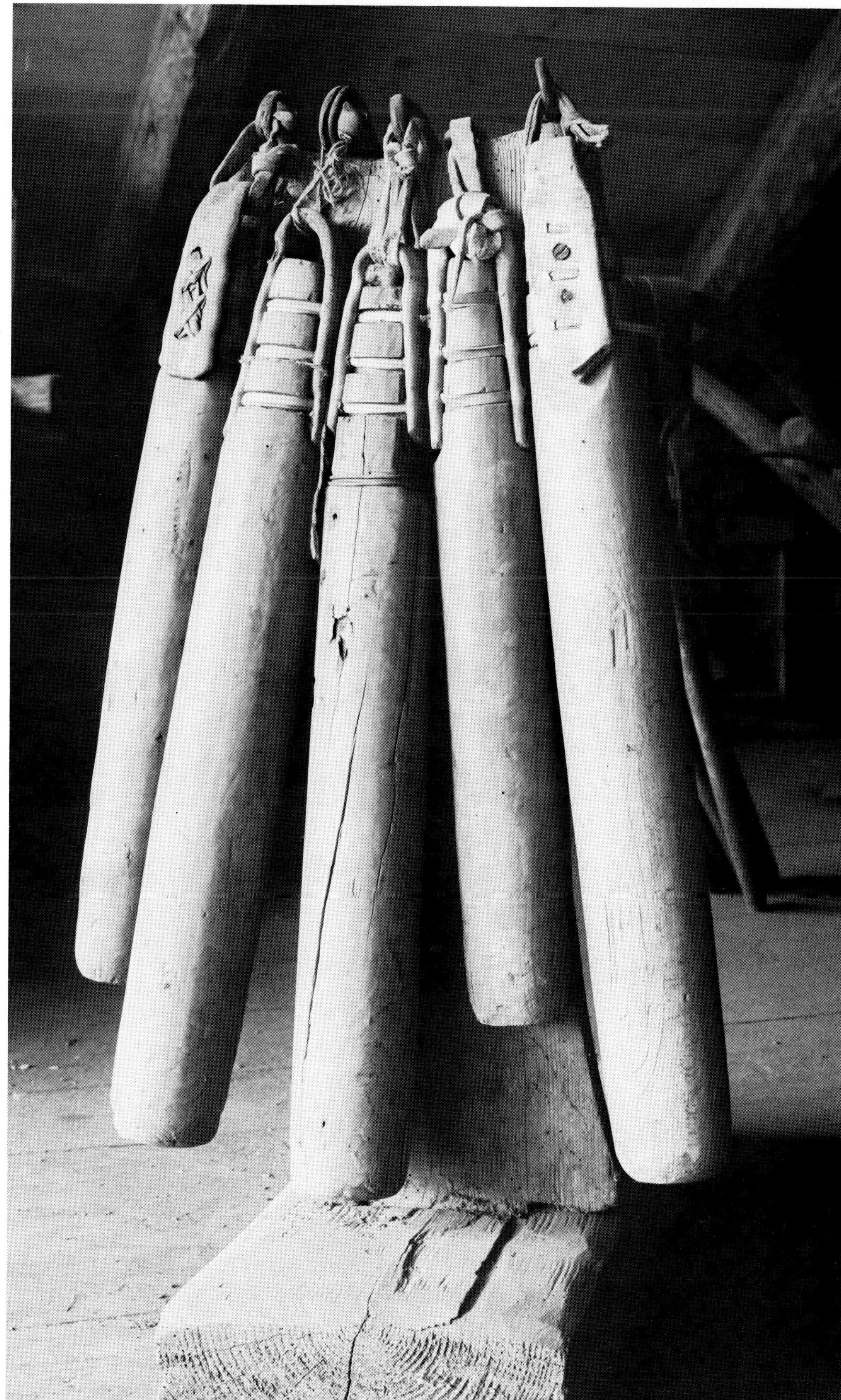

419 Wetzsteinkumpfe, Südtirol/Italien, 19. Jh., L ca. 25 cm
Bozen, Stadtmuseum

420 Wetzsteinkumpf, Tirol/Österreich, um 1800, aus einem Stück gehöhlt, Rand mit Blech beschlagen, Kannelierung und Sechssternverzierung, H 28 cm, ∅ 8 cm
Privatbesitz

421 Sensenscheide, Kastelruth, Südtirol/Italien, 1824, Zirbelholz, grün gestrichener Tierkopf mit eingesetzten Schweinezähnen.
Scheide bemalt mit Monogramm Mariens und Jesu und Verse
Innsbruck, Tiroler Volkskunstmuseum

422 Sensenscheide, Sarnthein, Tirol/Österreich, 19. Jh., mit stilisiertem Tierkopf und eingekerbten figürlichen Darstellungen
Innsbruck, Tiroler Volkskunstmuseum

420 △

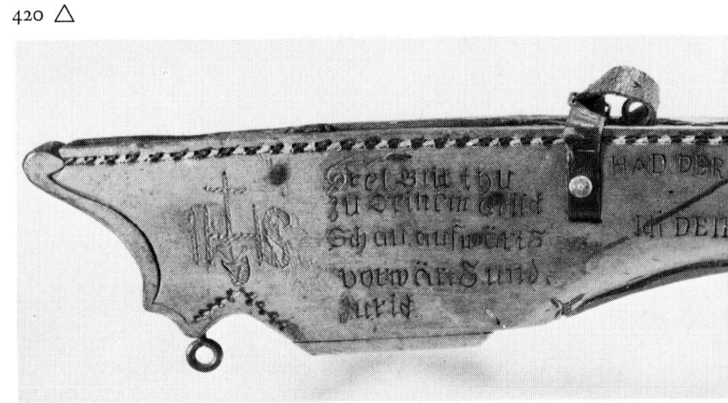

421 △

422 ▽

423 Wetzsteinkumpf, Aargau/Schweiz, Ende 17. Jh., Sechssterne und Dreiecke in Kerbschnitzereien
Chur, Rätisches Museum

424 Wetzsteinbehälter, Tirol/Österreich, 19. Jh., Rand mit Eisenbändern gefaßt, teils geflickt mit Blechstreifen, Kannelierung und gekerbter Reihendekor, dritter Kumpf von links: nach 1900 hergestellt, beschnitzt mit Geräten und Edelweiß
Privatbesitz

425 Getreidemaß,
Schöningen, Lkr. Helmstedt/Niedersachsen,
vermutlich 19. Jh., H 8 cm, ∅ 18 cm
Schöningen, Museum

426 Getreidemaß, russisch, Birkenrinde
Moskau, Staatliches Historisches Museum

427 Maßstab: Vorder- und Rückseite,
Herkunft unbekannt, 1718,
Strichmarken für 1 Fuß zu 30 cm, L 87 cm
München, Deutsches Museum

428 Maßgefäß, Oberbayern, 1774,
Kerbschnitt, farbig gefaßt
Privatbesitz

429 Ellen-Maße, Schleswig-Holstein,
Flache Reliefschnitzerei mit eingekerbten
Ornamenten und Schriftzeichen, unbemalt,
L 68 cm — 76 cm
Flensburg, Städtisches Museum

430 Geeichte Maßgefäße
Speyer, Historisches Museum der Pfalz

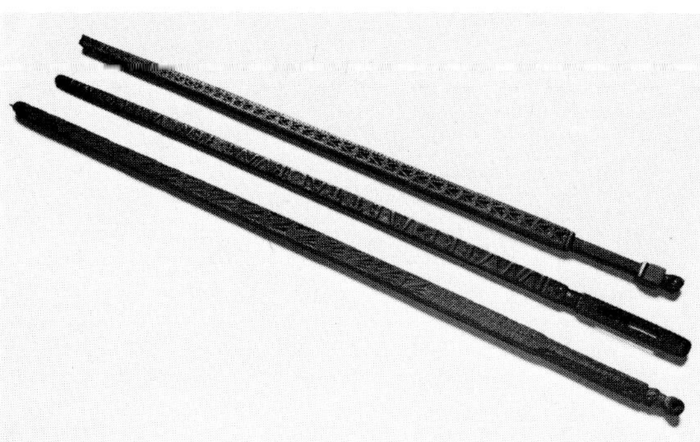

431 Müllermodel, Tirol/Österreich, 1806,
Birnenholz, L 26 cm, B 19 cm
Innsbruck, Tiroler Volkskunstmuseum

432 Sackstempel, Siegl-Mühle,
Kirchheim bei Tittmoning/Oberbayern,
19. Jh. (?), Linde,
rechter Stempel: H 22 cm, B 11,5 cm, Dicke 2 cm
Tittmoning, Heimathaus des Rupertiwinkels

433 Sackstempel, Innviertel/Österreich,
um 1800
Braunau, Heimatmuseum

434 Brotstempel,
Gradistea, Vîlcea, Oltenien/Rumänien, 1914,
Maulbeerbaumholz,
Gravier- und Kerbschnittdekor, H 22 cm, B 10 cm
Craiova, Museum Olteniens

435 Futterteller für Bienen, Niedersachsen, vermutlich 19. Jh., mit »Schwimmer« versehen, damit die Bienen nicht im Futterhonig ertrinken
Celle, Bomann-Museum

436 Bienenstockbrettchen, Slowenien/Jugoslawien, 1858, die bemalten Brettchen wurden über dem Flugloch angebracht
Radovljika, Bienenmuseum

437 Bienenkorb, Gilten, Lkr. Fallingbostel/Niedersachsen, 19. Jh., Strohgeflecht mit Lehm und Kuhdung verschmiert, auf der eingelassenen Holzplatte in Flachrelief eine farbig bemalte Soldatenfigur zur Dämonenabwehr, Mundöffnung als Einflugloch, H 66 cm, Ø 40 cm
Celle, Bomann-Museum

438 Bienenstöcke, Steiermark/Österreich, Anfang 19. Jh.;
links: auf hellgrünem Grund schwarzer Bock mit zwei Schneidern, die Inschrift illustriert: »Was hat doch der Bock gespeist, das er lauter Schneider scheist;« rechts: auf dunkelgrünem Grund weißgerahmtes Bildfeld: David und Goliath, bunte Bemalung
Schloß Trautenfels, Landschaftsmuseum

435 ▽ 436 △ 437 ▽ 438 ▽

439 Hobel, Allgäu/Bayern, um 1800, flache Reliefschnitzerei
Weiler, Heimatmuseum

440 Grundhobel,
Seifhennersdorf, Kr. Zittau, Sachsen/DDR, 1777, verziert mit Sternen, Beschriftung
Seifhennersdorf, Museum

441 Gratsäge, Tittmoning/Oberbayern, 1798, Griff in Form eines Tierkopfes, Besitzerinitialen und Jahreszahl eingekerbt
Tittmoning, Heimathaus des Rupertiwinkels

442 Gratsäge, Tittmoning/Oberbayern, 1817, Rotbuche, einfache Kerbverzierung, oberer Teil zoomorph gestaltet,
L 22 cm, H 12 cm, Dicke 2 cm
Tittmoning, Heimathaus des Rupertiwinkels

443 Gratsäge, Wilsdruff, Kr. Freita/DDR, um 1800, Griff als plastisch geschnitzter Löwe
Verschollen

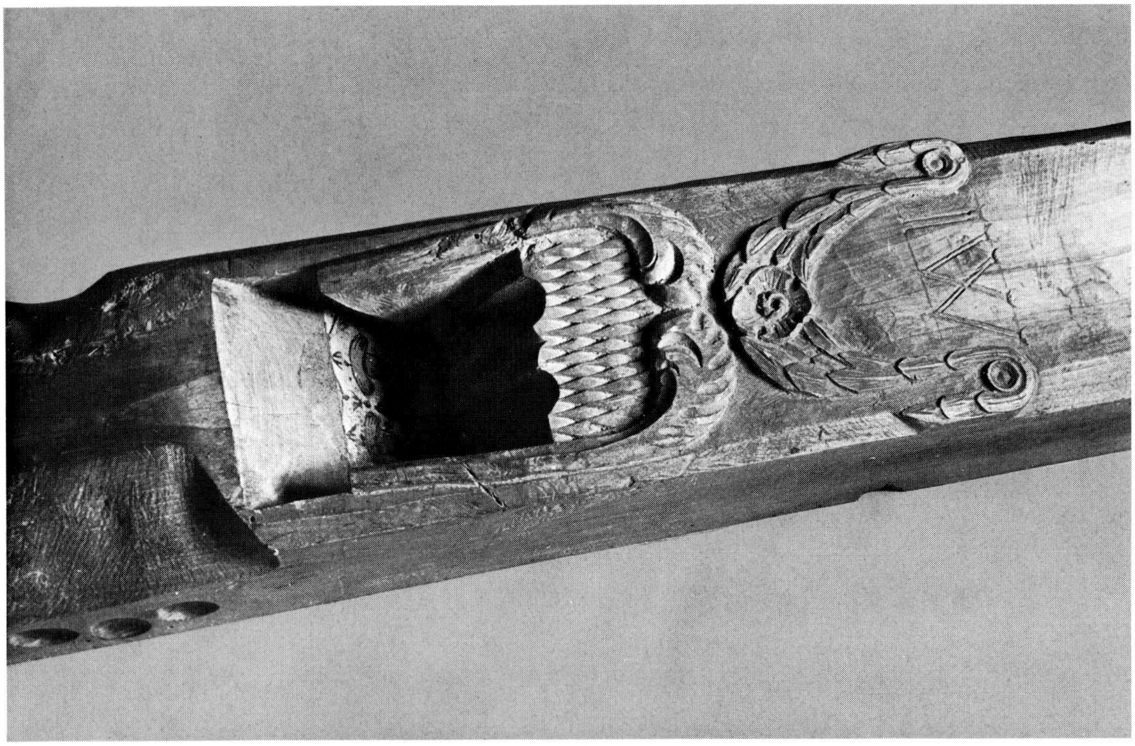

441 △

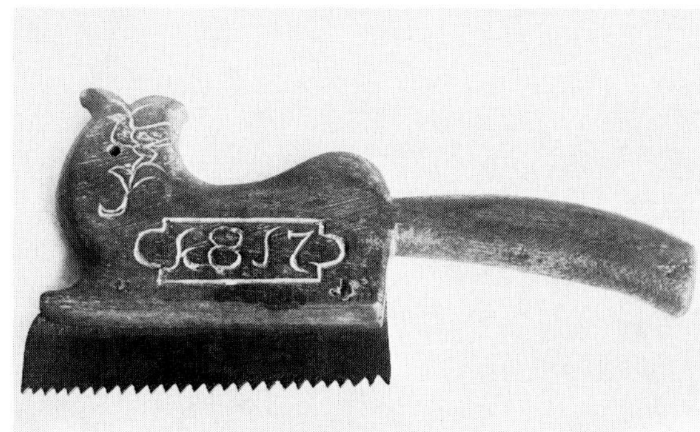

442 △

443 ▽

444 Fugensäge, Innviertel/Österreich, vermutlich Anfang 19. Jh., oberer Teil vollplastisch als Tier (Fuchs?) gestaltet
Ried i. Innkreis, Heimatmuseum

445 Beilscheide, Salzkammergut/Österreich, 1781, Ahornholz, H 8,2 cm, B 14,2 cm, T 3,3 cm
Linz, Oberösterreichisches Landesmuseum

446 Zughobel, Allgäu/Bayern, 1677
Weiler, Heimatmuseum

447 Kienspanhobel, Seifhennersdorf, Kr. Zittau/DDR, vermutlich 19. Jh.
Seifhennersdorf, Heimatmuseum

448 Lärmgerät, Vöcklabruck/Oberösterreich,
vermutlich 19. Jh.;
links: »Rumpelfaß« mit Schraubenwalze,
auf der sich 22 Holzzapfen befinden,
beim Drehen der Kurbel heben die Zäpfchen drei
Holzhammer, die dann an die Wand schlagen,
H 34 cm, B 10 cm;
»Hammerl« mit Griff, H 10 cm;
»Fahnenratsche«, L 60 cm
Vöcklabruck, Heimatmuseum

449 Schaufel zum Abstreifen von Heidelbeeren,
Gegend von Tittmoning/Oberbayern, 19. Jh.,
Rotbuche, aus einem Stück gefertigt,
H 6 cm, B 13 cm, T 19,5 cm
Tittmoning, Heimathaus des Rupertiwinkels

450 Essensglocke (»Klachl«),
Steiermark/Österreich, 19./20. Jh.,
einfache Kugelklapper,
Kugel mit Lederpfropfen befestigt
Schloß Trautenfels, Landschaftsmuseum

451 Karfreitagsratsche,
Burgau/bayerisch Schwaben, 20. Jh.

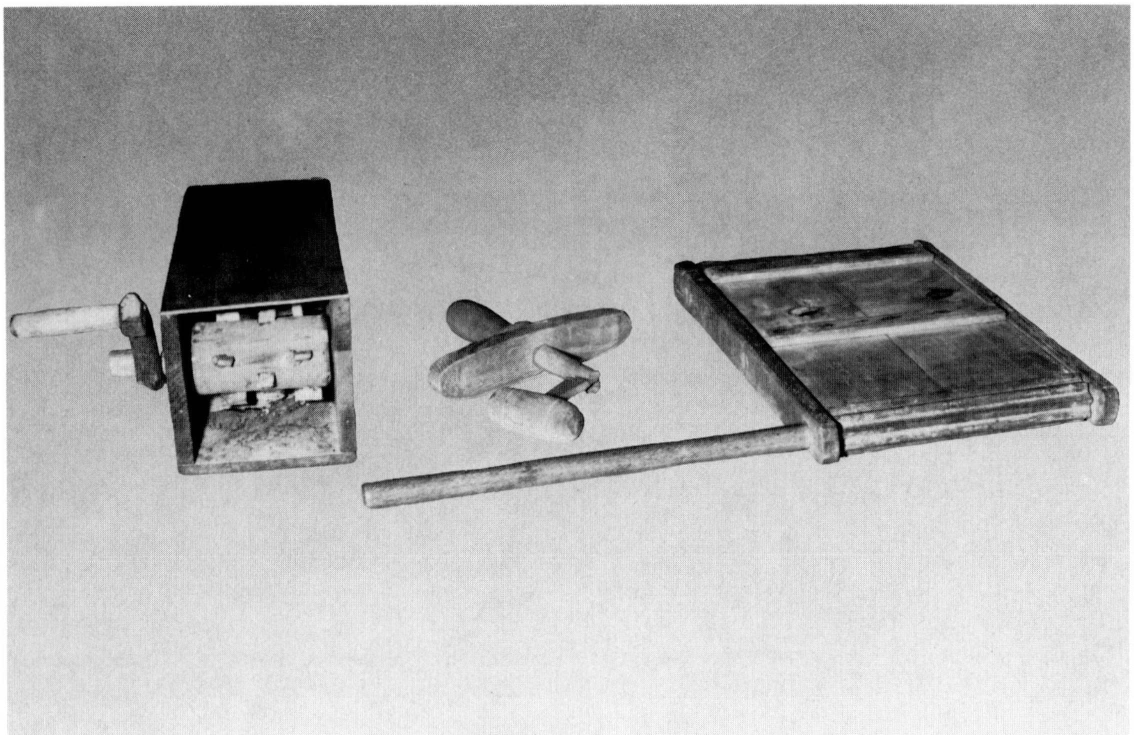

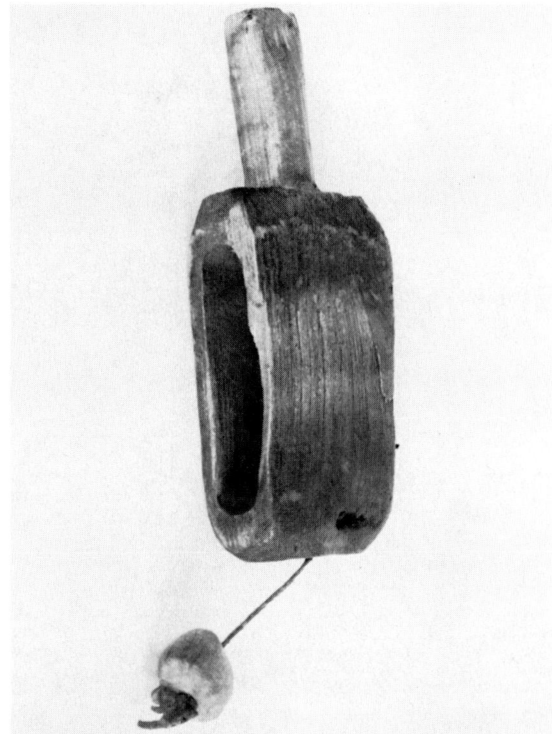

452 Wanderhändler aus Berchtesgaden
mit beladener Kraxe
Berchtesgaden, Heimatmuseum

453 Tragjoch,
Wehdel, Lkr. Bersenbrück/Niedersachsen,
19./20. Jh., Eichenholz, L 102 cm
Cloppenburg, Freilichtmuseum

454 Kraxenträger, Oberammergau/Oberbayern,
20. Jh., mit Schnitzware aus Oberammergau

455 Traggabel, Frutigen, Kt. Bern/Schweiz,
Mitte 18. Jh.,
Rückenwand mit Kerbschnittverzierung
Bern, Historisches Museum

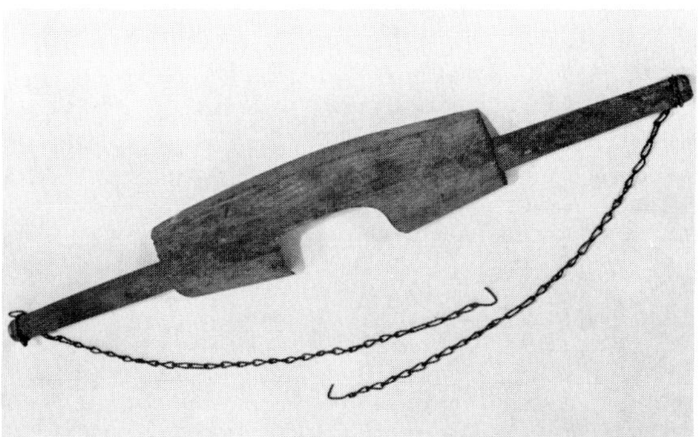

456 Deckel eines Milch-Abrechenbuches, Lü im Münstertal/Schweiz, 1821, vokstümliche Motive (Herz, Tulpe, Stern) eingraviert, durch Lederbändchen gehalten
Basel, Schweizerisches Museum für Volkskunde

457 Milchabrechenhölzer, Tavetsch, Graubünden/Schweiz, Anfang 20. Jh., L ca. 16 cm
Basel, Schweizerisches Museum für Volkskunde

Anhang

Anmerkungen

(Sind von einem Autor mehrere Werke im Literaturverzeichnis angeführt, so wird bei den Anmerkungen zum Namen das erste Hauptwort des Titels hinzugefügt.)

Wohnen: Essen und Trinken

1 Kluge-Götze S. 362; Schmeller I, Sp. 1450
2 Wühr, Eßgerät S. 11
3 Pinto S. 159, Tafel 158–173
4 Galler S. 191 ff.
5 Blau II, S. 225
5a Blau II, S. 225
6 Beitl S. 23, Nr. 133
7 Beitl S. 21, Nr. 102, 103
8 Vgl. Rumpf, Bauernkst. S. 57 ff. u. Löffelkörbchen; Spamer, Hess. Volkskst. S. 55
9 Bomann S. 97 f.; Andree S. 261 f.
10 Lauffer S. 16; Meringer, Gefäße S. 108
11 Wildhaber, Küchengerät S. 8
12 Schmeller I, Sp. 598 f.; Kluge-Götze S. 617: dem lat. talea = Einschnitt, altfr. taillor = Vorlegbrett entspricht das mhd. Lehnwort tälirbrett oder deller. Auch das lat. discus, von dem sich das germ. »Tisch« ableitet, bedeutet urspr. Scheibe, hölz. Platte, die bei der Mahlzeit vor jeden hingestellt wurde, wie Tacitus berichtet (»sua cuique mensa«, Tac. Germ. 22); vgl. auch Paulsen S. 48 f.
13 Kluge-Götze S. 546; vgl. Meringer, Gefäße S. 4 ff.
14 Montaigne S. 56
15 Dexel, Holzgerät S. 46
16 Vgl. Grabherr; Nemec Abb. 150; Ginters S. 14 f.
17 Haberlandt, Taschenwb. 1953, S. 106; Ritz, Doppelschüsseln S. 192 ff.; Beitl S. 9, Nr. 12
18 Mehlau S. 82; vgl. Schmolitzky Abb. 170/180
19 Bomann S. 102; vgl. Deneke, Bauernmöbel S. 346 f.
20 Es steckt in ital. bicchiere, engl. pitches, ev. in bair. Bitschen; vgl. Kluge-Götze S. 44
21 Kluge-Götze S. 294 f.
22 Kluge-Götze S. 410 und 505; Schmeller I, Sp. 1751 f.
23 Kluge-Götze S. 612; Kretschmer S. 521
24 Belege bei: Gebhard, Massivholz S. 135; vgl. Bednarik u. Dexel, Holzgerät
25 Ginet-Pilsudzki S. 239 f., Abb. S. 240
26 Topali S. 239 ff.: detaillierte Darstellung der Schnitztechnik u. der Geräte
27 Spieß S. 542 f., Abb. 12–15; Hauglid S. 32; Wildhaber, Hirtenkulturen Abb. 20
28 Dexel, Holzgerät S. 18 f.; Paulsen S. 72 ff., Abb. 44–48; »Fladerholz« bedeutet Wurzelholz: daher die in Inventaren anzutreffende Bezeichnung »fladrin Köpf«

Wohnen: Licht, Wärme, Sauberkeit

1 Lipp, Volksgut S. 20; Grünn, Pechler, bes. S. 15 ff.; vgl. Morton, v. Preen
2 v. Zaborsky S. 171; vgl. Sartori
3 Andree S. 255, Abb. 113
4 Paulsen S. 94
5 Bomann S. 122 f., Abb. 104
6 Fritzsch S. 211
7 Redslob Abb. 128–130; Rumpf, Hessen Abb. 255, 256
8 Adler S. 35, Abb. 152–155
9 Haberlandt, Taschenwb. 1953, S. 127; vgl. Bancalari 30, 12
10 Andree S. 256, Abb. 114; Bomann S. 107 f.
11 Andree S. 261; Saxo Grammaticus erwähnt um 1200 in seiner Historica Danica das Fußwärmen durch ein »calidum laterculum cistula crebris foraminibus distincta inclusum«. – Meringer, Gefäße S. 19, vermutet eine sprachliche Verwandtschaft von »Kieke« mit got. qius, lat. vivus, was zu einer Urbedeutung »Lebendigmacher« führt. Vgl. Bomann S. 84 f.
12 Creutz Abb. 72 u. 73
13 Scheuermeier, Bauernwerk II, S. 73; Bomann S. 79 f.
14 Lipp, Volksgut S. 12 f.
15 Pinto S. 373, Tafel 397
16 Andree S. 191, Fig. 84; Bomann S. 96 u. 100, Abb. 78
17 Bauche S. 106
18 Borchers S. 120
19 Bauche S. 107

Wohnen: Persönliche Dinge, Feierabend

1 Clauss S. 21; vgl. Reemtsma
2 Blau I, S. 248; Schmidt, Volkskunst Abb. 33; vgl. Deneke, Bauernmöbel S. 351
3 Lipp, Volksgut S. 63, Abb. 45
4 Kluge-Götze S. 111; vgl. Deneke, hochzeit
5 Paulsen S. 53 f.; vgl. Schmidt, Volkskunst S. 127; Deneke, hochzeit
6 Vgl. Gebhard, Massivholz S. 130 ff.; Krüger, mobiliario
7 Thiel S. 322 f.; Rachewiltz-Haller Abb. 86; Bühler Abb. 17; Lipp, Volksgut Abb. 101 u. 102
8 Paulsen S. 59 ff., Abb. 33–35
9 Fischer S. 152; vgl. v. Schulenburg S. 67
10 Vgl. Schlee S. 41, Abb. 135
11 Bächtold-Stäubli Sp. 1532 (Kummer)
12 Bomann S. 137 f.; Schlee S. 41
13 v. Ow S. 24
14 Kriss-Rettenbeck, Bilder Abb. 35; vgl. Kislinger S. 48 f.
15 Schmeller I, Sp. 871
16 Fritzsch S. 209; Spamer, Sachsen S. 35; Brachmann S. 49
17 Lanz (o. S.): hier auch Lit. über Wismutmalerei
18 Kaufmann, O. S. 59
19 Van der Ven S. 218
20 Haberlandt, Handwb. 1953, S. 28 f.
21 Vgl. Deneke, hochzeit S. 34, Abb. 21 u. 22; Kislinger S. 60 u. S. 194 f.: Abb. einer Sennerin mit Almschaff auf einer Schützenscheibe, 1817; Lipp, Brautschaffel; ders., Volksgut
22 Beitl S. 18, Nr. 80
23 Herman, O. S. [12]
24 Kriss-Rettenbeck, Bilder Abb. 41, 45, 48
25 Ritz, Stock S. 34
26 Bomann S. 83, Abb. 61
27 Schöller, Hirte S. 104
28 Maresch S. 3 f.
29 Blau I, S. 248
30 Rubi, Geräte S. 7
31 Vgl. Ritz, Schnitzkunst S. 153; Schmidt, Volkskst. S. 118; Deneke, Bauernmöbel S. 351 ff.
32 Weiß, Alpwesen S. 42
33 Nach freundl. Mitt. d. Museums f. Dt. Volkskde. Berlin; vgl. Brunner S. 249 bis 261; Riegl; Höfler; Spamer, Volkskde. II, S. 474
34 Weiß, Alpwesen S. 156
35 Rosenfeld, Holzbearbeitung S. 168 f.
36 Blau II, S. 318
37 v. Schulenburg S. 66
38 v. Ow S. 62, Fig. 115

39 Vgl. Schmeller II, Sp. 1084: Die an der Oberisar »Zuckel« genannten Holzschuhe waren mit den geflochtenen Schienen von Legföhren als Oberteil versehen
40 Beitl S. 11, Nr. 24
41 Blau I, S. 237; hier auch eingehende Beschreibung der Herstellung, der Holzschuhtypen und der sozialen Verhältnisse der Holzschuhmacher, S. 235–243
41 Vgl. Bomann S. 53, Abb. 36; Haberlandt, Handwb. 1953, S. 178; Kaufmann O. S. 76; Zink S. 36
42 Van der Ven S. 219
43 Pinto S. 236 u. Tafel 246
44 Schukowitz S. 39
45 Schmeller I, Sp. 826; Kluge-Götze S. 174
46 Rasmo S. 13 ff.
47 Rasmo S. 16
48 Brockhausen S. 1 ff., Tafel I u. II

Wirtschaften: Speisenbereitung und Vorratshaltung

1 Schmeller II, Sp. 1160: »Zetteln« bed. schichtweise in ein Gefäß streuen
2 Wopfner S. 625
3 Kluge-Götze S. 399; Mehringer, Werkzeuge d. pinsere-Reihe S. 5 ff., hier Beispiele für Holzmörser von der Antike bis heute. Dem lat. u. gemeinrom. Wort mortarium u. dem ahd. morsari liegt d. ig. Wurzel mer = zerstoßen zugrunde; zur Sippe gehören mhd. zermürsen u. nhd. morsch
4 Wildhaber, Gerstenmörser S. 180 (Abb.)
5 Meringer, Werkzeuge d. pinsere-Reihe S. 7
6 Meringer, Werkzeuge d. pinsere-Reihe S. 165
7 Andree S. 260 f., Fig. 123; Bomann S. 149 f.; vgl. Irimie S. 43; Rosenfeld, Holzbearbeitung S. 160; v. Geramb, Volkskde. S. 36 f., Abb. 35; Bünker S. 123, über Bauernhaus in Westungarn: »Von Mörsern hat man im Hause gewöhnlich drei: einen kleinen Gewürzmörser, einen mittelgroßen Salzmörser und einen großen Mohnmörser«
8 Nach Wildhaber, Gerstenmörser S. 204
9 Schmidt, Volksskst. S. 124, spricht von einem »gotischen Eindruck«
10 Vgl. Moser O., Anken; Gebhard, Massivholz S. 133, Abb. 8 u. 9. – Die großen Geräte in Mühlen und die Stampfen mit Fußantrieb (Anken), wie sie vor allem in Osteuropa und in der Steiermark üblich waren, müssen hier ausgeklammert werden, ebenso alle großen mechanischen Apparaturen.
11 Meringer, Werkzeuge S. 26 ff. u. S. 165 ff.
12 Gamerith S. 95 ff.
13 Schreger, Odilo: Der wohlerfahrne Speismeister, Augsburg 1778, S. 346
14 Murko S. 318
15 Zitiert nach Schiedlausky S. 15
16 Hilgers S. 53; vgl. Kretschmer S. 459 f.; Kluge-Götze S. 478
17 Staindl, Balthasar: Kochbuch, Augsburg 1545 (1575), S. 9
18 Vgl. Hagger S., Salzburgisches Kochbuch, Augsburg 1719
19 v. Schulenburg S. 65 u. S. 84
20 Soler S. 380
21 Kluge-Götze S. 668
22 Auszüge aus der Quellenkartei zur Sachvolkskde. (Benker) am Institut f. Volkskde., München
23 Haberlandt, Handwb. 1953, S. 79
24 Wopfner III, S. 651
25 Gebhard, Massivholz S. 132; ders., Holzgefäße S. 283 ff.
26 Informationen des Ethnogr. Museums Kittsee, N.Ö.
27 Grünn, Volkskundliches S. 613
28 Vgl. Gebhard, Sachkultur S. 49
29 Benker, Kost S. 181
30 Vgl. Dexel, Holzgerät Abb. 151–179; Irimie Abb. 11
31 Vgl. Rumpf, Bauernkunst S. 60 f., Abb. 75–77; Bomann S. 97, Abb. 73
32 Herman, O. S. 12; vgl. Manga
33 Beitl S. 12, Nr. 31–33
34 Spieß, Bauernkunst S. 273 f.; vgl. Bobrinsky Tafel 138,5
35 Colleselli, Begleiter S. 27; Rachewiltz Abb. 18 u. 19 u. 84
36 Walzer, Brothenken S. 18
37 Vgl. Usteri S. 17 f.

Wirtschaften: Textilarbeit und Wäschepflege

1 Vgl. Gebhard, Gerät S. 30; Blau II, S. 1–64
2 Fischer S. 150 ff.; Blau II, S. 18 ff.
3 Bomann S. 222, Abb. 176
4 Scheuermeier, Bauernwerk II, S. 248 f.
5 Adler S. 34, Abb. 127–130; Rumpf, Bauernkunst S. 63; Mehlau S. 67 f.; Bomann S. 221; v. Schulenburg, Bauernhaus S. 77; Pretzell Abb. 57, 58; Kollreider Tafel XXI–XXIII; Andree S. 237 f.
6 Wopfner III, 4, S. 606
7 Das aus d. Lat. übernommene Wort »Kardätsche« geht auf »Karde« (Distel) zurück, vgl. Kluge-Götze S. 364.
8 Vgl. Lit. bei Andree S. 223, Anm. 1; Ginters S. 16; Blau II, S. 47 ff.; Bomann S. 238; Irimie S. 44; Scheuermeier, Bauernwerk II, S. 258 ff.; Kislinger S. 192
9 Feldhaus, Sp. 1060, Abb. 710; Rosenfeld, Volkskundl. S. 495 f.; Van der Ven S. 206 ff.
10 Bomann S. 239; der Ausdruck »petern« für Spinnen konnte nicht befriedigend geklärt werden
11 Scheuermeier, Bauernwerk II, S. 266 f.
12 Bomann S. 234 f.: hier auch weitere techn. Details. Vgl. Andree S. 237
13 Blau II, S. 46 f.
14 Irimie S. 29 ff. u. S. 44 f., Nr. 297–328; Gantner Abb. 8
15 Spieß, Bauernkst. S. 45 f.; vgl. Krüger, Volkskultur S. 129
16 Adler S. 34; Borchers S. 122 f.
17 Deneke, hochzeit, Abb. 18; vgl. Blau II, S. 49
18 Scheuermeier, Bauernwerk II, S. 275, Fig. 475
19 Mitt. von Herrn Robert Bernhart v. 19. 9. 1975; Borchers S. 126; Andree S. 238, mit Lit. für Finnland, Nordamerika, Island, Kaukasus (Anm. 1 u. 2); Bomann S. 247.
20 Nach Andree S. 228
21 Ustri S. 31; Haberlandt, Taschenwb. 1953, S. 161; Kislinger S. 196 ff.; Grünn, Volkskundliches S. 591 ff. u. S. 614 f.; v. Schulenburg, Bauernhaus S. 65; vgl. auch Barleben u. Bobrinsky.
22 »Speil«: von der Art der Herstellung durch Spalten abgeleitet, vgl. Schmeller II, Sp. 662.
23 Grünn, Volkskundliches S. 615 f. u. S. 658, Abb. 6 u. 7
24 Haberlandt, Taschenwb. 1963, S. 102; Kislinger S. 196 f.; Schmidt, Volksskst. S. 158; Grünn, Volkskundliches; Schlee S. 24; Forrer S. 30; Barleben S. 34 ff.; v. Geramb, Beitrag S. 45, Abb. 7.
25 Kluge-Götze S. 374
26 Feldhaus Sp. 684 f., Abb. 461

Wirtschaften: Tierhaltung und Milchwirtschaft

1 Weiß, Alpwesen S. 131
2 »Glockenkampe«: kampen = kämmen, befestigen, vgl. Schmeller I, Sp. 1252
3 v. Schulenburg, Bauernhaus S. 61–86; Weiß, Alpwesen S. 114 ff.
4 Vgl. Lühning S. 28. – Das prähistor. Vorhandensein des Rinderjoches konnte aus Moorfunden bewiesen werden (z. B. Petersfehn bei Oldenburg, Reitzenhain im Erzgeb.). Das älteste Anschirrgerät in Mitteleuropa stellt das Joch von Vinelz aus einem Pfahlbau im Biehler See (Schweiz) dar; es entstammt dem Endneolithikum. Vgl. Jacobeit, Altersfrage S. 171 ff.; vgl. auch Mögeli
5 Krüger, Volkskultur S. 50
6 Krüger, Volkskultur S. 55 ff., Abb. 6–9
7 Scheuermeier, Bauernwerk II, S. 161 u. Fig. 343
8 Das ig. Wort machte im östlichen europ. Sprachbereich eine andere Entwicklung mit als im westlichen, wo es als »Hamen« im Nld. u. Engl. weiterbestand. »Kummet« wird im 12. Jh. aus dem Slaw. entlehnt u. ergibt mhd. komat; in dieser Form erscheint d. Wort noch um 1600 in Inventaren. Die Gesch. d. Wortes u. d. Sache ist jedoch noch nicht völlig geklärt. Vgl. Kluge-Götze S. 229 u. S. 386
9 Pinto S. 397 f., Tafel 427
10 Scheuermeier, Bauernwerk II, S. 114 ff., Fig. 268–270
11 Manga S. 35
12 Schöller, Gemeindehirt S. 320
13 Redslob S. 29
14 Herman, O. S. [12]; Manga S. 35, Abb. Tafel VI
15 Weiß, Alpwesen S. 126
16 Gebhard, Massivholz S. 131 u. Almwesen S. 55; Krüger, mobiliario S. 202 f., S. 208, S. 212; Rubi, Geräte S. 10 f.; Scheuermeier, Bauernwerk I, S. 22 ff.; vgl. Scheuchzer.
17 Baud-Bovy S. 200; Zahler S. 3
18 Bomann S. 178, Abb. 144 a
19 Rubi, Geräte S. 10
20 Rubi, Geräte S. 11, Abb. 46; vgl. Wildhaber, Hirtenkulturen Abb. 4 u. 5; Weiß, Alpwesen S. 138 f.; Rachewiltz Abb. 51

[21] Vergil, Eclogae III, 30 u. Georgica III, 309; vgl. Gebhard, Massivholz S. 140
[22] Gebhard, Typologie S. 37; ders., Almwesen S. 50
[23] Weiß, Alpwesen S. 140 f., Abb. S. 141; Scheuermeier, Bauernwerk I, S. 23 f.
[24] Dexel, Holzgerät Abb. 87–101
[25] Wendt Nr. 116
[26] Baud-Bovy S. 49; vgl. Rubi, Gerät S. 8 f., Abb. 37–41
[27] Weiß, Alpwesen S. 141 f.; Pöttler S. 92; vgl. Reimann
[28] Schlee S. 24
[29] Zahler S. 7; Weiß, Alpwesen S. 142; Gebhard, Almwesen S. 50; Scheuermeier, Bauernwerk I, S. 27
[30] Eine rel. frühe Darstellung bringt Scheuchzer 1730; vgl. Gebhard, Almwesen Abb. 38
[31] Weiß, Alpwesen S. 143
[32] Wopfner III, S. 636 f.
[33] Bomann S. 172
[34] Zahler S. 7
[35] Vgl. Schmidt, Volkskst. Abb. 45
[36] Krüger, Hochpyrenäen S. 66; Scheuermeier I, S. 31; Dittrich-Schier S. 372
[38] Mitterwieser S. 12
[39] Andree S. 246
[40] Bredow-Laßleben S. 246
[41] Kriss-Rettenbeck, Bilder S. 23
[42] Bomann S. 178; Kislinger S. 200 f.; vgl. Burgstaller
[43] Rubi, Gerät S. 11, Abb. 53–56; Rachewiltz Abb. 66–68; Beitl S. 9, Nr. 13–16
[44] Bauche S. 107 f.
[45] Rachewiltz Abb. 67
[46] Bünker, Bauernhaus S. 148 f.
[47] Wildhaber, Neuaufstellung S. 49; Busse Abb. 65; Gebhard, Gerät S. 23
[48] Scheuermeier, Bauernwerk I, S. 40, Fig. 103–112; Weiß, Alpwesen S. 148; Zahler S. 16 f., Fig. 11
[49] Zahler S. 21; vgl. Scheuermeier, Bauernwerk I, S. 42 f.
[50] Wildhaber, Neuaufstellung S. 43; Zahler S. 24, Fig. 18 u. 19
[51] Ginet-Pilsudzki S. 241, Abb.
[52] Vgl. Rubi, Gerät S. 12 f., Abb. 50 u. 51

Wirtschaften: Arbeiten in Hof und Feld

[1] Bielander S. 2
[2] Vgl. Valen S. 33, S. 45, S. 79; Bielander S. 4; Maissen S. 83 ff.; Weiß, Volkskde. S. 111 f.
[3] »Heinzel« ist als Kontraktion d. alten Namens Heinrich zu verstehen, der viell. wegen seiner Häufigkeit schon früh d. Nebenbed. einer untergeordneten, dummen Mannsperson erhielt. Von daher mag d. Bezeichnung »Heinz« für versch. Haltevorrichtungen (Stiefel-Heinz, Heu-Heinz usw.) rühren. Ob ein unmittelbarer Bezug zu den Heinzelmännchen, den hilfreichen Hausgeistern geg. ist, bleibt fraglich. Vgl. Schmeller I, Sp .1142.
[4] »Geiß« (Ziege) u. »Bock« (der männl. Partner) heißen im Volksmund mehrere Hilfsgeräte auf Beinen, z. B. Melkgeiß. Vgl. Schmeller I, Sp. 945 f.; Lipp, Stuben S. 145
[5] v. Zaborsky S. 171 f.
[6] Stief S. 277 f.
[7] Murko S. 326 f. (mit Lit.); Krüger, Volkskde. S. 81; Lühning S. 39; Gebhard, Gerät S. 64; vgl. Maresch.
[8] Blau I, S. 229
[9] Krüger, Volkskde. S. 81
[10] Für das Land Kärnten hat Oskar Moser eine umfassende Aufnahme des Sachbestandes u. dessen wissensch. Auswertung vorgenommen. Da keine gleichartigen Detailuntersuchungen vorliegen, ist d. Autorin weitgehend den Ausführungen Mosers gefolgt.
[11] Moro S. 167
[12] Moser S. 478 f., Abb. 6 u. 7
[13] Blau I, S. 225
[14] Vgl. Gebhard, Gerät S. 70, Tafel 15
[15] Scheuermeier, Bauernwerk I, S. 120
[16] Vgl. Meyer-Lübke S. 212 ff.; Heyne, Nahrung S. 57
[17] Kluge-Götze S. 113 f. u. 164; Grimm Wb. II, 1421; Schmeller I, Sp. 570
[18] Schmeller I, Sp. 250; Meyer-Lübke S. 231, Abb. 32–24
[19] Blau I, S. 229
[20] Lit. bei Gebhard, Gerät S. 66
[21] Mannissen II, S. 119, Abb. 103
[22] Krüger, Hochpyrenäen, Bd. II, S. 150 f.; Kruse S. 57
[23] Schmidt, Sensenscheiden S. 349; Haberlandt, Kultur S. 325
[24] Rubi, Gerät S. 19 f.
[25] Schlicht S. 293
[26] Lipp, Volksgut S. 15
[27] Topali S. 239 ff., Abb. Tafel 45/46
[28] Bomann S. 140
[29] Borchers S. 127, Abb. 35; Holsten S. 171, Tafel 38 Abb. 208 a–d.
[30] Beide aus: Borchers S. 126 f.; vgl. Andree S. 257, Fig. 116–119; Bomann S. 264 f.,
[31] Ulmer, Kochlexikon 1786, S. 85
[32] Nürnberger Kochbuch, 1820, S. 75 f.
[33] Schmeller I, Sp. 976
[34] Gebhard, Chronologie S. 36 f.
[35] Gebhard, Chronologie S. 39; vgl. Ritz J. M., Maß, ders., Hohlmaße
[36] Gantner Abb. 6; Rütimeyer S. 285, Abb. 1; Lipp, Volksgut Abb. 125; vgl. Walzer, Mehlstempel S. 8 ff.
[37] Bomann S. 206
[38] Krüger, Volkskultur S. 108 f. – Für Bosnien meldet Murko (S. 318) Bienenstände aus gehöhlten, ausgebrannten Wurzelstöcken. Das gemeinslaw. Wort für Baumstamm wird auch als Bezeichnung für Bienenstock verwendet: »panja«.
[39] Blau II, S. 243
[40] Scheuermeier, Bauernwerk II, S. 90; Herrn Robert Bernhart verdanke ich die Beschreibung (Brief v. 19. 9. 1975) einiger im Salzkammergut gebräuchlicher Geräte: »Rumpelfaß«, »Fahnenratsche«, »Hammerl«.
[41] Rosegger S. 44
[42] Bomann S. 96
[43] Andree S. 254, Fig. 112
[44] Haberlandt, Taschenwb. 1959, S. 45 f.
[45] Weiß, Alpwesen S. 154; Wildhaber, Hirtenkulturen S. 12 f.; Schöller, Hirten S. 222.
[46] Baud-Bovy S. 44
[47] Lipp, Volksgut S. 42
[48] Schöller, Gemeindehirt S. 521 f.
[49] Bomann S. 81
[50] Irimie S. 55
[51] Grünn, Pechler S. 86
[52] Spieß, Bauernkst. S. 37
[53] Scheuermeier, Bauernwerk I, S. 12
[54] Rütimeyer S. 289
[55] Zahler S. 27 ff., Fig. 20
[56] Weiß, Alpwesen S. 159

Literaturverzeichnis

Alberti, H. J. v. Maß und Gewicht. Geschichtl. u. tabellar. Darstellungen von d. Anfängen bis zur Gegenwart, Berlin 1957

Amira, Karl v. Der Stab in d. german. Rechtssymbolik, in: Abhandl. d. kgl. bayr. Ak. d. Wiss., philos.-philol. u. histor. Kl. XXV, München 1909

Amschler Kaukasische Alpwirtschaft, in: Zs. f. Alm u. Weide, 1928

Armbruster, Ludwig Der Bienenstand als völkerkundl. Denkmal, Neumünster i. Holstein 1926

ders. Die alte Bienenzucht d. Alpen, in: Bücherei d. Bienenkunde, Bd. IX, Neumünster i. Holstein 1928

Andree, Richard Braunschweiger Volkskunde, ²Braunschweig 1901

Andrian, Ferdinand v. Die Altausseer, Wien 1905

Andree-Eysn, Marie Volkskundliches aus d. bayrisch-österr. Alpengebiet, Braunschweig 1910

Arta populara romaneasca (Rumän. Volkskunst), Bukarest 1969, 7

Bachmann, Manfred und *Langer, Reinhold* Berchtesgadener Volkskunst, Leipzig 1957

Bächtold-Stäubli, Hanns Handwörterbuch d. dt. Aberglaubens, Berlin u. Leipzig 1929/30

Bauer, Ingolf Das Verhältnis zw. »erdenen« u. »hilzernen« Gefäßen in niederbayer. Verlassenschaftsinv. d. 17. u. 18. Jh., in: Ostbayer. Grenzmarken, Bd. 20, 1968

Bauche, Ulrich Landtischler, Tischlerwerk u. Intarsienkunst in den Vierlanden unter der beiderstädt. Herrschaft Lübecks u. Hamburgs bis 1867, Hamburg 1965

Baud-Bovy, Daniel Schweizer Bauernkunst, Zürich–Leipzig–Berlin 1926

Baumburger, F. Bäuerl. Schnitzerei d. Ostpreuß. Oberlandes, in: Jb. f. Hist. Volkskde. III/IV, 1934

Bednárik, Rudolf Pastierske rezbárske umenie (Hirtenschnitzerei d. Slowenen) Bratislava 1956

Beitl, Klaus Schloßmuseum Gobelsburg, Sonderausstellung Französ. Volkskunst (Kat.), Wien 1968

Benesch, L. v. Das Beleuchtungswesen in Österreich-Ungarn, Wien 1907

Benker, Gertrud Altoberpfälzer Kost, in: Bayer. Jb. f. Vkde. 1967

Bielander, Josef Heim- u. Kleinhandwerk im Goms, in: Schw. Vkde. 1948

Bischofberger, Bruno Volkskunst aus Appenzell und dem Toggenburg, Zürich 1973

Blau, Josef Böhmerwälder Hausindustrie u. Volksskst., Teil I u. II, Prag 1917/1918

Bobrinsky, A. A. Volkstüml. russische Holzarbeiten, 1913

Bomann, Wilhelm Bäuerliches Hauswesen u. Tagewerk im alten Niedersachsen, Weimar ⁴1941

Bossert, H. Th. Volksskst. in Europa, Berlin 1926

Brachmann, Gustav Österreichs Wettbewerb um d. Berchtesgadener Ware, in: Jb. f. Volkskde. 1954

Bredow-Laßleben, Barbara Vom Wachholder, in: Die Oberpfalz 1959

Brinkmann, Walter Bienenstock u. Bienenstand in d. roman. Ländern, Hamburg 1938

Brockhausen, Elsa Blumenstale aus d. Kaunertal, in: Zs. f. österr. Vkde. 1909, 15. Jhg.

Brunner, Karl Ein Holzkalender aus Pfronten, in: Zs. d. Ver. f. Volkskde. 1909

Bühler, Kristine Schweizer Volksskst., Basel 1947

Bünker, J. R. Das Bauernhaus am Millstätter See in Kärnten, in: Mitth. d. Anthropol. Gesellsch. in Wien, Bd. XXXII, 1902

ders. Das Bauernhaus in der Heanzerei, in: Mitth. d. Anthropol. Gesellsch. in Wien, Bd. XXV, 1895

Busse H. E. Baden (Reihe: Dt. Volksskst.), Weimar ²1942

Burgstaller, E. Die Sichel als Getreideschnittgerät in Oberösterreich, in: Zs. f. Agrargesch. u. Agrarsoz., 1963

Carlen, Louis Das Holz im Oberwallis, Visp 1975

Creutz, Franz Die Rheinlande (Reihe: Dt. Volksskst.), Weimar 1924

Clauss, Herbert: Schnitzen in der Rhön, Leipzig 1956

Colleselli, Franz Bauernmöbel in den Alpen, Innsbruck 1968

ders. Begleiter durch d. Tiroler Volksskst.mus., Innsbruck 1973

ders. Tiroler Bauernmöbel, Innsbruck 1967

Corvinus, G. L. (Amaranthes) Frauenzimmer-Lexicon, Leipzig 1715

Deneke, Bernward Bauernmöbel, München 1969

ders. hochzeit, München [1974]

Dexel, Walter Dt. Handwerksgut. Eine Kultur- u. Formgesch. d. Hausgeräts, Berlin 1939

ders. Holzgerät u. Holzform, Berlin 1943

Dias, Jorge Verbreitung u. Gesch. d. Dreschmethoden auf d. iber. Halbinsel, in: Zs. f. Volkskde. 64, Stuttgart 1968

Dichtl, Franz Flachs u. Schafwolle, in: Mühlviertler Heimathaus, Freistadt 1956

ders. Rund um den Bienenstock, in: Mühlviertler Heimathaus, Freistadt 1959

Dittrich, Hans und *Schier, Bruno* Die Friedländer Volkskde., Friedland 1926 (1968)

Dolz, Renate Bauernmöbel. Das bäuerl. Mobiliar u. Gebrauchsgut Mitteleuropas (= Heyne-Sachbuch, Nr. 4391), München 1972

Feldhaus, F. M. Die Technik d. Vorzeit, der geschichtl. Zeit u. d. Naturvölker, Leipzig/Berlin 1914

Fischer, Josef Der Anbau u. d. Verarbeitung des Flachses im Altvatergeb. vor zirka fünfzig Jahren, in: Zs. f. österr. Vkde. 1909

ders. Die Holzschachtelerzeugung im Altvatergeb., in: Zs. f. österr. Vkde. 1909

Fleischer, Max Holzschnitzerei u. Holzdrechslerei im Odenwald u. in d. Rhön, Frankfurt 1913

Forrer, Robert Von alter u. ältester Bauernkunst, Esslingen 1906

Fritzsch, Karl-Ewald Vom Bergmann zum Spielzeugmacher, in: Dt. Jb. f. Vkde., 2. Bd., 6956

Frödin, J. Zentralcuropas Alpwirtschaft, Bd. 1 u. 2, Oslo 1940/41

Funk, Wilhelm Alte dt. Rechtsmale, Sinnbilder u. Zeugen dt. Gesch., Bremen–Berlin 1948

Galler, Werner »Feitelverein« bes. im Niederösterr. Weinviertel, in: Österr. Zs. f. Vkde., N.S. XXVIII, 1974

Gamerith, A. »Hirsch« u. »Pfennich«, in: Österr. Zs. f. Vkde., 59. Bd., 1956

Gantner, Theo und *Irimie, Cornel* Cultura populara Romana, Kat., Basel 1973/74

Gebhard, Torsten Alte bäuerl. Geräte, München 1969

ders. Die Sachkultur d. Almwirtschaft in Bayern, in: Bayer. Jb. f. Vkde. 1955

ders. Die Auswertung d. Massivholzes in d. volkstüml. Sachkultur u. verwandte Erscheinungen, in: Bayer. Jb. f. Vkde. 1962

ders. Mittelalterl. Holzgefäße aus Regensburg, in: Die Oberpfalz 1961

ders. Möglichkeiten d. Geräteforschung in Deutschland, in: Zs. f. Vkde. 1960

ders. Zur Chronologie u. Typologie einiger volktüml. Holz- u. Metallgefäße, in: Bayer. Jb. f. Vkde. 1959

Geramb, Viktor v. Ein Beitrag zur Geschichte d. Walkerei, in: Wörter u. Sachen, Bd. X, Heidelberg 1927

ders. Über den Kummetkamm, in: Volkswerk, Jena 1942

ders. Volkskunde der Steiermark, in: Heiematkde. d. Steierm., Wien 1926

Ginet-Pilsudzki, Gr. Almen-Viehzucht im Tatra-Gebirge in Polen, in: Schw. Arch. f. Vkde., Basel 1916

[Ginters, V.] Etnografija, Führer durch d. hist. Staatsmus., Riga 1939

Gjaerder, Per Norske drikkilar avtre, Oslo 1975

Graber, Georg Alte Gebräuche bei d. Flachsernte u. ihr rel. Hintergrund, in: Zs. f. österr. Vkde., Bd. XVII, Wien 1911

Grabherr, Wilhelm Die Schüsseldreher im Gsiesertal, in: Der Schlern 25/1951

Grimm, J. und *W.* Deutsches Wörterbuch, Bd. 1–16, Leipzig 1854 ff.

Gröber, Karl Schwaben (Reihe: Dt. Volkskst.), München 1925
Grünn, Helene Die Pechler. Volkskunde aus d. Lebenskreis d. Waldes, Wien–München 1960
dies. Volkskundliches vom Wäschergewerbe um Linz, in: Jb. d. Stadt Linz 1954

Haberlandt, Arthur Alpenländ. Bestecke u. Messer von volkstüml. Artung, in: Werke d. Volkskst. 3, Wien 1917
ders. Taschenwörterbuch d. Vkde. Österreichs, Wien 1953. Der andere Teil, Wien 1959
Haberlandt, Michael Die volkstüml. Kultur Europas in ihrer geschichtl. Entwicklung, in: Buchors Völkerkunde, Bd. III, Europa, Stuttgart 1926
ders. Österreichische Volkskst., Wien 1911
Hahm, Konrad Deutsche Volkskunst, Berlin 1938
Haiding, Karl Bienenzucht u. Lebzelterhandwerk. Führer durch d. erste Sonderausst. d. Heimatmus. Trautenfels, 1956
ders. Almwirtschaft in d. Steiermark, Ausstellungskat. d. Landschaftsmus. Trautenfels, 1962
ders. Die alten Bienenwohnungen im Bezirk Lienzen, in: Zs. f. d. Hist. Ver. f. Steierm., Bd. 50, Graz 1959
ders. Wald u. Holz, Ausstellungskat. d. Heimatmus. Trautenfels, 1962
Hartmann, August Zur Gesch. d. Berchtesgadener Schnitzerei, in: Volkskunst u. Vkde., München 1903
Heine, N. G. Manglebraet og Folkekunst, Kobenhavn 1946
Hélias, Pierre Logis et Ménages, traditions Bretonnes II, [Nancy] 1970
Herman, Otto Ethnograph. Elemente der Milleniums-Ausstellung Ungarns, mit bes. Berücks. d. Urbeschäftigungen, in: Mitth. d. Anthropol. Ges. in Wien, Bd. XVI, 1896
Hermann, F. Die Tiroler Buttermodel, in: Oberdt. Zs. f. Vkde. 8, 1934
Höfler, Max Volkskalendarien, in: Volkskunst u. Vkde., München 1903
Hoermann, K. Das Herdengeläute u. seine Bestandteile, in: Hess. Bl. f. Vkde., Bd. 12–13, Gießen 1913–16
Holsten, Robert Die Volkskunde des Weizackers, Stettin 1914
Hubatschek, Erika Almen u. Bergmähder im oberen Lungau, Salzburg 1950
dies. Zur bäuerl. Arbeits- u. Gerätekde. d. inneren Stubaitales, in: Festschr. f. V. v. Geramb, Graz o. J.

Ilg, Karl Die Sense in ihrer Entwicklung u. Bedeutung, in: Schlernschr., Bd. 53, Innsbruck 1948
ders. Gerätformen bei der Hausarbeit in d. Alpen, in: Schlernschr., Bd. 65, Innsbruck 1950
Irmie, Cornel u. a. Das Holz in d. rumän. Volkskst., Kat., München 1974/75

Jacobeit, Wolfgang Bäuerl. Arbeitsgerät im Mus. f. Vkde. zu Berlin, in: Festschr. »75 Jahre Mus. f. Vkde.«, Berlin 1964
ders. Erster Bericht über d. Aufnahme d. bäuerl. Arbeitsgerätes in den Museen d. DDR, in: Dt. Jb. f. Vkde. IV, 1958
ders. Jochgeschirr u. Spanntiergrenze, in: Dt. Jb. f. Vkde. II/III, 1957
ders. Schafhaltung u. Schäfer in Zentraleuropa bis z. 20. Jh., Berlin 1961
ders. Zur Altersfrage des Jochs in Mitteleuropa, in: Forschungen u. Fortschritte, 26. Jhg., 1950
ders. und *Quietsch, R.* Forschungen zur bäuerl. Arbeit u. Wirtschaft im Inst. f. dt. Vkde., in: Dt. Jb. f. Vkde. II, 1965
Jenkins. S. G. The English Farm Wagon, Reading 1961

Karlinger, Hans Bayern (Reihe: Dt. Volkskunst), Weimar 1925
Kauffmann, H. W. Haus- u. Eigentumsmarken in Tölz, in: Bayer. Hefte f. Vkde. 11, 1938
Kaufmann, Otto Bäuerl. Hausformen u. Wohnkultur. Altes bäuerl. Handwerk. Kat. Schloß Homburg, Oberberg. Landesmus.
Kind, Hans-Albrecht Wandlungen des Waschens u. seiner Hilfsmittel vom Hauswerk zum Industriebetrieb (Diss.), Dresden 1934
Kislinger, Max Alte bäuerl. Kunst, Linz 1963
Kluge, Friedrich und *Götze, Alfred* Etymolog. Wörterbuch d. dt. Sprache, [14]Berlin 1948
Kohlhaussen, Heinrich Minnekästchen im Mittelalter, Berlin 1928
Kollreider, Franz Kat. zum Mus. bäuerl. Arbeitsger. in Schloß Bruck, Lienz, in: Österr. Zs. f. Vkde., Bd. XI, 1957
Koren, H. Jochformen u. Jochnamen in Inneröterr., in: Veröffentl. d. Verb. österr. Geschichtsvereine, Bd. 11, Wien 1957
Kraft, J. Vom Rowisch in Niederösterr., in: Wiener Zs. f. Vkde., Bd. XXXI, 1926
Kramarik, Jaroslav Zaprah skotú v Posumavi, Ceskolovenka Etnograffe 8/1960
Krause, Joh. Heinrich Die Gefäße d. alten Völker, insbes. d. Griechen u. Römer, Halle 1854
Kretschmer, Paul Wortgeographie d. hochdt. Umgangssprache, Göttingen 1918
Krüger, Fritz Die nordwestiber. Volkskulturen, in: Wörter u. Sachen, Bd. X, Heidelberg 1927
ders. Die Hochpyrenäen. Hirtenkultur, in: Volkstum u. Kultur d. Romanen 8 (1935)
ders. El Hogar y el Mobiliario Popular de illa Terceira, o. O. 1957
ders. El mobiliario popular en los pales romanicos (Bauernmöbel), Mendoza 1959
Krünitz, Joh. Gg. Oek. technolog. Enzyklopädie, Bd. 152 u. Bd. 233, Berlin 1830 ff.
Kruse, Hans Sach- u. Volkskundl. aus d. franz. Alpen, in: Hamburger Studien zu Volkstum u. Kultur d. Romanen, Bd. 18, Hamburg 1934
Kunkel, Otto Ein mittelalterl. Brunnenschacht zw. Dom u. Neumünster in Würzburg, in: Mainfr. Jb. f. Gesch. u. Kunst 5/1953
Künssberg, Eberhard v. Messerbräuche, Heidelberg 1942

Lanz, Hans Kästchen mit Wismutmalerei, in: Schw. Volkskst., Ausstellungskat. [Köln] 1967
Lauffer, Otto Herd u. Herdgeräte in d. Nürnberger Küchen d. Vorzeit, in: Mitt. aus d. Germ. Nat. Mus., Nürnberg 1901
Leser, Paul Westöstl. Landwirtschaft, in: Festschrift P. W. Schmidt, Wien 1928
Lindner, Karl Gesch. d. Allgäuer Milchwirtsch., Kempten 1955
Lindner, Werner Brandenburg (Reihe: Dt. Volkskst.), Weimar 1924
Lipp, Franz Erlesenes Volksgut d. Alpenländer, vornehml. d. Salzkammergutes. Kat. d. Slg. Edgar v. Spiegl, Linz 1968
ders. Figurale Brautschaffel aus Oberösterr., in: Jb, d. Oberösterr. Musealvereins III, 1966
ders. Kat. d. Ausstellung österr. Bauernmöbel. Entwicklung u. Verbreitung d. volkstüml. Möbel in Oberösterr., Linz 1964
ders. Oberösterr. Stuben. Bäuerl. u. bürgerl. Innenräume, Möbel u. Hausrat, Linz 1966
Lühning, Arnold Die schneidenden Erntegeräte (Diss.), Göttingen 1951
ders. Die volkskundl. Gerätesammlung d. Schlesw.-Holstein. Landesmus. in Schleswig, Schloß Gottorf, 1972

Manga, János Ungar. Hirtenschnitzerei, in: Ungar. Vkst. Bd. 5, Budapest 1975
Maissen, Alfons Werkzeuge u. Arbeitsmethoden d. Holzhandwerks in Roman. Bünden, in: Romanica Helvetica Vol. 17, Genève–Zürich 1943
Mannissen Die Sachkultur Estlands, Tartu 1931 u. 1933
Maresch, Franz Die Pichl-Mühle in Loich, in: Österr. Zs. f. Vkde., Bd. 24, 1970
Maresch, Franz und *Gerhard* Hausrat u. Gerät im ob. Pielachtal vor 150 Jahren, in: Österr. Zs. f. Vkde., Bd. 67, 1964
Maurizio, A. Der Ährenschnitt, die Sichel u. d. Ährenlesen, in: Journal f. Landwirtsch. 1927
Mehlau, Anneliese Vom Flachs zum bedruckten Bauernleinen. Burgküche mit Vorratsräumen, in: Kat. Schloß Homburg, Oberberg. Landesmus.
Meisen, Karl Liebespfänder in mittelalterl. u. neuerer Zeit, in: Rhein. Jb. f. Vkde. 4, 1953
Meringer, Rudolf Das oberdt. Bauernhaus u. seine Geräthe, in: Zs. f. österr. Vkde., Bd. II, 1896
ders. Die ältesten Gefäße, in: Wörter u. Sachen, Bd. VII, Heidelberg 1921
ders. Die Werkzeuge d. pinsere-Reihe u. ihre Namen, in: Wörter u. Sachen, Bd. I, Heidelberg 1909
Meyere, Victor de L'Art populaire flamand, Auvers 1934
Meyer-Lübke, W. Zur Gesch. d. Dreschgeräte, in: Wörter u. Sachen, Bd. I, Heidelberg 1909
Mitterwieser, Alois Geschichte d. Berchtesgadener Hausind., München [1940, Manuskr.]
Montaigne, Michel de Die Essais u. d. Reisetagebuch, Stuttgart 1948
Mörgeli, Werner Die Terminologie d. Joches u. seiner Teile, in: Romanica Helvetica 13, 1940
Moro, Oswin Volkskundliches aus d. Kärntner Nockgebiet, Klagenfurt 1952
ders. Hof u. Arbeit in Kleinkirchheim u. St. Oswald, in: Car. I, 1938
Morton, Friedrich Vom Leuchtspan zur Azetyllampe, in: Heimatgaue, Jhg. 7
ders. Von alten Leuchten u. Hausgebrauch im Salzkammergut, in: Zs. Vorzeit, Singen 1965
Moser, Oskar Kärntner Bauernmöbel. Handwerksgesch. u. Frühformen von Truhe u. Schrank, in: Carinthia I, 1949
ders. Der Heurechen, Versuch einer volkskundl. Bestandsaufnahme d. Arbeitsgerätes in Kärnten, in: Car. I, 1952
Much, Rudolf Holz u. Mensch, in: Wörter u. Sachen, Bd. I, Heidelberg 1909
Müller-Beck, Hansjürgen Seeberg, Burgäschisee-Süd, Holzgeräte u. Holzbearbeitung, in: Acta Bernensia II, Teil 3. 1965
Murko, M. Die Gesch. d. volkstüml. Hauses bei d. Südslawen, in: Mitth. d. Anthropol. Ges. in Wien 35/36 (1905/06)

Nekola, R. Die Holz- u. Spielwaren-Hausind. in d. Viechtau bei Gmunden, Gmunden 1882

Nemec, Helmut Alpenländ. Bauernkunst, Wien 1966
Neugebauer, Werner Das unterird. Lübeck, in: Die Waage 1951
Nickel, Ernst Eine mittelalterl. Fäkaliengrube in Magdeburg, in: Präh. Zs. XXXVII, 1959

[Ow, Felix v.] Das Kunstholzhandwerk im oberbayer. Salinen-Forstamtsbezirke Berchtesgaden, München 1859

Pallavicini, E. Die Formen der Heugabel, in: Landw. Jb. d. Schweiz, 1941
Paulsen, Peter und *Schach-Dörges, Helga* Holzhandwerk der Alemannen, Stuttgart 1972
Peer, Andri Küche u. Heizung im Bauernhaus Romanisch Bündens, in: Schw. Arch. f. Vkde. 56, 1960
Pilsudzki, Gr. Ginet Almen-Viehzucht im Tatrageb. in Polen, in: Schw. Arch. f. Vkde. 20, 1916
Preen, Hugo v. Einiges über ländl. Beleuchtungsarten im Bezirke Braunau a. Inn, in: Zs. f. österr. Vkde., III. Jhg., 1897
Pinto, Edvard Treen and other wooden bygones, London 1969
Pöttler, Viktor Herbert Führer durch d. Österr. Freilichtmus., Stübing [2]1972
Pretzell, Lothar Kostbares Volksgut aus d. Mus. f. Dt. Vkde. Berlin (Kat.), 1967
Prosvirkina, S. K. Russkaja derjevjanna posuda, Moskau 1957

Rachewiltz, S. Walter de und *Haller, P. L. Franz* Cultura Agricola Nel Tirolo, Addenda 1972
Rasmo, Nicolò Wiegenbögen, Bozen 1967
Redslob, Edwin Thüringen (Reihe: Dt. Vkst.), Weimar 1926
Reemtsma, H. F. tabago, o. O. 1960
Renaud, I. G. N. Auf d. Fährte d. mittelalterl. Holzkultur in d. Niederlanden, in: Volkswerk, Jena 1943
Reimann, Max Sachkunde u. Terminologie d. Rückentraggefäße (Diss.), Zürich 1947
Reiterer, H. Haus- u. Küchengeräte der Älplerin, in: Heimgarten 29, Graz 1905
Rettich, H. v. Spinnradtypen, Wien 1895
Riegl, Alois Die Holzkalender d. Mittelalters u. d. Renaissance, in: Mitt. d. Inst. f. Österr. Gesch.forschung 9/1888
Ritz, Jos. Maria Doppelschüsseln, in: Zs. f. Vkde., N.F. Bd. II, 1931
ders. Franken (Reihe: Dt. Vkst.), Weimar o. J.
ders. Hohlmaße in bayer. Museen, in: Volkswerk, Jena 1942
ders. Holz, in: Die dt. Volkskunde (Hrsg. A. Spamer), Leipzig 1934/I
ders. Oberammergauer Schnitzkunst, in: Mitt. d. Akad. zur wiss. Erforschung u. Pflege d. Deutschtums, München 1930
ders. Stock u. Stab, in: Jb. d. Bayer. Landesvereins f. Heimatschutz 1937
ders. Vom schönen alten Maß, in: Schönere Heimat 36, 1940
Rosegger, Peter Als ich noch der Waldbauernbub war, Leipzig 1931
Rosenfeld, H.-F. Spinnen u. Weben im Pommerschen Platt, in: Annales Academiae Scientiarium Femicae Ser. B, Helsinki 1954
ders. Urtümliche Holzbearbeitung nach Wort, Sache u. Brauchtum diesseits u. jenseits d. Ostsee, in: Dt. Jb. f. Vkde. 2, Berlin 1956
Rubi, Christian Beschnitzte Geräte, in: Berner Heimatbücher, Bd. 22
ders. Das Kerbschnitzen, Bern 1859
Rumpf, Karl Eine dt. Bauernkunst. Herkunft u. Hochblüte d. volkstüml. Strich- u. Kerbschnittornaments u. seiner Sinnbildformen, Marburg 1943
ders. Hessen (Reihe: Dt. Vkst.), o. J. 1951
ders. Löffelkörbchen, in: Hessenland 1936
Rütimeyer, L. Über einige archaistische Gerätschaften u. Gebräuche im Kanton Wallis u. ihre prähist. u. ethnogr. Parallelen, in: Schw. Arch. f. Vkde. 1916

Sartori, Paul Feuer u. Licht im Totengebrauche, in: Zs. d. Ver. f. Vkde., 17. Jhg. 1907
Schatz, Josef Wörterbuch d. Tiroler Mundarten, Innsbruck 1955
Scheuchzer, J. J. Naturgesch. d. Schweizer Landes, Zürich 1705
Scheuermeier, Paul Bauernwerk in Italien, d. ital. u. rätorom. Schweiz, I Erlenbach–Zürich 1943, II Bern 1956
ders. Regiono ergologichenel mondo agrarico italiano, in: Folklore suisse, Basel 1972
Schier, Bruno Der Bienenstand in Mitteleuropa, in: Volksforschung Bd. III, Leipzig 1939
ders. Die hist. Bienenkunde im Dienste d. Volksforschung, in: Zs. f. Vkde., 54. Jhg., 1958
Schiedlausky, Günther Essen u. Trinken, Tafelsitten bis zum Ausgang d. Mittelalters, München 1956
Schlee, Ernst Schleswig-Holstein (Reihe: Dt. Vkst.), Weimar o. J.
ders. Schleswig-Holstein. Volkskunst, Flensburg 1964
Schlicht, Josef Bayer. Land u. bayer. Volk, Straubing 1875
Schlögl, Alois Bayer. Agrargesch. seit 1800, München 1954
Schmeller, Joh. A. Bayer. Wörterbuch, Bd. I u. II, München 1872 (1966)
Schmidt, Leopold Bauernmöbel aus Süddeutschld., Österr. u. d. Schweiz, Wien 1967
ders. Der einbeinige Melkschemel in den österr. Alpenländern, in: Folkliv Bd. 1957/58
ders. Gestaltheiligkeit im bäuerl. Arbeitsmythos. Studien zur Stellung d. Ernteschnittgeräte im europ. Volksglauben u. Volksbrauch, in: Mitt. d. Anthropol. Ges. in Wien 80, 1950
ders. Melkschemel u. Hüttenstuhl. Zur Gesch. d. einbein. Arbeitssitzes, in: Der Schlern 47/1973
ders. Volkskunde von Niederösterr., Bd. I, Horn 1966, Bd. II, 1972
ders. Volkskunst in Österr., Wien 1966
Schmolitzky, Oskar Volkskst. in Thüringen vom 16. – 19. Jh., Weimar 1964
Schöller, R. Günter Der Gemeindehirte u. seine Sachkultur im Dt. Hirtenmus. zu Hersbruck, in: Schönere Heimat, München 1974
ders. Der gemeine Hirte, Nürnberg 1973
Schukovits, Hans Ländl. Kerbschnittkst. in Österr., in: Zs. f. Österr. Vkde. 3 (1897)
ders. Kerbholz, in: Zs. f. österr. Vkde. 4 (1898)
Schulenburg, Wilibald v. Ein Bauernhaus im Berchtesgadener Ländchen, in: Mitth. d. Anthropol. Ges. in Wien, XXVI. Bd., 1896
Sooder, Melchior Bienen u. Bienenhalten in d. Schweiz, in: Schriften d. Schw. Ges. f. Vkde., Bd. 34, 1952
Spamer, Adolf Sachsen (Reihe: Dt. Vkst.), Weimar (1954)
ders. (Hrsg) Dt. Volkskunde, Leipzig 1934
ders. Hessische Volkskunst, Jena 1939
Spannagel, Fritz Gedrechselte Geräte. Mit einer Einführung in d. Kulturgesch. d. Drechslerhandwerks, Ravensburg 1941
Spieß, Karl v. Bauernkunst, ihre Art u. ihr Sinn, Berlin 1935
Stebler, F. G. Die Hauszeichen u. Tesseln d. Schweiz, in: Schw. Arch. f. Vkde. 1907
Steininger, H. Die Kummetkämme im Niederösterr. Landesmus. in Wien, in: Österr. Zs. f. Vkde. 69/1966
Stief, W. Dengelhämmer, in: Volkswerk I, Berlin 1941

Theiß, Victor Steiermark (Reihe: Dt. Vkst.), Weimar o. J.
Topali, Ljerka und *König-Reis, Maria* Hirtenbecher u. Wetzsteinkumpfe in Kroatien, in: Volkswerk, Jena 1942
Trathnigg, G. Zur Gesch. d. Welser Mus., III. Das Landwirtschaftsmus.Wels II, in: Jb. d. Musealver. Wels 1959
Trier, J. Holz. Etymologien aus d. Niederwald, Münster–Köln 1952
Trotzig, D. Slagan och andra tröskredskap. Nordiska Museets Handlingar 17, Stockholm 1943

Usteri, Ruth Croquis de la vie des femmes au pays d'enhaut, in: Romanica Helvetica 1940

Vaken-Sendstad, Farstein Die Sandvigschen Samlungen. Wegweiser durch d. Freilichtmus. Maihaugen, Lillehammer 1974
Ven, D. J. van der Niederländ. Volkskünstler, in: Volkswerk, Jena 1942
Vergil Landleben (Hrsg. Johannes Götte), München [4]1960
Vilppula, Hilkka Das Dreschen in Finnland, Helsinki 1955

Walzer, Albert Brothenken im Dt. Brotmus. in Ulm, in: Der Museumsfreund, 1963
ders. Mehlstempel, Butterstempel, Brotstempel, in: Der Museumsfreund 1963
Wass, René Anfänge d. Bauerntums in d. Schweiz. Die Egolzwiler Kultur, in: Aus d. Schw. Landesmus., Bd. 12, Bern 1959
Wendt, Ralf (Hrsg.) Schwerin, Staatl. Mus., Volkskundl. Sammlungen, 1958
Weiß, Richard Das Alpwesen Graubündens, Erlenbach–Zürich 1941
ders. Volkskde. d. Schweiz, Erlenbach–Zürich 1946
Wildhaber, Robert Gerstenmörser, Gerstenstampfe, Gerstenwalze, in: Schweiz. Arch. f. Vkde., 45. Bd., 1948
ders. Küchengerät, in: Schweiz. Vkde., 52. Jhg., 1962
ders. Hirtenkulturen in Europa. Führer durch d. Mus. f. Völkerkde. u. Schw. Mus. f. Vkde., 1966/67
Wopfner, Hermann Bergbauernbuch, Innsbruck 1960
Wühr, Hans Altes Eßgerät, Darmstadt 1961
ders. Alte Küchen u. Küchengeräte, Darmstadt o. J.

Zaborsky, Oskar v. Ländl. Werke d. Technik, in: Bayern. Jb. f. Vkde. 1951
Zahler, Hans Milch, Käse u. Ziger im Ober-Simmental (Kt. Bern), in: Schw. Arch. f. Vkde., Jhg. 13, 1909
Zink, Theodor Die Pfalz (Reihe: Dt. Vkst.), Weimar o. J.

Register

(nur auf den Text bezogen)

Dank

Verlag und Autorin bedanken sich herzlich bei allen Museen und Sammlungen, die in großzügiger Weise ihr Material zur Verfügung gestellt und uns bei der Erarbeitung der Bildunterschriften unterstützt haben.

Standortverzeichnis

Alfeld, Heimatmuseum 273, 402
Appenzell – Zürich, Sammlung Bruno Bischofberger 258, 365
Arnheim, Het Nederlands Openluchtmuseum 40, 88, 169, 183
Athen, Historisches Museum 301, 309

Basel, Historisches Museum 134
Basel, Schweizerisches Museum für Volkskunde 71, 133, 145, 168, 179, 233, 236, 307, 341, 342, 369, 374, 401, 456, 457
Berchtesgaden, Heimatmuseum 129, 131, 180, 247, 452
Bergen, Heimatmuseum 330
Berlin, Museum für Deutsche Volkskunde 164, 165, 167
Bern, Historisches Museum 404, 455
Bordeaux, Musée d'Aquitaine 219
Bozen, Stadtmuseum 173, 296, 378, 419
Braunau, Heimatmuseum 102, 163, 266, 269, 433
Braunschweig, Landesmuseum 176, 206, 262, 271, 295
Bremen, Focke-Museum 25, 50, 86, 100, 119, 160, 178, 261, 392, 393
Budapest, Ethnographisches Museum 91, 92, 93, 94, 101, 359
Bukarest, Dorfmuseum 37
Bukarest, Volkskunstmuseum 69

Celle, Bomann-Museum 8, 250, 281, 283, 311, 315, 361, 417, 435, 437
Chur, Rätisches Museum 20, 21, 38, 39, 44, 45, 51, 66, 150, 209, 216, 222, 246, 264, 344, 352, 423
Cîmpulung Moldovenesc/Rumänien, Museum 254, 259, 260
Cloppenburg, Freilichtmuseum 175, 182, 198, 453
Cluj/Rumänien, Volkskundemuseum Transsilvaniens 23, 31, 32, 55, 64, 304
Craiova/Rumänien, Museum Olteniens 356, 434

Dearborn/USA, Henry Ford Museum 121
Detmold, Westfälisches Freilichtmuseum Bäuerlicher Kulturdenkmale 27
Dresden, Staatliches Museum für Volkskunde 73, 74, 142, 143, 144, 300, 308, 313, 319

Flensburg, Städtisches Museum 87, 90, 159, 314, 387, 395, 429
Focsani/Rumänien, Geschichts- und Volkskundemuseum 59
Frankfurt a. M., Historisches Museum 18
Freiburg i. Br., Augustinermuseum 245

Glauchau/DDR, Museum 263
Göttingen, Sammlung der Landwirtschaftlichen Fakultät der Universität 413
Golesti/Rumänien, Obst- und Weinbaumuseum 398
Großschönau/DDR, Heimatmuseum 81, 225, 415
Gura Humorului/Rumänien, Volkskundemuseum 253

Hamburg, Altonaer Museum 28, 77, 103, 108, 111, 135, 162, 181, 212, 237, 279, 286, 292, 318, 321, 323, 327, 328, 338, 351, 376, 377
Hannover, Historisches Museum am Hohen Ufer 96
Helsinki, Nationalmuseum 125, 293, 297, 299, 326, 358
Hersbruck, Deutsches Hirtenmuseum 43, 186, 232, 343, 346, 347, 353, 400
Hol in Hallingdal/Norwegen, Freilichtmuseum 11
Holzburg/Hessen, Dorfmuseum 161
Hotteln, Heimatmuseum »Stümpelhof« 276

Iasi/Rumänien, Volkskundemuseum der Moldau 35, 231, 408
Innsbruck, Museum Ferdinandeum 68, 82, 83, 95, 98, 128, 357
Innsbruck, Tiroler Volkskunstmuseum 30, 52, 75, 78, 85, 99, 123, 126, 157, 170, 174, 210, 211, 220, 223, 277, 287, 363, 385, 421, 422, 431

Photonachweis

Addenda Editore, Rom (mit freundlicher Genehmigung aus »S. Walter de Rachewitz, Cultura Agricola Nel Tirolo«, Rom 1972) 296, 419
Altonaer Museum in Hamburg 28, 77, 103, 108, 111, 135, 162, 181, 212, 237, 279, 286, 292, 318, 321, 323, 327, 328, 338, 351, 376, 377
Aufsberg, Lala; Sonthofen 18, 116, 118, 166, 360, 362, 370, 439, 446

Bahnmüller, Wilfried; Wolfratshausen 418
Baur, Helmuth; München Schutzumschlag, 19, 35, 89, 113, 205, 214, 238, 254, 256, 303, 304, 364, 366, 388, 389, 394, 396, 420, 424
Bayerisches Landesamt für Denkmalpflege, München 43, 79, 129, 131, 137, 138, 180, 186, 232, 247, 372, 373, 390, 428, 452
Bayerisches Nationalmuseum, München 17, 48, 381, 382
Bienenmuseum, Radovljika 436
Bildarchiv Foto Marburg 22, 29, 34, 58, 120, 140, 201, 227, 270, 324, 407
Bildquellenkartei des Instituts für Volkskunde, Josef Gerl, München 9
Bildverlag Herder, Freiburg 245
Bomann-Museum, Celle 8, 176, 206, 250, 262, 271, 273, 276, 281, 283, 295, 311, 315, 330, 361, 379, 402, 413, 417, 425, 435

Deutsche Fotothek, Dresden 53, 70, 72, 73, 74, 81, 142, 143, 144, 171, 172, 207, 225, 251, 252, 263, 265, 275, 294, 300, 308, 312, 313, 319, 320, 380, 405, 406, 415, 440, 443, 447
Deutsches Brotmuseum, Ulm 242, 243, 244, 410
Deutsches Museum, München 2, 7, 10, 188, 190, 191, 192, 193, 195, 196, 290, 298, 409, 427

Eternitwerke Fritz Hatschek, Vöcklabruck 1, 215, 285, 329, 448

Focke-Museum, Bremen 25, 50, 86, 100, 119, 160, 261, 392, 393

Germanisches Nationalmuseum, Nürnberg 13, 14, 15, 36, 54, 65, 84, 105, 107, 114, 136, 218, 229
Groth-Schmachtenberger, Erika; Murnau 46, 211, 226, 234, 257, 268, 272, 274, 282, 284, 291, 302, 305, 316, 322, 343, 349, 350, 416, 451, 454

Hassel, Gert von; München 47, 141, 149, 151, 152, 154, 155, 156, 184, 185, 249, 336, 339, 391
Henry Ford Museum, Dearborn/USA 121
Henry Francis du Pont Winterthur Museum, Winterthur/USA 122
Historisches Museum, Athen 301, 309
Historisches Museum, Bern 455
Historisches Museum der Pfalz, Speyer 430
Hoffhaus, Ruth; Cloppenburg 175, 182, 453

Jenö, Szabó; Budapest 91, 92, 93

Katalog »Das Holz in der rumänischen Volkskunst«, München 1975 16, 37, 57, 59, 62, 69, 213, 217, 221, 231, 253, 260, 354, 355, 356, 398, 408, 434
Kerth, Ulrich; München 115

Landesmuseum Joanneum, Graz 228, 230

Mader, Josef; Ried i. I. 24, 41, 104, 106, 110, 117, 127, 153, 158, 444
Musée d'Aquitaine, Bordeaux 219
Museum für Deutsche Volkskunde, Berlin 164, 165, 167

Nationalmuseum von Finnland, Helsinki 293, 297, 299, 326, 358
Nordiska Museet, Stockholm 288, 331
Norsk Folkemuseum, Oslo 56

Oberösterreichisches Landesmuseum, Linz 49, 112, 148, 208, 337, 445
Österreichisches Museum für Volkskunde, Wien 60, 124, 348

Rácz, István; Helsinki 125
Rätisches Museum, Chur 20, 21, 38, 39, 44, 45, 51, 66, 150, 209, 216, 222, 246, 264, 344, 352, 423
Reinfart, S.; Vorra a. d. Pegnitz 346, 347, 353, 400
Reiter, Roland; Zürich (mit freundlicher Genehmigung aus »Volkskunst aus Appenzell, Sammlung Bruno Bischofberger«, Edition B-Press, Zürich 1973) 258, 365
Remmer, Gerd; Flensburg 87, 90, 159, 314, 387, 395, 429

Schleswig-Holsteinisches Landesmuseum, Schleswig 132, 267, 384
Schloß Trautenfels, Landschaftsmuseum 97, 239, 289, 371, 386, 397, 399, 403, 450
Schmidt-Glassner, Helga; Stuttgart 3, 12, 23, 26, 27, 30, 31, 32, 33, 40, 42, 55, 61, 64, 88, 94, 96, 101, 133, 134, 139, 169, 177, 178, 183, 223, 259, 280, 332, 333, 334, 340, 359, 363, 369, 378, 404, 411, 437, 438
Schwälmer Heimatbund, Schwalmstadt-Ziegenhain 161
Schweizerisches Landesmuseum, Zürich 367, 368, 383
Schweizerisches Museum für Volkskunde, Basel 71, 168, 179, 233, 236, 307, 341, 342, 374, 401, 456, 457
Service de Documentation Photographique, Paris 76, 146, 147
Staatliches Historisches Museum, Moskau 130, 278, 306, 426
Stähli-Bossert, Peter; Gsteigwiler/CH 11, 375

Tiroler Volkskunstmuseum, Innsbruck 52, 68, 75, 78, 82, 83, 85, 95, 98, 99, 123, 126, 128, 157, 170, 174, 210, 220, 277, 287, 357, 385, 421, 422, 431

Wegner, Josef; Freilassing 63, 80, 102, 109, 163, 224, 235, 241, 248, 255, 266, 269, 310, 317, 325, 335, 412, 414, 432, 433, 441, 442, 449

Folgende Farblithos wurden uns freundlicherweise zur Verfügung gestellt:

Mainfränkisches Museum, Würzburg (aus »Altfränkische Bilder und Wappenkalender«, herausgegeben von der Stürtz AG, Würzburg, und den Freunden Mainfränkischer Kunst und Geschichte, 73. Jg. 1974) 240
MD Papierfabriken Heinrich Nicolaus GmbH, Dachau (aus »MD Kalender 1976, Dein Herz ist mein Herz«) 114, 115
Office du Livre, Fribourg/CH (aus »Jean Cuisenier, L'Art Populaire en France« 1975) 76, 146, 147